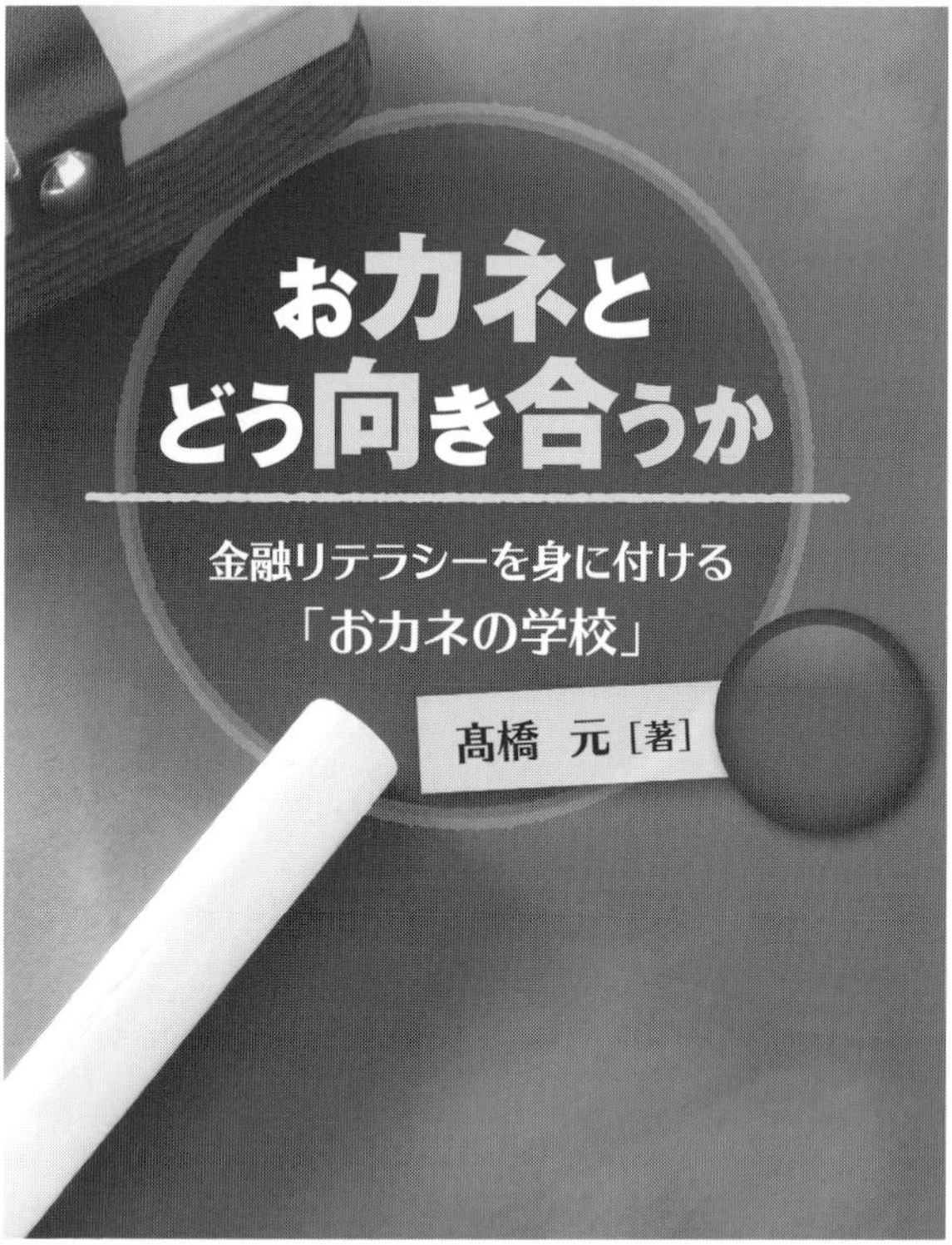

一般社団法人 金融財政事情研究会

はじめに――入学式式辞

ようこそ「おカネの学校」へ。

これから一緒に、おカネについて学んでいきましょう。

いま、日本では「貯蓄から投資へ」という流れが進んでいます。それは、第二次世界大戦後に機能し続けてきた日本の経済システムが、見直しを迫られたことを一因とします。その背景には、国際化や自由化の進展があります。

こうした変化により、私たち個人の生活の上でも、従来以上に自己責任を強いられる場面が増えてきました。そして、「自己責任原則」が貫徹するための要素の一つとして、「金融リテラシー」の必要性が唱えられているのです。本来のリテラシーとは、読み書きの能力のことですが、近年では特定の分野における知識や活用能力をも意味するようになっています。

それでは、なぜ私たちに金融リテラシーが必要なのでしょうか？

私たちは道を歩いている時、信号機があればその指示に従います。「赤で止まり、青で進む」というのは、世界に共通する「交通リテラシー」の基本と言えるでしょう。でも、信号機が存在しない地域（その昔に訪れた、ある南の島には信号機がありませんでした）では、この交通リテラシーは何の役にも立ちません。日本でも1930（昭和5）年、日比谷交叉点に初めて設置されるまで、信号機は存在しませんでした。ですから、日比谷交叉点の信号機の意味を歩行者へ理解させるには、長い日数を要したと言います。今日では、日本中の道路に多くの信号機が設置されていて、誰もがその意味を知っています。その結果、世界中どこの街でも、互いが交通ルールを守っている限り、私たちは安全に（トラブルを避けながら）歩き回ることができるわけです。

金融リテラシーも、交通リテラシーと同じです。モータリゼーションの進展や交通量の増加に伴って信号機の設置とその理解の浸透が求められたように、現在の経済社会は複雑さを増しており、私たちがトラブルを避け、安心して暮らすためには、金融面でのリテラシーが必要となっているのです。

金融リテラシーには、「攻めのリテラシー」と「守りのリテラシー」があるように思います。攻めのリテラシーは積極的に投資を行って資産増殖を図るためのもので、これは自動車の運転にたとえられそうです。自動車の運転には、交通ルールをきちんと覚えるだけでなく、運転技術も習得しなければなりません。一方、攻めの金融リテラシーを究めるためには、運転免許の取得と比べてもかなり高度な知識や技術を学び、経験を積むことが必要です。しかも、リテラシーの具備が必ずしも投資の成功を保証するわけではありません（もしそうなら、経済学者や証券マンは皆大金持ちになっているはずです）。

これに対して守りのリテラシーは、保有資産（手持ちのおカネ）を減らさないことに主眼が置かれます。もちろん、攻めのリテラシーで資産を増やす際にも「減らさない」ことが前提ですから、金融リテラシーの「攻め」と「守り」は並列的な概念ではなく、段階的・序列的な関係と捉えられそうです。また、「減らさない」と言っても、おカネを使わなければ日常生活が成り立ちませんから、これは象徴的な表現でしかありません。極論すれば、守りのリテラシーとは、歩行者が安全に街を歩き回れるのと同じように、おカネに関して安心した生活を営むことができる知識・能力ということになります。そのためには、おカネについて、できるだけ幅広い知識を身に付けることが大切だと思います。

さて、少し前になりますが、「よ〜く考えよう。おカネは大事だよ」というＣＭがありました。たしかに、誰にとってもおカネは〝大事〟なものです。でも、もし「おカネは命の次に大事」とまで言われてしまうと、抵抗感を持つ人も少なくないと思われます。人命を最も大切とする考えに異論はないとしても、人の価値観は多様ですし、おカネを命の次に重視することには何か釈然としないものがあるのではないでしょうか。

それでは、おカネはどれくらい大事なものなのでしょう？　「命の次に大事」という表現に抵抗感を持つ人は、「人生には愛や健康のように、おカネでは買えない大切なものがある」と考えているのではないかと思います。これに対して「命の次に大事」と主張する人は、「おカネさえあれば人の心も買えるし、行き届いた設備のスポーツクラブに入って健康管理に努めることができる。万一病気になれば高額な先進医療による治療を受けられる」と反論するかもしれません。実は、この問題は、おカネが社会的な存在意義を高めるに連れ、さまざまな場面で議論されてきたジレンマでもあるのです。

難しい話はさておき、世の中におカネで買えないモノが存在していることは事実でしょう。しかしその一方で、現実の社会では、仮に愛や健康に恵まれていても、無一文では決して幸福な生活は維持できません。ここで〝幸福な生活〟と言うと、いささか抽象的・哲学的な命題であり、「そもそも愛と健康にさえ恵まれていれば幸福なのだ」と言われてしまえば、議論はそれ以上前へ進まなくなってしまいます。そこで視点を少し変えて、「幸福な生活」を構成する要素の一つとして「豊かな生活」を考えてみましょう。もちろん、〝豊かさ〟という概念にも個々の価値観が反映されますから、一様な定義は困難です。

ただ、〝豊かさ〟という言葉からは、おカネの存在がこれまでよりは身近にイメージされるのではないでしょうか。そう、「豊かな生活」を営む上で、「カネさえあれば……」という考えは一つの真実を表しているのです。おカネには力があり、その力を行使することで、自らの欲望の多くを実現することができるからです。

しかし、そうした力を手に入れること自体が目的化すると、不幸に陥る場合もあります。なぜなら、人の欲望には限りがなく、それを満たすためのおカネの額は、欲望の拡大に比例して無限大に増え続けるからです。〝幸福〟の構成要素だったはずの〝豊かさ〟ですが、手段が目的化する結果、いつしか本来の目的である〝幸福〟が見失われ、〝豊かさ〟の追求が究極の目的へと化してしまうのです。これでは、どれほどおカネ持ちになって〝豊かさ〟を手に入れたとしても、「幸福な生活」という目標を達成したとは言えないでしょう。

その一方で、おカネに振り回されることなくその力を上手に活用すれば、自分や家族だけでなく、多くの人々や社会全体を幸せにする一助になるかもしれません。アメリカの私立大学の多くは、アメリカン・ドリームを実現した大金持ちの寄付金で設立された、と言われます。「〇〇と鋏《はさみ》は使いよう」という諺《ことわざ》がありますが、〇〇に「おカネ」を入れても立派な格言になりそうです。「おカネの学校」では、こうした考えを軸に「守りのリテラシー」の視点から、おカネに関する多くの話題を提供します。

そして、その延長線上で「攻めのリテラシー」、すなわち投資やその周辺領域（主に証券）についても多くの紙幅を費やしています。それは、「貯蓄から投資へ」という世の中の流れや、それとともに私たちに求められるようになった「自己責任原則」という考え方などに絡んで、今後は投資や証券に関する諸概念についても理解することが望ましいと思われるからです。

　ただし、お断りしておきますが、この学校はおカネ儲けのノウハウを伝授するところではありません。私は残念ながらおカネ持ちではないので、成功体験を語る資格はありませんし、そもそもその種のハウツー物は書店に溢れています。ですから、おカネ儲けの方法を求めるという皆さんのニーズに対しては、それらのハウツー物に譲りたいと思います（それらが本当に役に立つかどうかは保証の限りでありませんが……）。


「おカネの学校」の目的は、おカネの歴史や本質的な機能、おカネを巡る社会の仕組みなどを学び、投資を含めておカネとの上手な付き合い方を皆さんとともに考えていくことです。実は、おカネの持つ力を制御するためには、それを扱う側にも相応の力が必要なのです。この点は、飼い犬を散歩させる時の、犬の大きさと飼い主の腕力との関係に似ています。換言すれば、「人間の器の大きさに応じて、その人にふさわしいおカネの額が決まる」ということでもあります。

　この学校が皆さんにとって、器を大きくする助けになるかどうかはわかりませんが、おカネや投資について考えたり、おカネを便利な道具としてコントロールしたりする上で、少しでもお役に立てれば幸いこれに過ぎるものはありません。

最後に、入学者への事務連絡です。この学校は3学期制で、シラバス（目次）に従って学習が進行します。まず第1学期でおカネとは何か（その機能や役割など）について学び、それを受けて第2学期ではおカネとの付き合い方（稼ぎ方や使い方など）を考えます。そして第3学期に入ると証券、特に株式への投資（基本的な考え方や基礎理論など）を中心に学習します。また、学期と学期の間の長期休暇には各々「講習」を設けました。夏期講習は政府債務問題について、冬期講習は株式会社について取り上げます。

学習過程では、ところどころに内容や文章の難しい箇所があるかもしれません。そんな時は、その部分をスキップして先へ進んでもさしつかえありません。この学校のカリキュラムは、必ずしも体系的ではないからです。そして、扱うテーマにもよりますが、こうした本にしては「注」がたくさん入っています（これらには補講的な内容を含みます）。いちいち参照するのが面倒な人は、これも読み飛ばして問題ありません。ただ、時々薀蓄《うんちく》（話しのタネ?）が述べられているので、もしその部分に関心があればぜひお読みください。場合によっては、文語体や外国語の記述もあり、読みにくいかもしれませんが……。

「図書館（参考文献）」は、この本の執筆で参照したり以前に読んで参考にしたりしたものの一部です。本文に直結した文献は「注」などでも随時紹介しますが、「図書館」では次の段階への進学希望者や、より幅広い知識を得て裾野を広げたい方に役立ちそうなものを（外国語文献は邦訳のあるものを中心に）選んでいます。文字通り、参考にしていただければと思います。
それでは、また卒業式でお目にかかりましょう。

目　次

はじめに――入学式式辞　i

第1学期　おカネの意味を考える

1 おカネとは？……2
おカネはモノと交換する道具／おカネで買えないモノがある？／ポルシェと『賢者の贈り物』／無償と打算／寅さんは無責任？／あっても、なくても……／貧富の差はなぜ生まれる？

2 おカネの役割……11
交換手段としてのおカネ／ホームレスという生き方／豊かさの意味／日本はどれくらい豊かなのか？／富を蓄積する／価値を測定する

3 おカネの価値は変化する……21
モノの値段はどう決まる？／おカネの価値が変わることも／どちらも困るデフレとインフレ／おカネが増えると物価が上がる？／国により変わるモノの値段／外国為替の意味／何が為替レートを変化させるか？／金利と為替レート／立場でも変わるおカネの価値

4 **おカネの歴史** …… 36
自給自足から物々交換へ／物々交換などなかった？／おカネの誕生／現代も通用する貝貨／ヤップ島の石貨（フェイ）／おカネの素材の条件／金属素材のおカネが主流に／沈黙は金？／日本のおカネはいつから？／お札の価値はどこから？／山田羽書からゲルマン紙幣へ／〝お札〟の命は短くて……

5 **変わるおカネの姿** …… 56
進むデジタル革命／クレジットカードの定着／ブラックカードは究極のカネ持ちカード？／アナログからデジタルへ／電子マネーの出現／ビットコインもおカネ？

6 **便利にはなったけど……** …… 69
便利さの裏側で……／現金を持ち歩かないリスク／便利なものを使わない自由も……／コンピュータを取り巻くリスク

7 **証券もおカネの仲間** …… 76
証券とは何か？／「権利」は目に見えないけど……／証券の分類／証券の役割／それでも証券のイメージは悪い？

8 **銭は不浄のモノ？** …… 86
おカネは汚いか？／おカネを汚くするのは……／おカネに細かいのは人間が小さい？／「恒産なければ恒心なし」

9 **老後と年金** …… 91
アリとキリギリス／年金の役割／トンチン年金／年金も自己責任が問われる時代に／高齢

化の影響／公的介護保険制度／三世代同居という選択／地獄の沙汰もカネ次第？
夏期講習 「政府債務問題」 105
国際金融危機の頻発／政府債務危機はなぜ起こる？／日本の財政は借金に依存／日本の国債問題が顕在化しないのは？／日本発の金融危機は防げるか？／ヘリコプター・マネーの是非

第2学期 おカネの稼ぎ方と使い方を考える

1 おカネと労働 116
日本人は貯蓄好き／落ちているおカネは拾いますか？／ちりも積もれば山となる／「おカネのなる木」はない／稼ぐに追いつく貧乏なし／専業主婦（夫）は偉くないの？／働くことで失うものも……／フリーターの増加／働き方で給料に差がつく／大学の教員は高等遊民？／働き方が変化した背景
2 人はなぜ働くのか？ 140
働くことの意味／おカネ持ちは働かないか？／時はカネなり／職業に貴賤なし
3 税金の話 147
公平と平等／自由財と経済財／税金はなぜとられるのか？／税金の種類／アングラ・マネー
4 おカネの使い方 156

おカネ持ちは偉い？／私立大学の多くはおカネ持ちが設立／中之島公会堂は寄付で／〝成り金〟は侮蔑の対象か？／創業は易く守成は難し／別荘は欲しいですか？／2億円の赤ダイヤ／見栄も甲斐性のうち／クルーザーと自家用ジェット／ブランド品は好きですか？／本当に欲しいモノ

5 おカネに使われる？……173
昔には戻れない／心理的家計簿／1000円のコーヒーは高いですか？／グリーン車に乗るか否か？／お酒と雰囲気のどちらを選ぶ？／ボトル・キープとサンク・コスト／ちやほやされたいですか？／おカネ持ちは孤独？／おカネは欲しいですか？

6 貸して不仲になるよりも……187
難しいおカネの貸し借り／「貸すくらいならくれてやれ」への疑問／情けは人の為ならず／手を差し伸べるなら安全地帯から／恩は着るもの／割り勘は人生の知恵／割り勘を円滑に……

7 バブルの発生と崩壊……197
オランダのチューリップ騒動／破局はある日突然に……／日本のバブル経済と後遺症／バブルは何にでも発生するか？／金融ビッグバンってどんなもの？／国際化の意味

8 自己責任原則を考える……208
自己責任原則の意味／自己責任は冷たい？／求められる適合性原則／知らないことは罪？

冬期講習 「株式会社を知ろう」……214

会社の種類／株式会社の成立／各国の東インド会社／南海泡沫事件／準則主義への移行／日本の株式会社／株式会社は誰のもの？

第3学期　おカネの管理と投資について考える

1 貯蓄から投資へ……234
間接金融と直接金融／金融の意味と銀行の役割／ペイオフ制度とは？／金融は信頼が基盤／「貯める」と「増やす」／投資と投機／宝くじという選択

2 主な金融商品……246
株式／債券／投資信託／デリバティブ／日本は先物先進国／外貨建て金融商品／ラップ口座／金融商品とどう付き合うか？

3 証券と投資の基礎知識……258
利子の話／あちら立てればこちらが立たず／単利と複利／資本還元と割引率／市場の役割／強気（牛）と弱気（熊）／リスクの話／基本は長期投資／なぜ長期投資なのか？／NISAの導入

4 証券化って何？……275
証券化の進展／証券化の仕組み／不動産投資信託／シンセティック証券化とCDS／リーマン・ショック

5 株式とおカネ……286

株式という名前はどこから？／資本としての株式／企業は儲けてナンボ／株主間の支配と従属／成果分配と自己金融

6 株式投資理論の考え方 ……… 295

〝金のタマゴ〟を産むニワトリ／株式投資は美人投票？／アクティブ運用の罠／効率的市場仮説とランダム・ウォーク／分散投資について／機械的な投資手法／相場は相場に聞け／金利と株価／投資尺度にはどんなものがあるか？

7 投資理論の展開 ……… 317

人間は合理的に行動する？／ヒューリスティクスとは？／選好の逆転／損失回避の心理／フラクタルと自己相似性／相転移と株価変動／投資家の相互作用／カオスと株式市場／投資理論の相互関係

8 アノマリーズ ……… 335

アノマリーの意味／株価の季節性／アノマリーの重要性

9 相場格言に学ぶ ……… 340

切り替えを早く／楽観と悲観／バラを切るごとく売るべし／押し目待ちと戻り待ち／山高ければ谷深し／タイミングが大切／休むも相場

おわりに――卒業式式辞　351

図書館（参考文献）　357

第1学期

おカネの意味を考える

1 おカネとは？

◆おカネはモノと交換する道具

おカネを意味する言葉にはたくさんの種類があります。金銭、貨幣、通貨、金子《きんす》、ゼニ、お宝、現ナマ、現金、マネー、キャッシュ、おあし、……。これらの中には、厳密には異なる意味を持つ用語もありますが、この学校では基本的に「おカネ」という言葉でくることにします。ただ、扱うテーマによっては、そのテーマを議論する際に通常用いられる言葉を使用します。

これらの言葉に共通する意味は「社会で通用している商品と交換・流通するための手段」ということです。つまり、おカネでモノを買うという行為は、おカネとモノを交換していることになるのです。

この交換が成立するためには、モノを買う人とモノを売る人、双方の存在が不可欠です。どれほどおカネを持っていても、モノが存在しなかったり、モノが存在していても交換に応じようとする人がいなければ売買は成立しません。このことは、おカネで交換（購入）できるモノが、交換（販売）を前提に存在している〝商品〟であることを意味します。つまり、商品とは、売買を目的としたモノのことなのです。おカネで交換できるモノには、商品のほかにサービスもありますが、ここではとりあえず商品に限って話を進めることにします。

◆おカネで買えないモノがある？

世の中に「おカネで買えないモノ」があるとすれば、それは誰も売りたくない（商品ではない）モノということになるのでしょう。たとえば、自分の〝心〟や〝愛〟、あるいは〝誇り〟や〝健康〟などは、ほとんどの人にとっておカネと交換したいものではないはずです。

それでも、〝心〟や〝愛〟などの交換に応じる場合があるとすれば、そうせざるをえないほどに追いつめられた状態、ということなのでしょう。その弱みに付け込み、「札びらで頬っぺたを引っぱたいて」交換に応じさせるのは、あまり恰好《かっこう》の良いものではありません。しかも、おカネで〝心〟や〝愛〟を買えたと思っても、売った側は表面的に従っているだけで、実は本当に〝心〟や〝愛〟を売り渡したわけではないかもしれないのです。そのあたりは、買った側もよほど鈍感な人でなければ「承知の上で」ということになるのでしょうから、それはそれでいっそうタチが悪いと思います。

ですから、「カネさえあれば人の心も買える」と言って憚《はばか》らない人は、傲岸不遜《ごうがんふそん》の誹《そし》りを免れないのです。

◆ポルシェと『賢者の贈り物』

バブル時代、銀座のホステスさんの誕生日にポルシェを贈った人がいたそうです。このように、プレゼント攻勢で異性の歓心を買う（心をなびかせる）ことは可能かもしれません。ポルシェを贈った人とホステスさんのその後については寡聞《かぶん》にして知りませんが、「カネの切れ目が縁の切れ目」とまでは言わないものの、多くの人はハッピーエンドを予想しない（そう思いたくない?）のではないでしょうか。

これに対して、オー・ヘンリーの短編小説『賢者の贈り物』(1)には、貧しい夫婦が互いのクリスマス・プレゼントを買うためにおカネを作る話が出てきます。夫のジムは、祖父の代から受け継いだ大切な金の懐中時計を吊るす鎖を欲しがっていました。一方、妻のデラは、自慢の美しく長い髪を梳《す》く鼈甲《べっこう》の櫛を欲しがっていました。でも、貧しい2人には、相手にプレゼントを買うだけのおカネがありません。そこでジムは、懐中時計を質入れしたおカネで櫛を買います。デラも髪を切り、それを売ったおカネで鎖を買います。こうした行き違いから、プレゼントは無駄になってしまいます。けれども、大切なモノを手放してまでも相手を喜ばせたいという、互いの愛情が確認される結末になっていました。

（1） Henry, O. [1906] *The Gift of the Magi.* この題名には、キリストの誕生に際して東方の三博士（賢者）が贈り物を持って祝福に来たという「新約聖書」の記述が含意されています。

◆無償と打算

ジムとデラのお話は美談です。爽やかな読後感を味わうことができます。これに対して、銀座のポルシェの話には、ハッピーエンドを予想しないだけでなく、眉をひそめる人が多いことでしょう。少なくとも爽快な印象は残らないように思います。なぜでしょうか？

それは、ジムとデラが無償の愛で結ばれているのに比べ、ポルシェを通じたお客とホステスとの間には打算や欲の臭いが感じられるからではないでしょうか。とすると、今日の普遍的な価値観の下では、相手に対価を求めない無償の行為は尊く、打算や下心という卑しさが付随する行為は忌避されることを意味します。

このように尊卑という視点から眺めると、その相違は〝純粋さ〟や〝美しさ〟といった尺度で表すことができそうです。無償の愛は純粋で美しく尊いですが、卑しい行為は不純で醜いのです。人々が前者を好むのは、社会の健全性を示しているとも考えられます。そして、形而上学的に愛を至高なものと捉える視点からは、「愛さえあれば幸福」という立場が敷衍《ふえん》されるのです。こうした立場は、『賢者の贈り物』に限らず、小説や映画などのテーマとしてもしばしば取り上げられます。

そう言えば、映画『男はつらいよ』で、寅さんは「貧しいねえ、君たちは。カネなんかなくたっていいじゃないか。愛があれば……」というようなセリフを喋っていましたね。

◆寅さんは無責任？

ところで、『賢者の贈り物』の爽やかな読後感の裏で、「そうは言っても……」とはお感じになりませんか？　ジムとデラが互いの深い愛に感動した瞬間は純粋で美しいのですが、彼らの長い人生は決してそこで終わりではありません。もし、彼らの貧しさが一生続くとしたら……。

どれほど愛し合っていても、結婚生活の中ではおカネを巡る諍《いさか》いがあるかもしれません。子供が生まれれば子育てや教育に最低限のおカネが必要ですし、病気や老後にも備えなければなりません。もし「幸福な生活」という条件の中からおカネを捨象しえたとしても、生活を営むためには最低限のモノが必要であり、モノはおカネがなければ手に入れることができないのです。このことを考えると、ハッピーエンド小説の終着駅は、実は悲劇の列車の始発駅かもしれないのです。幕末の儒者、細野要斎の『諸家雑談』によると、あの宮本武蔵ですら「恋をせば　文《ふみ》ばしやるな　歌よむな　一文《もん》なりと銭をたしなめ（恋をするならラブレターや歌を贈るより、一円でもおカネを貯めなさい）」という歌を残しているそうですよ。

その意味で、前に掲げた寅さんのセリフは、無責任という見方もできます。映画では、寅さんの財布の中にはいつも500円札が1枚しか入っておらず（500円玉が主流の現在、500円札はそれ自体が〝お宝〟かもしれませんが……）、妹のさくらがガマ口からお札を何枚か取り出しては寅さんに握らせる場面が定番でした。意地悪な見方をすれば、寅さんの「愛があれば……」というセリフの

〝愛〟は、さくらや周囲の人たちからの愛（思いやり）であり、それに甘える姿は先ほどの規準に照らしても、決して美しいものではありません。そんな人物から「貧しいねえ、君たちは」などと言われたくはないようにも思いますが、どうでしょうか？　もちろん、さくらや「とらや」のオイちゃん・オバちゃんにとって、寅さんへの愛は無償だと思います。そして、寅さんが憎めない存在であることにも変わりはありません。それは、寅さんにはおカネに対する欲がほとんど感じられないからだと思います。つまり、行為自体は卑しく見えますが、寅さんの心には卑しさが乏しいのです。

◆あっても、なくても……

やはり、私たちが生活していくためには、おカネの存在が不可欠です。無一文では、衣食住といった基本的な生活に必要なモノを購《あがな》うことすらできません。「武士は食わねど高楊枝」と突っ張ってみても、やはり「腹が減っては戦ができぬ」のです。でも、おカネはあればあったで苦労の種にもなるようです。

落語に『黄金餅《こがねもち》』(2)という演目があります。下谷の裏長屋に住むケチな乞食坊主の西念《さいねん》が病に倒れ、見舞いに来た隣の金兵衛にアンコロ餅の差入れを頼みます。餅を届けた金兵衛が、自室に帰って壁の穴から隣の様子を覗いていると、西念が胴巻きから一分金や二分金（１両の半分）を山のように取り出し、餡《あん》を出した後の餅に詰め込んで、全部丸呑みしてそのまま死んでしまうのです。托鉢で貯め込んだ大金を他人に残して死にたくない、という一念からの行為でした(3)。

落語とおカネと言えば、『水屋の富』(4)という演目もあります。江戸時代、井戸の水質が悪い埋立て地域の住民向けに、飲用水を売る水屋という商売があったそうで、それを稼業とする独り身の男が富くじを買います。これが何と千両の当たりくじ。手取り800両の現金を手にします(5)。水売りは、これを元手に別の商売をしようと考えますが、後任が見つかるまではお客のため、商いを休むわけにいきません。そこで、仕方なく商売に出ますが、留守が不安でなりません。あれこれ考えた末、自室の床をはがして根太《ねだ》の丸太に金包みを吊るします。それでも気は休まらず、商いに出れば周りが皆泥棒に見えるし、夜も毎晩のように強盗に襲われる夢ばかり見て安眠できません。毎日、商いの前後には、外から釣瓶竿《つるべざお》を縁の下に突っ込んで、金包みの存在を確認してはホッとする始末。これを見た筋向こうのヤクザが不審に思い、水屋の留守中に水屋の部屋へ入り、まんまと800両を盗んでしまいます。帰ってきた水屋がこれに気付き、「あ〜、とられちゃった。あ〜、これで苦労がなくなった」というのが落ちになります。この水屋には、800両という大金をコントロールするだけの器が備わっていなかった、という教訓を読み取ることができるでしょう。同様に、水屋のおカネを盗んだヤクザの行く末も「悪銭身につかず」で、決して幸せなものではないと思います。

それはそれとして、どうやらおカネというものは、なければないで苦しいし、あればあったで苦労のようですね。そして、それは人としての器の大小もありますが、要は心の持ち方なのかもしれません。江戸時代の儒者、佐藤一斎は「必ずしも富貴が楽しくて、貧賤が苦しいわけではない（〝不必謂富貴樂而貧賤苦〟『言志後録』69段）」と言い、苦楽は人の心が産み出すものだからそれを超越して楽しむべきだ、と説いています。

（2）　五代目古今亭志ん生の演じた落語によります。
（3）　この話の結末は、金兵衛が西念の遺骸を焼き場に運び、焼いた西念の腹からおカネを取り出します。それを元手に目黒に餅屋を開くと店はとても繁盛し、提供される餅は「黄金餅」と呼ばれ、江戸の名物になったというものです。残酷な話ですが、志ん生の語り口のお蔭で凄惨さは随分と和らげられています。
（4）　注（2）に同じ。
（5）　落語の中の解説によれば、1番くじの当選金千両は1年待てば全額支払われますが、即日換金の場合は2割差し引かれる仕組みだったそうです。

◆貧富の差はなぜ生まれる？

「人間は生まれながらに平等である」というのは民主主義の基本精神です。でも、おカネ持ちの家に生まれた人もいれば、貧しい家庭に育つ人もいます。また、社会においても、おカネ儲けをして豊かになる人がいる半面、事業に失敗したりリストラにあったりして貧乏になる人もいます。

その意味で、世の中は決して平等ではありません。私たちの周囲には、美男美女に生まれたヒトもいれば、容姿に恵まれないヒトもいます。頭の良いヒトもいれば、そうでないヒトもいます。このように、さまざまな不平等が溢れているのに、おカネの不平等が特に問題にされることが多いのはなぜでしょう？　それは、貧富の差がその人の〝天賦〟のものではなく、言わば〝人賦〟によるからではないかと思います。つまり、社会的な枠組みに付随する格差であるため、「世が世であれば……」と不平を言ったり、おカネのために犯罪に手を染める人が出てきたりもするわけです。

しかし、自由経済の世界では、どんなに貧しい人でも自分の努力や運(6)によっておカネ持ちになる機会はありますし、逆におカネ持ちの家に生まれてもおカネ持ちであり続けられるとは限りません。

そして、どのような人にも機会（可能性）は公平に与えられています。それをどう活かすかは個人次第です。つまり、この社会では、カネ儲けの機会は公平に与えられているものの、結果については平等（皆がおカネ持ちになること）が保証されるわけではないのです。これが貧富の差が生じる基本的な理由の一つです。

さらに、貧富格差が拡大する理由としては、資産運用に関する「規模の効果」が考えられます。たとえば、5％（年率）の投資案件があるとき、100万円投資すれば1年後には5万円の現金が得られますが、1億円投資すると1年後の果実は500万円に達します。このように、同じ利率であっても投資金額の多寡によって受け取る金額は異なります。逆の見方をすると、1年後に500万円を得るための利率は、1億円の資産であれば5％でよいのです。これに対して、100万円で500万円の利益を得ようとすると、6倍（＝100万円×6倍＝600万円⇒600万円－元本100万円＝

500万円）になる必要があります。これは貧富格差を拡大し富の偏在化を招く要因と言うことができます。

なお、格差をもたらす直接的な要素である賃金などの問題や〝公平〟と〝平等〟については、第2学期であらためて考えることにします。

（6）「幸運の女神には前髪しかない」と言われます。幸運が通り過ぎた後で慌てて掴もうとしても、チャンスを手にすることはできないという意味で、レオナルド・ダビンチの言葉と言われています。

2 おカネの役割

◆交換手段としてのおカネ

おカネがあれば欲しいモノ（商品）と交換することができます。これはとても便利なことです。おカネが存在しない世界を想像してみてください。おカネのない世界で欲しいモノを手に入れる手段としては、①自分で生産・製作する、②物々交換を行う、③施しを受ける、④盗む、などがあげられま

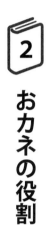

す。それぞれについて考えてみましょう。

まず、自分で欲しいモノを作ることができれば、それですべては解決します。でも、どんなに器用な人でも、生活に必要なモノを全部自分で作ることは至難です。特に、今日のように工業化が高度に発達した社会にあっては、自動車、携帯電話、パソコンなど、身の周りにあるモノどれ一つをとっても、ゼロから自分で作れるものはほとんど皆無です。食料品にしても、米、肉、魚、野菜、……、と考えただけで、自給自足には気の遠くなるような手間や知識や技術などが求められます。

次に、物々交換も効率的ではありません。たとえば、生きた牛一頭を持っている人がパンと交換したい時、パンを持っている人が牛を欲しがるとは限りませんし、欲しがったとしても、欲しいのは幾切れかの牛肉であって、一頭の生きた牛ではないことが普通です。仮に交換が成立したとしても、生きた牛一頭分に相当する大量のパンを受け取らなければならないとしたら、牛を持っている人も困ってしまうでしょう。物々交換では、主体間の交換のバランスをとることがきわめて難しいのです(1)。

第三に、施しを受けることは、寅さんにとってのさくらのような優しい人が周囲にいればよいですが、いたとしてもその人が欲しいものを持っているとは限りませんし、そうした関係が永続的に維持される保証もありません。それに、施しを受け続ける人生は、よほど面《つら》の皮が厚い人でなければ、次第に卑屈な性格を形成してしまうのではないでしょうか。やはりヒトは、ヒトとして自立していたいですし、施しに依存するだけの人生は決して美しくありません。

第四の盗むことは論外でしょう。「一銭を盗めば賊といわれるが、一国を奪《と》れば英雄と称せられる（吉川英治版『三国志』より）」という言葉もありますが、盗まれる側の痛みを考えれば、対象の大小などによって盗む行為が正当化されることはありません。

こうして見ると、商品として世の中に存在するありとあらゆるモノと交換することができるおカネは、欲しいモノを手に入れる上でとても便利な手段を提供していることがあらためてわかります。

（1）アダム・スミス（Smith, Adam）[1776]『国富論』（竹内［１９６９］の訳出によります。以下同じ）は、物々交換の非効率性について「肉屋は自ら消費する以上に余分の肉をその店にもっており、パン屋と酒屋とが共にその肉の一部を買いたがっているとする。ところで、両名共に各々自分の業の生産物以外には交換に出すべき何物をも持たないとし、そこでこの肉屋は差当り自分の必要とする酒とパンとに事を欠かさず持っていたとする。その場合には彼等の間には交換がありえない（p.29）」と記しています。

◆ホームレスという生き方

ここで、おカネが存在しない世界で欲しいモノを手に入れるための手段について、もう少し考えてみましょう。前項で見た４つの手段以外に、「拾う」という行為があります。「拾う」ことは「施しを受ける」のに比べると、相手との間に直接的な交流が希薄なため、拾う現場を他人に見られさえしなければ、卑屈な思いや惨めな気持ちにならないで済むかもしれません。

以前、日比谷公園を歩いていた夕景、数人のホームレスと思《おぼ》しき集団が公園内で酒盛りをしていました。彼らは声高に下卑た話をしていた、とお思いですか？　実は、とても穏やかに談笑していたのでした(2)。傍らに置かれた複数の酒瓶は、私には高嶺の花の高級ウイスキーです。そんな高級ボトルと交換するためのおカネを、彼らはどのように工面したのでしょうか？　ここからは私の想像ですが、その秘密は日比谷公園の立地に隠されているようです。

　日比谷公園は銀座に近く、銀座は誰もが知る高級バーやクラブの街です。多くの飲食店がひしめき、そこでは日常的に高級酒が消費されています（たぶん？）。店裏には空き瓶がゴロゴロ。それらの中から辛抱強く数滴ずつを集めれば……。

　そして、日比谷公園には帝国ホテルも隣接しています。ホテル内には、中華、鉄板焼、フランス料理、和食料亭などの名店があり、吟味された季節の高級食材がふんだんに使われています（たぶん？）。それらの裁ち落としや食べ残しは、庶民感覚では捨てるにはもったいないご馳走の部類に入るでしょう。しかも、ホテルにはバーがあり、ここでも中身が数滴とはいえ、残ったウイスキーやワインなどの空き瓶が毎日大量に出ています。今日、これらに外部から接触することは難しいかもしれませんが、ホテルから出るゴミには酒と肴のすべてが揃う、という潜在的ポテンシャルはあるわけです。

　つまり、日比谷公園のホームレスたちの食生活は、もしかしたら糖尿病や痛風が不安になるほどの美食の毎日なのかもしれません。ただ、彼らがおカネを持っていなければ、好きなモノを好きな時に飲み食いする自由はありません。どれほど高級なモノでも、それを手にする〝時（タイミング）〟を選べない不自由さは、おカネがないがゆえの制約です。これが「拾う」という行為の限界であり、「捨てる」側の意思に依存している点で結局は「施しを受ける」のと同じ次元に留まるのです。

（2）　落語の『和歌三神（ここでも5代目志ん生によります）』に出てくる3人の〝おこも〟を想起させられました。

◆豊かさの意味

ところで〝豊かさ〟とは何でしょうか？　これは「はじめに」でも触れたように、個々の価値観に応じて異なるため、定義を行うのが難しい概念です。〝豊か〟という言葉を用いた慣用表現としては、「豊かな知識」、「豊かな経験」、「作物が豊かに実る」、「豊かな愛に包まれる」など、〝たくさん〟という言葉に置き換えられるケースが多いように思われます。つまり、〝豊かさ〟という言葉は「量」を表すのが一般的、と言えるでしょう。

豊かさが量を表すということは、〝豊か〟という言葉で形容され、一見すると質的に思える物事が、実はそうではないことに気付かされます。たとえば、右で例示した「知識」は質的な意味合いに感じられますが、単に知識の量が多いだけではその質的な価値は十分でないように思います。豊かな知識が相互に結びついて「知恵」に昇華することで、初めて知識の価値はまったきものになるのではないでしょうか。こうした考えをおカネに当てはめると、おカネがたくさんあることで感じるであろう「豊かさ」が、それだけでは直ちに幸福の十分条件になりえないことに思い至ります。

◆日本はどれくらい豊かなのか?

日本は経済大国と言われます。たしかに、特別なケースを除いて飢えで亡くなる人はほとんどいません。ホームレスと呼ばれる人たちも、盛り場をひと回りすると、捨てられているレストランのご馳走の残りがたくさん手に入り、下手をすると普通の家庭の食事より豪華かもしれません。

私の家の菩提寺は六本木のど真ん中にあるのですが、先代の住職が冗談交じりに「ウチはパンを買ったことがないよ」とおっしゃっていました。当時、お寺の隣には有名なパン屋があり、そこでは焼き立てのパンを行列で買い求めるのが日常の光景でした。そして、焼き立てでないパンは商品価値がないと判断され、ビニール袋に入れたまま閉店後に捨てられていたのです。住職は、翌朝（お寺の朝は早いので）それを拾ってきては食べていたのでした（住職はもったいないと思って拾っただけで、買おうと思えば買うだけの資力がありますから、先の項で見たような拾うことに伴う負の問題はなかったのでしょう）。

ところで、経済の規模を示す統計（GDP：Gross Domestic Product、国内総生産）を見ると、日本はアメリカ、中国に次いで世界で3番目のカネ持ち国になっています。これは、戦後の勤労世代が一所懸命に働いてくれたからです。その結果、平均的な家庭にはテレビも自動車もあるし、エアコンのお蔭で一年を通じて快適に生活することができます。経済的に、現在の日本はとても豊かです。

でも、レストランで残飯がたくさん捨てられるのは、それだけ食べ物を残す人が多いことを意味します。焼き立てでなくなった（しかし十分に賞味期限内の）パンを捨てるのも同じ価値観に由来します。

ＵＮＨＣＲ（United Nations High Commissioner for Refugees：国連難民高等弁務官事務所）によると、ダルフール（スーダン）からチャドに逃れた難民の子供（5歳未満）の上腕は、ペットボトルのキャップほどの太さしかないそうです。世界では、劣悪な環境に苦しむ人たちがたくさんいます。ＵＮＨＣＲが呼びかける難民支援のパンフレットを見ると、たとえばウガンダでは、３０００円あれば厳しい避難生活で体調を崩した難民10人用の薬が1年分確保できるのです。５０００円では懸命に逃げてきた家族が身を横たえるマット（敷物）２枚、１万円あれば性的虐待を受けた女性１人の治療とカウンセリング１カ月分、……。

焼き立てのパンは確かに美味ですが、それ以外を売らない（買わない）社会は、飽食の時代というよりも、何か大切なものを置き去りにしているように思えます。その意味で「もったいない」文化が見直される風潮には、もろ手を挙げて賛意を表したいものです。

◆富を蓄積する

豊かさに恵まれているとして、その豊かさをどう保存したらよいでしょうか？　パンのような食べ物であれば消費期限があり、それを過ぎれば商品価値がなくなります。つまり交換の対象ではなくなるのです。牛を所有している人は、牛を飼う場所やエサの確保が必要になります。しかも、牛は生き物ですから、もし狂牛病や口蹄疫に罹《かか》ったり、ましてや死んだりすれば、商品価値はゼロになってしまいます。どんなモノでも、モノとしての価値を減らさずに（あるいは追加的な維持コスト(3)をかけずに）保存することは容易でありません。

また、世の中の変化に連れて、モノの価値が変化することも考えられます。たとえば、よく物価の優等生として取り上げられる商品に〝タマゴ（鶏卵）〟があります。タマゴは、昔は病気の見舞いの品に用いられるなど、高級感のある存在だったようです。ところが、その値段の推移を見ると、1974（昭和49）年の1kg当たり341円(4)から今日まで、ほとんど変化していません。物価の優等生と言われる所以《ゆえん》ですが、もし品質が劣化しないと仮定して、1970年代からタマゴを財産として保有し続けていたら、相対的な価値はどんどん低下してしまったことになります。

〝富〟すなわちたくさんのモノを財産として貯蔵する場合、モノをそのままの状態で保存するには限界があるのです。そこにおカネという、劣化することが乏しく、普遍的な価値を表わす存在があれば、モノをおカネに換えることで、財産をそのままの価値で保存することが可能になります。

おカネには、富を蓄積する手段としての役割があるのです。ちなみに、発掘調査によると鎌倉時代末期以降、大量の銅銭が出土する事例が増えてくるそうです。これらは「埋納銭」、「備蓄銭」と呼ばれますが、日本ではこの頃から銭（おカネ）が富の象徴と認識され、蓄える行為が一般化していったものと思われます。(5)

（3）ここで言うコストには、たとえば牛のエサ代などのほかに、飼育に必要な労力などを含みます。
（4）週刊朝日／編［1988］『値段史年表』朝日新聞社、p.60より。
（5）網野［2005］は、土中に埋める銭に富の貯蔵としての意義を認めた上で、地下の世界は他界であり、土中に物を埋めると人間の手を離れて神仏の世界のモノになることから、銭を甕《かめ》に入れて地中に埋めることを単純な富の蓄積と理解することはできない、と述べています（p.336）。たしかに、「埋納銭」という表現には、これらを神仏へ捧げる意図が感じられます。その上で、必要が生じた時には、それらをあらためて神仏からの〝賜りもの〟として、掘り出して使用したのかもしれません。

◆価値を測定する

「裸の大将」で有名な放浪画家、山下清は、さまざまな物事の価値を「兵隊の位で言えば……」という尺度で表しました。一番価値が高いのは〝大将〟で、最も価値が低いのは〝二等兵〟です。(6) この尺度は、山下清自身が価値を相対的に判断する際には有用だったのでしょう。でも、「兵隊の位」で価値を表すのは一般的でありませんし、情緒的な曖昧さを伴うため、客観的な尺度とはなりえません。

価値を測定し示す尺度は、何らかの数値によって表されることで客観性が担保されます。しかし、長さや重さでは価値の相違を示すことができません。金1gと綿1gは同じ重量ではあっても、両者の価値は大きく異なりますから、同じ重さというだけで等価と判断することはできません。ここでもおカネの存在が有用性を発揮します。

私たちの周囲にある商品には、先ほどのタマゴのように、皆値段が付けられています。買い物をする人は、自分の考えている価値と商品の値段を見て、お買い得かどうかを判断しているわけです。そして、商品の値段は一般におカネの単位で表示されています。

極端な話、人の命もおカネで換算される場合があります。「人命は地球よりも重い」[(7)]と言われますが、事故などで人命が損なわれた際には、慰謝料や賠償金という形でおカネが支払われます。ここにも「おカネは命の次に大事」という論拠があるのかもしれません。

世の中のさまざまな価値はおカネで測定され、おカネで表示されます。その意味で、おカネは価値を表す尺度（単位）という機能を持っているのです。見方を変えれば、表示された値段で私たちはそのモノの価値を推測しうる、と言うこともできます。

（6）ここでは、旧日本陸軍の階級（偉い順に、大将、中将、少将、大佐、中佐、少佐、大尉、中尉、少尉、准尉、曹長、軍曹、伍長、兵長、上等兵、一等兵、二等兵）が示されています。

（7）　1977年9月、日本赤軍が起こしたハイジャック事件の際、時の福田赳夫首相が犯人の要求に応じて、600万ドルの身代金と獄中メンバーの引き渡しという超法規措置を決断しました。これにはさまざまな批判もありましたが、福田首相は「一人の生命は地球より重い」とこれらの批判に相対しました。

3 おカネの価値は変化する

◆モノの値段はどう決まる？

日本は豊かな国ですから、たくさんのモノで溢れています。モノの値段は、たとえば1個10円のあめ玉から数百万円もする自動車まで、実にさまざまです。そうした値段はどのように決まるのでしょうか？　言い方を変えると、10円のあめ玉と数百万円の自動車という値段の差は、どうして生じるのでしょう？

念のためにその理由を考えてみましょう。あめ玉は食べてしまえばすぐになくなってしまいますが、自動車は大事に使えば何年も長持ちします（製品寿命［耐用年数］の差）。また、あめ玉の材料は砂糖や香料など、あまり貴重なもので作られてはいません。これに対して自動車の材料は、鉄、プラスチック、ガラス、電子部品など、部品の数も多いですし、それぞれがあめ玉の材料よりは高価そうです（素材の質と量の差）。しかも自動車の内部には、オーディオやエアコンまで組み込まれています（付加価値の有無・大小の差）。さらに、あめ玉を作るのはそんなに難しくなさそうですが、自動車の組み立てには高度な技術が必要です（要求技術水準の差）。つまり、自動車はあめ玉に比べて価値が高いモノと言えそうですね。基本的に価値が高ければその値段は高くなる（価値と価格は正比例の関係にある）のです。

あめ玉よりも小さいくせに、高価なモノにダイヤモンドがあります。ダイヤは、工業製品の部品として用いられることもありますが、一般には指輪など装飾品としての利用価値しかありません。それなのに、ダイヤが高価なのは、南アフリカやロシアなど限られた場所で限られた量しか採れないからです。つまり、ダイヤは「希少性」が高いのです。希少性は価値の大きな要素（よく日常でも「〝希少価値〟がある」と言いますよね）ではありますが、希少性だけでモノの値段が高くなるわけではありません。そこには、それを欲しがる人々がたくさんいることが必要です。

世の中に提供されるモノの量を「供給」と言い、そのモノを欲しがる側の大きさを「需要」と言います。モノの値段は、それ自身の価値や希少性などを反映しますが、直接的には需要・供給の大きさで決まるのです[1]。

（１）　古典経済学には「セイ（Say, Jean-Baptiste：1767-1832）の法則（Say's law）」と呼ばれ「供給それ自身が需要を作り出す」という考え方があります。また、モノの値段が変わると、そのモノへの需要の量も変化します（需要の弾力性）。モノの値段が安くなれば買いたい人が増え、高くなれば減るということです。

◆おカネの価値が変わることも

「富を蓄積する」の項で、おカネは普遍的な価値を表すと言いました。しかし、これは必ずしも正確な表現ではありません。同じ額面のおカネでも、環境次第でその価値が変化することがあるからです。

日本では、「デフレ脱却」という言葉が政策目標としてよく聞かれます。デフレとはデフレーション（deflation）の略で、モノの値段が下がる現象を意味します。たとえば、極端な例をあげると、昨日まで１０００円で買っていたモノが１００円で売られるようになれば、１０００円で10個買えることになります。もちろん、同じモノを10個買わなくても、必要な1個だけを買い、残りの９００円でほかのモノを買ったり貯金をしたりと、おカネの使い道の自由度が高まるのです。つまり、モノの値段が下がった分だけ、おカネの使いでが増えた（相対的におカネの価値が上がった）ことを意味します。

これとは逆に、モノの値段が上がる現象をインフレと言います。インフレはインフレーション

(inflation) の略です。インフレになると、デフレとは逆に、相対的なおカネの価値が下がります。それまで1000円で買えたモノが、1万円出さなければ買えなくなるような現象だからです。第一次世界大戦後のドイツではインフレが昂進し、その率は1兆倍とも言われました。この当時のエピソードに、「ドイツ人はビールを飲む時、必ず2杯注文する。なぜなら、1杯目を飲んでいる間にビールの値段が上がってしまうからだ」というジョークがあるくらいです。おカネの価値が下がれば、多くの人々は現金として持つよりも、おカネを消費や投資など他の用途に振り向けることが自然です。(2)

（2） こうした形で、実際のおカネでの支払いに裏付けられた需要を「有効需要（effective demand）」と言います。有効需要は、つまりは消費と投資などの合計です。

◆どちらも困るデフレとインフレ

デフレは、モノの値段（物価）が安くなるのですから、消費者にとってはとても良いことのように思いませんか？

でも、物価が下がるのは、会社がせっかくモノを作って販売しても、その会社に以前のようにはおカネが入ってこないことを意味します。前の例のように、1000円だった品物が100円でしか売れなければ、販売数量が増加しない限りその会社の売上は10分の1になってしまうからです。消費者が10個買ってくれれば会社の売上は変わりませんが、安いからといって同じモノを10個買う消費行動は現実的でありません。そうすると、会社は従業員に支払う賃金を下げたり、リストラを行ったりします。(3)賃金が下げられたり会社をクビになったりすれば、いくらモノの値段が安くなっても、人々はそれを買うどころではなくなり、モノが売れなくなります。会社は製造コストを切り詰めるなどの合理化努力をしますが、それでも売れなければ製品価格をさらに引き下げざるをえなくなり、賃金の引下げやリストラがいっそう進むことになります。この連鎖が「デフレ・スパイラル」と呼ばれる現象です。社会全体がそうした状況になると、消費は冷え込み、会社の売上は伸びず、国の税収は減り、失業率が高まるなど、経済全体が限りなく縮小してしまいます。

一方のインフレは、物価が上昇することで、それまでおカネの形で蓄えた国民の〝富〟全体が目減りすることを意味します。これは、高齢者のようにすでに蓄えたおカネを拠り所にしている人たちには大きなダメージとなります。第一次大戦後のドイツの例は特殊かもしれませんが、インフレの昂進も一国の経済を危うくする懸念があるのです。ドイツではこうした経済状況が社会の閉塞感を招き、ナチスの台頭や第二次世界大戦へ向かう一因となったのですから、歴史の教訓として銘記すべきでしょう。(4)日本では、第一次石油危機の際に、「狂乱物価」(5)と呼ばれるような物価上昇が認められました。その過程では、人々がトイレット・ペーパーを買い占めるという社会現象が見られるなど、日本経済は大混乱に陥り、これをきっかけに日本の経済成長率はそれまでの高度成長から安定成長へと大きく低下したのでした。

（3）リストラはリストラクチャリング（restructuring）の略で、本来は事業の再編成を意味しますが、近年では「人員整理」という意味で用いられることが多いようです。こうした後ろ向きのリストラは、目先的には会社を救うように見えますが、長い目で見ると会社の体力を損ないかねません。健康のためにダイエットをやり過ぎて、かえって病気になるような危険性があるのです。

（4）1973年10月に勃発した第四次中東戦争で、アラブ産油国は石油の輸出削減などの戦略を発動して戦争を側面支援し、原油価格の急騰をもたらしました。これが第一次石油危機（オイル・ショック）です。中近東への石油依存度が高い日本経済は甚大なダメージを被りました。

（5）1974年の消費者物価上昇率は年率24・5％を記録し、同年の実質経済成長率は戦後初めてのマイナス成長となりました。

◆おカネが増えると物価が上がる？

モノの値段は直接的には需要と供給とで決まりますが、もしモノの取引量が一定なら、世の中に流通するおカネの量が増えたり減ったりすることで、おカネとモノとの関係に変化が生じそうだと思いませんか？　おカネの供給が増えておカネが余ればおカネの価値が低下し（モノの値段が上がり）、流通するおカネが少なくなればおカネの価値が上昇する（モノの値段が下がる）ことになりそうです。

この考え方が成り立つなら、政府や中央銀行はおカネの供給量を調節することでモノの値段を操ることが可能です。インフレが昂進している時はおカネの供給を絞って物価を抑え、デフレが進行している時にはおカネの供給を増やして（量的緩和政策）、物価を上昇させることができるはずです。(6)

日本では、デフレ脱却（2%の物価上昇）を目指して、２０１３（平成25）年4月以降〝異次元の金融緩和〟政策がとられています。２０１６（平成28）年1月からはマイナス金利政策も導入[7]されました。ただ、マイナス金利は、民間金融機関が日銀に預けている当座預金のうち、準備預金を超えた任意部分（日銀が銀行から買い入れた国債の代金などをプール）に課せられますから、[8]もし銀行がそこで発生した損失分を手数料引上げなどで預金者に転嫁すれば、皮肉なことに金融引締めと同じ効果になってしまう矛盾を内包しています。

それはそれとして、経済的に成熟段階に達した日本では（アメリカなどもそうですが）、モノの取引以上におカネの取引量が拡大していて、しかも規制緩和の進展によりおカネが国境を越えて自由に動き回れる環境が整っています。こうした状況の下では、おカネの量が増えても、その一部は海外への投資などに振り向けられる可能性がありますから、直接的に国内のモノの値段を上昇させる効果が以前に比べて弱まっているとも考えられます。

そもそも、経済全体で取引される商品は多種多様です。そして、異常気象や原油価格動向など、金融政策以外の外的な環境変化が商品の価格に与える影響は大きく、しかもそれらの変化が価格の方向性（上がるか下がるか）に与える影響度は個々の商品ごとに異なります。ですから、おカネの量が増えたり金利が下がるだけで、単純に世の中のすべてのモノの値段が上昇すると考えることには無理があるのかもしれません。

（6）こうした考え方は「貨幣数量説」に基づきます。たとえばフィッシャー（Fisher, Irving：1867-1947）は、貨幣の流通速度（ある期間内におカネが受け渡しされる回数：V）や、ある期間内のモノの取引量（Q）を用いて、ある期間内の任意の時点における貨幣の総量（M）と物価（P）との関係を「M・V＝P・Q」という交換方程式で示しています。一方、マーシャル（Marshall, Alfred：1842-1924）は、実質GDP（Y）を用いて、独自に「M＝k・P・Y」という考えを導きました。kは「マーシャルのk」と呼ばれ、Vの逆数（＝1／V）として求められます。P・Yは名目GDPですから、単純に言えばMが名目GDPと比例関係にある構造を示しています。

（7）銀行が集めた預金の一定比率以上の額を日銀に預け入れることを義務付けるもの。

（8）当局としては、それを嫌う銀行によりおカネが市中に流れることを期待しているわけです。

◆国により変わるモノの値段

最近、新聞紙上やテレビのニュースなどで、「円高」や「円安」が話題に上ることが多くなりました。円高は、外国為替市場（ドルと円など、異なった国のおカネが日常的に交換される場所）で、日本のおカネ（通貨）である「円」が高く評価されている状態を言います。その逆の状態が円安です。

円とドルなど、異なった国のおカネを交換する時の比率を「外国為替レート」と言います。いま、外国為替市場で円とドルの為替レートが1ドル＝100円であるとしましょう。この状態は、たとえばアメリカで1ドルのアメリカ製チョコレートが、日本では100円で売られていることを意味します(9)。これが、もし1ドル＝80円になれば、日本人は同じチョコレートを80円で買うことができるようになります。つまり、ドルに対して円の価値が上がったのです。そのため、これは円高と呼ばれます。逆に、１ドル＝１２０円になると、それまで１００円で手に入ったチョコレートを１２０円出さなければ買えなくなります。ドルに対する円の価値が下がったわけで、これは円安と呼ばれるのです。

このように、同じモノであっても、時として国により価格が変化することがあります。その要因は、為替レートの変動であったり、資源の多寡であったり、関税の存在であったりします。おカネの普遍性の基盤がかなり揺らいできましたね。(10)

海外旅行の経験がある人は、おカネの普遍性について必ずしもそうではない状況に直面したことがあるのではないでしょうか。日本のおカネ「円」は近年国際的な通用力を高めていますが、それでも海外ではアメリカの「ドル」が依然として強い通用力を持っています。つまり、そうした土地で、現地通貨以外でモノを買おうとすると、円では買えたとしても割高になってしまい、ドルなら適正な価格で買えるようなケースが起こりえます。それは、アメリカが軍事的にも経済的にも世界で最も強大な国であり、その通貨であるドルが歴史的にモノやおカネの国際取引を行う際の基準になっているからです。(11)

（９）ここでは話を簡単にするため、チョコレートの輸入に伴う費用や販売などにかかるコストは無視します。その上で、１００円と１ドルは、同じチョコレート１個を買うための等しい力（購買力）を持っていることから

〝イコール〟で結ぶことができます。こうして為替レートを捉える考え方は「購買力平価説」と呼ばれます。

購買力平価説は、1921年にスウェーデンの経済学者カッセル（Cassel, Gustav：1866-1945）によって唱えられました。為替レートの決定に関する理論として今日でも広く用いられています（世界展開しているマクドナルドのハンバーガーの価格を比べる「ビッグマック指数」が有名です）が、この説が有効であるためには、すべての財やサービスの価格が同じ割合で変化するという仮定の成立が求められます。

（10）関税は外国から輸入するモノに課せられる税で、消費者はその分だけ上乗せされた価格で買わなければなりません。そうすることで、同じモノを生産する国内の産業を守るという意味があります。

（11）アメリカの通貨は「有事のドル」とも呼ばれ、国際情勢が不安定化する場面ではドル高になることが知られています。ただし、2001年9月11日のように、アメリカ自身が直接的なテロのターゲットになった時は、その限りでありませんでした。

◆外国為替の意味

おカネは、国などの地域により通用する範囲が限られています。アメリカではドル、日本では円、EUではユーロ、中国では元が通用します。原則として、ある国（地域）のおカネが、その国（地域）を離れて通用することはありません。[12] 日本国内では、一般にドルやユーロで買い物することはできませんから、おカネは円で保有していることが普通です。このため、外国からモノを輸入したり海外旅行をしたりしようとすれば、その対象となる国のおカネ（外貨）を手当てすることが必要になります。

そうした必要が生じた時は、外国為替銀行（外貨との交換サービスを業務として扱う銀行）などで外貨に交換してもらいます。この時の交換比率である外国為替レートは、時々刻々と変化します。日本人が持っている円をドルと交換することは、この為替レートに従って、円でドルを買うことを意味します。この時、前の例で見たように、1ドル＝100円だったものが1ドル＝80円の「円高（ドル安）」になれば、それまで100円だったドルが80円に値下がりすることで、同じ1ドルというおカネを20円も安く買えるようになる（ドルに対して円が強くなる）のです。逆に、1ドルを持っている人は、円に交換すると100円もらえたものが、80円しかもらえなくなる（円に対してドルが弱くなる）のです。

外国為替レートの変化は、各国の経済にさまざまな影響を与えます。円高になると外国のモノが安く買えるようになり、円安になると輸入する原材料や燃料（原油）などを高い値段で買わなければならなくなります（たとえば、円安局面では、高く輸入した原材料費が製品価格に転嫁され、国内物価が上昇するような圧力［円高局面では逆の作用］がかかります）。また、一般に円高になると現地での価格競争力が低下するため、日本企業は輸出がしにくくなり、円安局面では日本で作られたモノを輸出しやすくなると言われます。

(12)　ここで〝原則として〟と言ったのは、ユーロがそもそも国を跨いだ通貨ですし、「ユーロ・ダラー（アメリカを離れて、主にヨーロッパに滞留するドル）」のような例外が存在するからです。

◆何が為替レートを変化させるか？

円高や円安はどうして起こるのでしょうか？　まず、円を買いたい人が増えれば円が高くなり、ドルを買いたい人が増えればドルが高くなります。つまり、需要と供給の大きさによって通貨の値段が変わるわけで、この点は一般商品の価格決定メカニズムと違いありません。しかし、為替レートの変動要因には、少し複雑な面があります。

輸入業者がドルで輸出相手に支払う場合、必要なドルを円と交換しなければなりません。私たちが海外旅行をする時に、銀行で手持ちの円をドルに交換してもらうのも同様です。これらは、実際に使用目的を持ったドルへの需要なので「実需」と呼ばれます。これとは別に、外国為替市場では、FX取引[13]などの投機的な売買が活発に行われています。こうした取引（「実需」に対する「仮需」）の存在が、為替レートの変動に与える影響は決して小さくありません。また、日本銀行のような中央銀行による為替介入や政府の通貨・金融政策によっても、為替レートは変動します。さらに、国際情勢が不安定化すると、相対的に落ち着いた社会である日本が海外からのおカネの逃避先として人気化し、円への需要が高まることがあります。いわゆる「質への逃避」です。

「質」と言えば、為替レートの決定には、その通貨を発行している国を評価する〝通信簿〟のような側面もあります。経済成長率、物価、金利などのファンダメンタルズ（fundamentals：経済の基礎的条件）と呼ばれる要因に加え、政治の安定性やテロ・戦争の脅威を含めたカントリー・リスク

（country risk）などが総合的に評価され、適正な水準が時々刻々と市場で模索されているのです。とりわけ、貿易や海外投資により国際収支[14]が経常的に黒字になると、その国の通貨は強く（日本であれば円高に）なる傾向にあると言われています。たとえば、日本からアメリカへの輸出がアメリカからの輸入よりも多いと、ドルの受取額が支払額を上回り、その差額のドルは円に交換されます。つまり円の需要（円買い）が増える（逆に言えばドル売りが増える）結果、ドルに対して円高傾向になるような仕組みです。

（13）外国為替証拠金取引（margin foreign exchange trading）の略称。証拠金を納めることで、それを担保に何倍もの取引が行える仕組みです。この倍率は一般にレバレッジ（leverage）と呼ばれ、１００倍のレバレッジを使えば１００万円の現金で１億円の取引が可能となります。ただし、実際の損益はこの１億円に対して計算されますから、とてもリスクの大きな取引なのです（たとえば為替レート１ドル＝１００円の時に１億円でドルを買えば、１００万ドルを持つことになりますが、もし為替レートが１円の円高になり１ドル＝99円になると、円に換算した場合９９００万円となり元本の１００万円は泡と消えてしまいます）。このため、レバレッジの上限は２０１０年に50倍へ、２０１１年に25倍へと法律により抑制されています。

（14）国際収支は、経常収支（「貿易収支［輸出入による収支］」＋「サービス収支［旅行などによる収支］」＋「移転収支［送金などによる収支］」）と資本収支（直接的な投資や証券投資による収支）とに区分されます。

◆金利と為替レート

いま、日本では低金利政策が採られています。昔々、10年間定期預金や定額貯金に預けておくと元本が倍になる時代があったことを思えば、まさに隔世の感があります。

ここで、内外の金利差という問題を考えてみましょう。まず、日本（円）の預金金利が1％の時に、アメリカ（ドル）の預金金利が10％だったとしたら、どのようなことが考えられるでしょうか？手数料や税金などの存在を無視すれば、多くの人は日本で預金するよりもアメリカで預金する方を選ぶはずです。つまり、ドルの需要が増え、逆に円の需要は減少します。これにより、ドル高（＝円安）という結果がもたらされると考えられます。金利裁定（低い金利より高い金利を選好すること）が働き、金利水準の相違が外国為替レートに影響を及ぼすのです。

一方、先に見たように、インフレの進行はおカネの価値を低下させます。そうした国では金利水準を高くする政策が採られがちですが、金利が上昇しても同じだけインフレが進めば、その国内での通貨の購買力は変わりません。すると、そうした国のおカネは国外に逃げる場合があり、逃避先の通貨への需要が増えれば（逃避元の通貨の供給が増えることになり）、必ずしも金利上昇が当該国の為替レートを高くしないことも起こります。

また、金利が低下すると国内の投資が刺激されて景気が好転する（逆に金利が上昇すると景気が悪化する）傾向があります。この場合は、金利の方向性と為替レートの方向性とが逆（高金利＝通貨高ではなく、高金利＝通貨安）になることもありえます。

以上のように、金利と為替レートの関係は一筋縄ではいかない複雑さを持っているのです。

◆立場でも変わるおカネの価値

ところで、あなた自身、いくらなら衝動買いをしてもよいか（衝動買いの金額はいくらまで許すか）を考えてみてください。１万円でしょうか？　それとも10万円？　まさか１００万円ではないですよね。

金銭観は個々の性格にもよりますが、時として高収入の人や資産家の中には、おカネの感覚が庶民とはかけ離れている人が見受けられます。縁起でもないのですが、葬式の際の香典を考えてみましょう。一般に、個人として包む香典は3千円から5千円、せいぜい1万円が相場と言われます。しかし、芸能界で活躍している人たちの間では、10万円が相場という話を聞いたことがあります。それも、青天井になるのを抑制するために、業界のガイドラインとして一律10万円に取り決められたそうです。これが事実なら、一般人の上限の10倍ということになります（タメイキ）。

気を取り直して、衝動買いの話に戻りましょう。衝動買いを1万円とする人を基準に考えると、その1万円は、10万円の衝動買いをする人には１０００円の価値にしか感じないことになります。１００万円の衝動買いをする人にとっての1万円は、１万円を衝動買いする人の１００円にしか相当しないのです。

このことは、私たちの年齢変化に伴う金銭感覚の変化として捉えると、もっとわかりやすいかもしれません。小学生の頃、親戚のおじさんからお小遣いとしていただいた１０００円は、大金だったのではないでしょうか。でも、就職して給料をもらうようになると、同じ1000円に小学生の時ほどの価値は感じないはずです。

このように、おカネの価値は、立場や年齢などによっても変化するのです。

4 おカネの歴史

◆自給自足から物々交換へ

モノには「使用価値」と「交換価値」があります。使用価値は、そのモノ自体が私たちの生活に役立ち、便利さや快適さを提供する機能のことです。これに対して、交換価値は、それを持っていれば、いざという時に自分の欲しいモノと交換できる機能です。交換価値という点を考えると、おカネ（貨幣）は、歴史上これまで人類が発明した道具の中で、最も優れたものの一つと思われます。

ところで、人がモノを消費し生活を営むという経済活動は、人類の発生と同時に始まりました。人が生きていくためには飲食が欠かせませんから、当初はそれらを採集し消費に充てたことでしょう。

採集活動はやがて漁労・狩猟・栽培などの、より能動的な活動に進化します。(1) これらの段階の経済システムは自給自足です。このシステムが効率性を高めると、二つの流れが発生していきます。

第一は、専門性の深化と分業体制の萌芽です。たとえば、狩猟の道具である弓矢の製作が狩りよりも得意な人は弓矢を作り、狩りの得意な人にそれらの優れた道具を提供して狩りに専念させることで、家族やコミュニティーにとっての収穫と分配がより効率的に行われます。(2)

第二は、収穫物に消費量以上の余剰が発生した際に、将来の不足（不漁・不猟・不作）に備えて加工・貯蔵する技術の開発があげられます。人類が火を操るようになって、食材に対して調理という作業が発生し、さらには燻製や乾物などへと高度化していきます。一種の技術革新ですね。

これと並行して、異なった地域の集落などとの間で、余ったモノ（余剰物）と足りないモノ（不足物）との交換が発生します。物々交換経済の時代を迎えるわけです。たとえば、海辺の魚と内陸部の肉や野菜などとの間で交換が行われることが考えられます。また、弓矢の製作が得意な集落と槍《やり》作りに優れた集落との間では、弓矢と槍との交換が可能です。

（1）〝山内清男［1937］「日本に於ける農業の起源」『歴史公論』〟などでは、縄文人＝高級狩猟民、弥生人＝耨耕民《どうこう》（耨耕とは鍬などを用いるだけの最も原始的な耕作方法）、古墳時代人＝園耕民（園耕とは灌漑、施肥、除草などの作業を伴う集約的な耕作方法）とし、弥生時代までを採集経済、古墳時代から生産経済段階に入ると唱えていました。しかし、こうした時代移行は地域により進行の速度が異なるほか、発掘による考古学的知見などから、近年では縄文晩期ですでに園耕民が出現していた地方もあったという考えが示されています。

（2）この経緯は、Smith［1776］によれば、「狩猟又は牧畜を営む種族にあって、或者が他の者よりも容易く巧妙に弓矢を作りえたとする。そこで彼はその弓矢を折々他の者と家畜や鹿肉と交換する。ついに彼はこの方法によって、自分の必要とする家畜や鹿肉を自ら狩猟に出掛けて行くよりは、より多く獲得しうることを知るようになる。それ故、自分の利益から弓矢作りが彼の主たる業務となる（p.21）」とされます。

◆物々交換などなかった？

自給自足から物々交換を経て貨幣経済に至るプロセスは、古くはギリシアの哲学者アリストテレスが唱え、アダム・スミスらによって主張され定説化してきました。この学校でもそうした歴史観に従っています。しかし、このような発展過程は演繹《えんえき》的な推論に基づいており、実際には物々交換だけで取引が行われていたという歴史的な証拠はありません。

このため、1980年代以降、複数の人類学者が伝統的な貨幣誕生の考え方、つまり物々交換からおカネが発展的に誕生したという説を否定し、近年では実証的な視点を重視する経済学者の間でもそれに同調する動きが強まっているようです。

確かに、かつて物々交換だけが取引形態のすべてだった時代が存在した記録はないかもしれません。でも、後で紹介するヤップ島の金融システムは、時間を跨《また》いだ間接的な物々交換の発展形態と捉えることができそうです。また、あなたも子供の頃、自分の持っているビー玉を友だちの持つメンコと交換したような経験はありませんか（ちょっと例が古いですが……）？　こうした交換形態は、相対で行われるだけに必ずしも公正な取引を保証しませんが、物々交換が部分的にせよ歴史的に行われていたという蓋然《がいぜん》性を示しているようにも思えるのです。特に、次項で触れる「物品貨幣」の存在は、物々交換と貨幣機能の境界を曖昧なものにしています。

◆おカネの誕生

物々交換に非効率性が伴うことは先に触れた通りです。不足物を求める側の所有する余剰物が、必ずしも相手の求める不足物とは限らないからで、この場合には交換が成立しません。

この結果、交換を効率的に行うための手段が模索されます。そこで発生するのがおカネ（貨幣）です。「貨幣」という言葉の辞書的意味を探ってみましょう。まず、「貨」という文字を構成する「化」には、「姿を変える」という意味があります。「貝」は古代中国で貝貨（貝のおカネ）が使用されていたために添えられたと言われ、「貨」は「交換する（何かに姿を変える）ことのできる宝としての貝」、すなわちおカネを意味するようになります。こうした経緯から、おカネに関係のある漢字には「貝」の付くものが多いのです。

殷墟《いん》（殷は商とも言います：紀元前15世紀～同11世紀の中国王朝）からは、貝貨と見られる南海（ベトナム周辺）産の子安貝（宝貝）が数万枚発見されています。ただし、この時代の貝貨は、今日のおカネのように流通したものではなく、呪術、互酬、贈与に用いられたと考えられています。そして、穴を開けた子安貝に紐を通してまとめたものを象形して「朋《ほう》」と表し、朋はある種の単位としても利用されていたようです。また、『竹取物語』で、〝かぐや姫〟が結婚の条件として中納言石上麻呂《いそのかみのまろ》に要求した「燕《つばくらめ》の持ちたる子安貝」は、まさに殷墟で発見された貝と同じものでした。この貝は、日本では安産のお守りとしても用いられ、世界的にも石器時代から広い地域で呪物や装飾品として使われたようです。(3)

一方の「幣」は、神様に捧げる貴重な絹布（宝物）の意ですが、(4)中国では漢代以前に通貨の役割を果たした時代がありました。日本でも、特に東日本では、長くおカネとしての役割を果たしたようです。以上から、貨幣の字義は「変化する（交換できる）貴重なもの」ということになります。(5)

これに対して、古代の西欧諸国では、ラブレーの「貨幣は第二の血液である（Pecunia《ペキュニア》 est《エ》 alter《タルテ》 sanguis.《サンギ》）」という言葉に象徴されるように、牛や羊などの家畜が貨幣として用いられた時代がありました。(6)

経済が発展段階を歩むに連れ、貨幣は次第に富の蓄積や決済手段としての重要性を高めますが、初期の貨幣としては貝や家畜などの「物品貨幣（commodity money：物品貨幣は、実物貨幣、商品貨幣、貨物貨幣《かぶつかへい》とも呼ばれます）」が機能していました。しかし、物品貨幣は、交換価値以上に使用価値のウエイトが高いことも多く、物々交換の延長線上の存在でしかありません。しかも家畜の場合などは、先に牛の例で述べたように一頭と等価のモノ以外とは交換が難しく（釣銭のやりとりができない）、総じて物品貨幣は貨幣としての自立性に欠けます。

貨幣が、地域を越えて広く人々の間で普及して使用されるためには、貨幣の素材にいくつかの条件が必要なのです。

（３）古代中国の貨幣に関しては、山田［２０００］をご参照ください。また、かぐや姫と子安貝については、〝保立道久［２０１０］『かぐや姫と王権神話』洋泉社〟pp.147-155を参照してください。

（４）この点は、日本においても同様です。ちなみに、小倉百人一首には、菅家（菅原道真）の「このたびは〝幣《ぬさ》〟もとりあへず手向山　紅葉のにしき神のまにまに」が収められています。

（５）Rabelais, François（1483-1553）。フランスのルネッサンス時代の作家・医学者で「ガルガンチュワ物語」の著者としても有名。

（６）pecunia（貨幣）の語源となるラテン語のpecus《ペクス》には、群れをなす羊や牛の意味があります。

◆現代も通用する貝貨

ところで、パプアニューギニアのニューブリテン島にあるラバウル周辺では、トーライ族の間に今日でも貝貨（シェルマネー：shell money）が存在しているようです。日常的には同国の通貨キナが用いられますが、そもそもこのキナという貨幣単位は貝を意味する言葉ですし、お札のデザインにも一部で貝貨が用いられています。

とりわけ、トーライ族の慣習として、冠婚葬祭の場では貝貨を用いる方が礼儀にかなっているとされます。また、ラバウルに残る秘密結社の儀式では、貝貨が不可欠な存在なのだそうです。このように貝貨の使途が残っているため、パプアニューギニアでは貝貨とキナとの交換レートが定められ、貝貨を扱う専門の銀行も存在しています。

パプアニューギニアの貝貨は子安貝ではなく、ナッサ貝と呼ばれる小さな貝で、集めた貝は木の蔓に通し束にしてまとめられています。この点は、中国の殷における子安貝の「朋」と類似していますね。それと、ナッサ貝もラバウル周辺では採れない珍しい貝で、貨幣素材としての希少性を担保しています。(7)

(7) ここでのお話は、主として〝山口由美［2014］『世界でいちばん石器時代に近い国パプアニューギニア』幻冬舎〟、pp.55-57に基づいています。

◆ヤップ島の石貨（フェイ）

ヤップ島はミクロネシア連邦に属する小さな島です。ミクロネシア連邦の通貨は米ドルですが、ヤップ島には古代から「フェイ」と呼ばれる石のおカネ（石貨）も存在します。中央に穴の空いた車輪のような形で、直径30㎝くらいのものから大きいフェイは4m近くにも達します。(8) フェイの素材となる石も、やはりヤップ島では産出せず、５００㎞近く離れたパラオ周辺で切り出され、加工され、運ばれてきたと言われます。古代の航海では重い石貨の運搬が困難でしたから、大きなフェイほど価値が高いとされますが、石の色や粒子の細かさなども価値の評価に反映されます。

ただ、ヤップ島でフェイが交換の手段として日常的に使われたという記録はありません。日々の取引では債権（おカネを受け取る権利）と債務（おカネを支払う義務）が当事者間で相殺され、残った分は繰り越されて次の取引に用いられたようです。フェイが用いられるのは主に儀礼的な贈答品として、まれに高額な取引の支払手段として、あるいは取引の決済に際して相手が望めばその価値に相当するフェイで支払う、といった特殊なケースに限られていたと言われます。

そこで興味深いのは、フェイの所有権が移っても、フェイ自体は移動しないという点です（たしかに、巨大なフェイを移動するのは取引された品物を運ぶより困難ですから、現実的でありません）。フェイの所有権が移転した場合は、当事者や周囲がそれを認めることで完結し、フェイに新たな所有者の名前を書いたり印を付けたりすることも、台帳などに記録されることもありません（島民の誰もが、どのフェイが誰のものかを知っているからです）。このことは、フェイが貨幣としての機能を持っていないと言うより、ヤップ島における取引の決済システムが、前に述べたような債権・債務の相殺と残りの繰り越し分を次の取引に用いるという、相互の〝信用〟を基盤としたおおらかな仕組みだったことを物語っています。

そして、〝信用〟は、おカネの機能を考える上で、重要な要素となるのです。

（8） 日比谷公園内の日比谷通り沿い（帝国ホテル側）に、現物の石貨を見ることができます。

◆おカネの素材の条件

おカネが人々の間で広く流通するためにも、貨幣に対する〝信用〟は不可欠です。その信用を担保する要素の一つが、貨幣素材に関する条件です。

具体的には、希少性、耐久性、均質性、可分性、再現性、携帯性、地域普遍性などがあげられます。一つひとつ見ていきましょう。

まず、希少性については、どこにでもある素材、たとえばただの砂や石ころでは、誰もモノとの交換に応じてはくれないでしょう。貝貨や石貨の素材がそれを用いる土地では採れないように、希少性それ自体が価値の源泉になるのです。

第二の耐久性についても、鮮魚や生肉などのように、一夜にして変質してしまう素材では交換に応じる者は少ないでしょうし、そもそも富として蓄積することが困難です。

第三の均質性は、貨幣素材として、どの部分をとっても同質であるという条件です。たとえば、牛の場合は個体差が大きい上、(9) 半分に分けても各々が必ずしも均質にはなりませんよね。

一方、第四の可分性が均質性とともに満たされれば、さまざまなおカネの額に細分化できる（釣銭がやりとりできる）ようになります。

第五の再現性は、細分された貨幣素材が再び価値を損なわないで合成できることを意味します。これにより、大きな塊と細分された同量の素材とが等価に扱われるのです。

第六の携帯性は、ヤップ島の巨大な石貨を想起すれば議論を要しないでしょう。

第七の地域普遍性は、ある地域で希少でも、他の地域で潤沢な素材であれば、互いの地域の間では公正な交易が成立しないことから付された条件です。

おカネがおカネとして認識され、人々の間で信用を得て流通するためには、なるべくこれらの条件を満たす素材であることが求められるのです。

（9）「神戸牛」、「松坂牛」などのブランド牛と一般の牛肉の価格差は肉屋へ行けば直ちに確認できますし、ブランド牛でも「日本食肉格付協会」によりＡ－５やＡ－４などの等級に分けられています。

◆金属素材のおカネが主流に

こうした事情から、次第に金属が貨幣として定着していきます。紀元前３０００年頃の記録によると、メソポタミアで銀が取引手段として使用されたようで、これが最古の金属による支払いとされます。

時代が下ると、やがて金・銀などの貴金属が貨幣の中心となっていきます。世界最古の硬貨は、紀元前7世紀にリディア（現在のトルコ）で作られたエレクトロン（elektron）貨と言われます。これは、大粒の砂金に刻印を打ったものでした。このように、初期の貨幣は地域により大きさや形状がバラバラで、必ずしも規格化された存在ではありませんでした。規格化されたコインとしては、紀元前483年にラウレイオン銀山の開発に伴い鋳造された、ギリシア銀貨が第1号と言われます。金や銀は、基本的な自然属性が貨幣としての素材条件に適していることから、次第におカネとして重用されます。この点についてマルクスは「金銀は生来貨幣なのではないが、貨幣は生来金銀である」と述べています。

金貨も銀貨も、当初は互酬や富の蓄積手段としての役割が大きく、大型貨幣が主流でしたが、交易の活発化とともに次第に貨幣の決済機能が重視されるようになり、西ヨーロッパ圏では8世紀頃から小型銀貨が普及します。さらに、金銀両貨間の相対的な希少差が認識されるに至って、金貨を本位（基準）とする貨幣制度が広く定着するのです（補助的な貨幣素材としての銅の存在まで考えると、オリンピックのメダルですね[10]）。

このように、金や銀には、長く貨幣として使用されてきた歴史があります。一方、ダイヤモンドには希少価値はありますが、一度細かくしてしまえば再びまとめることは不可能ですし、1カラットのダイヤの価値が0・1カラットのダイヤ10個と等価にはなりえません。しかも、ダイヤには4C[11]のような等級が定められ、同じ1カラットでも個々の価値は大きく異なります。このため、ダイヤが貨幣となることはなく、金や銀などの貴金属が貨幣として使用されるようになったのでした。

けれども、歴史的に見てこうした流れが発展段階論のような不可逆的な過程を歩むわけではありません。たとえば、１９４５（昭和20）年の日本では、金属が軍需用に徴収されたため、耐久性には問題がありそうな焼き物の貨幣（陶貨）が製造されています（ただし、すぐに終戦となり、流通前に廃棄されました(12)）。

(10)　金本位制と銀本位制とが混在していた時代には、純金と純銀の価値比率である「金銀比価（純銀1に対してそれと同じ重さの純金が示す価値の倍率。時代や地域によって変化します）」が重要でした。幕末の日本では、国際的な金銀比価との相違から素材価値の高い金の対外流出が大量に発生し国内経済に打撃を与えました。当時は銀を本位とする関西圏と金を本位とする関東圏とに分かれ、そこでの金銀比価が国際基準と異なっていたことが背景です。

(11)　Cut（削り方）、Carat（重量）、Clarity（透明度）、Color（色）の４つで、米国宝石学会（Gemological Institute of America：ＧＩＡ）が定めたもの。ダイヤモンドの品質を評価する上で、国際標準となっています。

(12)　陶貨は、第一次大戦後の１９２０年にドイツでも作られたようです。日本では有田や瀬戸の焼き物だったのですが、ドイツも陶磁器はマイセンが有名ですよね。

◆沈黙は金？

「沈黙は金、雄弁は銀（Speech is silver, silence is golden.）」という言葉があります。たしかにあまりお喋りな人は軽薄な印象を持たれますが、無口な人は思慮深く見えるようです。でも、このような解釈が成り立つためには、「金が銀よりも価値がある」ことが前提となります。現在の金銀価格を比べると、同じ重さなら金は銀の約70倍となっていますから、そのとおりなのでしょう。

ただし、大昔には、金よりも銀の方が価値の高い時代があったと言われます。金は川の中で砂金のような形で自然に採れることもありますが、銀は多くの場合、鉱石を精錬しなければ採集できません。銀が大量に生産されるようになったのは、16世紀に水銀アマルガム精錬法が普及してからのことです。インドを目指したコロンブスが1492年に新大陸へ到達していますが（インドと勘違いした名残で、今もこの地域を「西インド」と呼んでいますね）、アメリカ大陸から大量の銀がヨーロッパへもたらされるのは、アマルガム精錬法の確立が契機だったと言われます。[13] したがって、そうした精錬技術が未発達な地域や時代にあっては、銀の方に希少価値があったのです。規格化された初のコインが銀貨だったことは、こうした事情を反映しているのかもしれません。

とすると、「沈黙は金、雄弁は銀」の意味も、「黙っていると自分の考えが相手に伝わらない。雄弁に自分の考えを主張して、相手を説得することが重要だ」という、一般とは逆の解釈が可能になります（英語表記では金と銀の順番が逆転していますし……）。

もっとも、この箴言《しんげん》は、すでに金が銀よりも高く評価されている時代に出現したようですが……。あなたは、沈黙と雄弁のどちらに価値があると思うでしょうか？

（13）〝祝田秀全［２０１６］『銀の世界史』筑摩書房〟p.26

◆日本のおカネはいつから？(14)

紀元前３世紀頃に完成したとされる、壱岐の「原の辻集落（『魏志』東夷伝倭人の条における「一支国」）」の遺跡からは、前漢時代のおカネ「五銖銭《ごしゅせん》」が15枚ほど出土しています。これらは大陸との間の交易に使用されたとも考えられますが、弥生時代という当時の日本の状況から判断すると銅器を作るための素材だった可能性が高そうです。

これに対して、日本で初めて金属貨幣が鋳造されたのは、『日本書紀』６８３年の記載にある「富本銭」で、１９９８（平成10）年に奈良県明日香村の遺跡からまとまって出土し、実在が確認されました。ただ、現時点でこれがおカネとして流通した証拠はなく、呪術的な用途に限られていた可能性が高いようです（こうした使途の銭を「厭勝銭《えんしょうせん》」と言います）。

明らかに流通を前提に鋳造された貨幣としては、これまでの定説通り７０８（和同元）年の「和同開珎《わどうかいちん》」が最初です。その後、９５８（天徳２）年初鋳の「乾元大寶《けんげんたいほう》」まで、２５０年間に12種類の皇朝銭（皇朝12銭）が作られます。ただし、皇朝銭の発行は、経済的なニーズによるものではなく、政治的な意図が大きかったようです。当時の日本政府は近代的な律令国家の成立を目指しており、貨幣発行も近代化政策の一環として唐の制度を模倣したものと捉えられます。

ところが、この時代の日本経済は貨幣を必要とするほど発達していませんでした。そこで政府は、貨幣制度の定着や流通の促進を図るため、711（和同4）年に『蓄銭叙位令』を定めます。これは、一定の銭を蓄えた者には位階を与え、銭での納税を奨める法令でしたが、かえって銭の死蔵を招くなどの弊害が目立ち、800（延暦19）年に廃止されています。この間の事情は、以下のように伝えられます。

貨幣がある程度流通し始めると（と言っても流通はほぼ畿内に限られ、全国的には通用しなかったようですが）私鋳銭が出現し、対抗策として新銭の鋳造が行われます。しかし、原料である銅を確保するのが難しいことや、鉛などの混入による政府の改鋳益狙いなどにより、皇朝12銭は時代が下るに連れて、貨幣としての質的品位を低下させていきます。(15) 初期の品位の高い銭（和同開珎は銅貨で発行される前は銀貨でした）は退蔵されることもあって、おカネとして流通する規模は拡大しませんでした（〝悪貨は良貨を駆逐する［Bad money drives out good.］〟という「グレシャム（Gresham, Thomas : 1519-1579）の法則」を想起させます）。

また、この時代の貨幣にも、支払手段以外に呪術的な用途があったようです。たとえば、寺院を建立する際、基壇に和同開珎を置いたり、美濃の不破関《ふわのせき》の発掘調査によれば、やはり和同開珎が建物の隅に何枚か置かれていたとのことです。10世紀以降に政府が弱体化したこともあり、次第に貨幣は鋳造されなくなります。結局、これらの貨幣はおカネとしては定着しませんでした。交換手段として流通し、おカネの役割を果たすものは、以前からの絹布（幣）や米に逆戻りしてしまいます。

その後、12世紀後半から13世紀にかけて、宋銭が大量に流入します。その背景として、平清盛が日宋貿易に力を入れ、船の行き来が活発になったことがあげられます。銅銭は支払手段としてだけでなく、それら交易船の船底に入れ、安定を保つバラストとしても運ばれたようです。当時の中国では主に紙幣（世界で最古のお札とも言われます）が流通するようになり、銅銭が粗略に扱われた結果と思われます。13世紀前半に、西園寺家が宋に派遣した船が10万貫の銭を持ち帰ったという記録が残されています。１貫＝１０００文（枚）ですから、10万貫は1億枚の銅銭ということになります。このように、大量に中国大陸から流入した銅銭が貨幣として通用するのは、東日本では13世紀前半、西日本では13世紀後半頃と言われます（ちなみに、中国からの銅銭は、室町時代、足利義満が15世紀初めに「日本国王」として始めた日明貿易を通じても大量に流入し、庶民層への貨幣経済の浸透を促しています）。

13世紀以前、貨幣として絹布が流通していた東日本では、いち早く銅銭が流通し始めます。銭10文を1疋《ぴき》と呼びますが、「疋《ひき》」は元来、絹布の単位であったことから、銅銭の定着が速かった様子がうかがえます（１００疋＝1貫に換算されます）。これに対して、畿内や西日本では、古くから米が貨幣（交換手段、価値尺度）として用いられていましたが、平安時代末には「替米《かえまい》」という米手形が出現するなど、それなりのレベルの金融システムが構築され、機能していたと思われます。その結果、西日本では銅銭の流通が遅れ、銅銭が通用するようになってからも、米が貨幣として機能する風習が根強く残ることになったのでした。

（14） 以下は、主に網野［2005］によります。

（15） 一般に、貴金属には希少性があるだけに、経済規模が拡大すると流通するおカネの量が不足します。そこで、歴史的に改鋳（たとえば、流通している金貨よりも金の含有量を減らした金貨を作り、同じ額面で発行すること）が古今東西で行われています。江戸時代の日本では、荻原重秀（1658－1713：幕府の高級経済官僚）が高品位の慶長小判を品位の劣る元禄小判に改鋳し、500万両からの改鋳差益金を上げたことが知られています。

◆お札の価値はどこから？

今日では、紙でできたお札（紙幣）が、おカネとして広く通用しています。これは素材自体には商品としての価値がほとんどなく、法律などの強制により流通するおカネのことで「名目貨幣（fiat money; nominal money）」と呼ばれます。紙幣を1枚作るための費用は、1万円札でも20円程度。モノとしての価値を持たない紙幣が、どうしておカネとして重んじられるのでしょうか？

日本でも、昔は1円紙幣を銀行に持っていくと、1円金貨と交換してもらえました。これを兌換《だかん》と言います。そして、紙幣の表面にはそのことが印刷されていましたから、お札には価値の裏付けがあったのです（本位貨幣である金貨と交換が約束された紙幣を兌換紙幣と言います）[16]。でも、今日の日本では管理通貨制度の下、金貨は記念貨しか発行されませんから、銀行にお札を持っていっても金貨と交換はできませんし、紙幣のどこにも金貨と交換してくれるとは書かれていません（交換の約束のない お札は不換紙幣や信用紙幣と呼びます）。つまり、いま通用している紙幣には、価値の裏付けがないのです。

それでも紙幣がおカネとして通用しているのは、国がおカネとしての価値を保証し、人々がそれを信用しているからです（名目貨幣のうち、信用を前提に発行されるおカネを「信用貨幣」と言います。前述した「信用紙幣」はその中のお札に特定した表現です）。日本の紙幣は、正しくは「日本銀行券」、略して「日銀券」と呼ばれます。日本銀行は国の機関ではありませんが、政府の銀行（中央銀行）として国のおカネを管理しています。日本銀行はまた、資産の範囲内で紙幣を発行します。[17]紙幣は中央銀行の資産の裏付けを持って発行されているのです。

(16)　本位貨幣とは金や銀を通貨価値の基準とした貨幣のことです。日本では１８９７（明治30）年に『貨幣法』が公布され、１円＝金０・75ｇの金本位制が確立しました。これに伴い、日本銀行は金の兌換紙幣を発行しましたが、昭和金融恐慌に絡んで１９３１（昭和６）年に金兌換停止措置が採られ、金本位制は幕を下ろしました。

(17)　紙幣の印刷は独立行政法人国立印刷局で行われます。

◆山田羽書からゲルマン紙幣へ

今日では日常的に使用されているお札ですが、日本で最初の紙幣は伊勢の「山田羽書《はがき》」と言われています。羽書とは「端数の書付け」に由来するとされ、室町時代の末期から釣り銭の代わりに預り証（手形）として発行されたものです。伊勢には伊勢神宮があり、古くから全国各地との交流が盛んだったため、伊勢山田は一つの自治的な商圏を形成していました。そこで培われた信用力を背景に、羽書はお札としてこの地域で流通するようになったと考えられます。この機能は、やがて江戸時代に入ると各大名家で採用され、「藩札（その藩の中だけで通用するお札）」の形で全国に普及していきます。

しかし、明治維新後は大量の藩札の整理が急務となり、明治政府は藩札の交換対象として「太政官札」というお札を発行します。ただ、当時の日本の印刷技術は未熟だったため偽札が横行し、経済は混乱します。そこで1870（明治3）年、政府がドイツのフランクフルトの工場に発注して印刷したお札が「明治通宝（ドイツで製造されたため通称〝ゲルマン紙幣〟と呼ばれます）」です（発行は1872〔明治5〕年）。その後、ゲルマン紙幣はドイツからの技術移転によって日本で印刷するようになり、西南戦争（1877〔明治10〕年）の軍事費の支出などに役立てられました。けれども、1882（明治15）年に日本銀行が開設され、通貨発行の制度が整備されたことなどから、1899（明治32）年に通用が禁止され、お札としての役割に幕を降ろしました。[18]

(18) 明治維新とゲルマン紙幣に関しては、〝渡辺房男［2000］『ゲルマン紙幣一億円』講談社（2009年に日本経済新聞社から文庫化）〟という小説に活写されています。

◆〝お札〟の命は短くて……

こうした経緯から、国の信用に支えられていることで、私たちは安心して紙切れのお札を使うことができるのです。そして、お札の方が金貨よりも軽く、小さく折りたたむこともできるなど、持ち運びにも楽という利点があります。

ただ、お札は丈夫に作られてはいますが、紙は紙です。日本銀行が発行したお札は、人々の間でやりとりされると、金融機関などを通じて再び日本銀行に戻ってきます。日銀では、「銀行券自動鑑査機」という特別な機械でそれらをチェックし、損傷や汚れがひどいお札は裁断・廃棄されます。

お札の寿命（発行から廃棄まで）は1万円札で4～5年、それ以外の紙幣はわずか1～2年と言われます。1万円札の寿命が他と比べて長いのは、高額紙幣ということで大切に扱われているからかもしれませんが、それにしてもお札の寿命は短いとお感じになりませんか？

5 変わるおカネの姿

◆進むデジタル革命

以上のような発展過程を経て、現代社会では、それ自身では使用価値を持たない紙幣が流通しています。経済規模の拡大に伴う決済機能の高頻度化は、貨幣素材である貴金属の量的制約（希少性があるがゆえの矛盾です）もあって、かえって円滑な交易決済上の足かせとなり、紙幣や小切手などが需要されたのです。

この、貴金属貨幣から紙幣への流れは、貨幣概念の変化とその延長線上にある証券の存在を論じる上でも重要です。それは、実物資産による価値の裏付けという枠を超えて、信用を基盤とした金融秩序の構築が示唆されるからです。

その結果、今日、ほとんどの自由主義先進諸国では、貨幣的な交換価値の発展形態として、クレジットカードや証券などの定着を見るに至っています。さらに近年では、コンピュータ技術の発達やインターネットの整備・普及を背景に、日本でも金融を巡る多様な領域で急速な変化が認められるようになりました。

デジタル革命を支える、技術面などの進化を表す「ＩＴ革命」という言葉も、しばしば用いられます。ＩＴは「information technology（情報技術）」のイニシャルです。ＩＴ革命もデジタル革命も、技術の発達に伴う急激な変化を「革命」と表現したもので、18世紀後半からイギリスを中心に起こった「産業革命」になぞらえています。

産業革命では、科学技術の発達により、それまでの手工業から機械工業へと経済構造が変化し、今日の豊かな物質文明社会の礎となりました。ＩＴ革命では、主にコンピュータの発達を背景に、地理的・時間的な距離を狭め、情報の量的な拡大だけでなく、質的な変化をもたらします。たとえば、電子メールの普及は、時間と場所に関係なく通信を可能にし、時候の挨拶を省くなど、手紙の文章形式まで変化させました。さらに近年では、ライン（LINE）での対話型通信やスカイプ（Skype）によるグループビデオが、コミュニケーションの姿を変貌させています。

ＩＴ技術を背景とした金融面の変化は、「Fintech（フィンテック：financeとtechnologyの合成語）革命」と呼ばれます。銀行、証券、保険などの金融サービスを、スマートフォンで利用したり、ＡＩ（artificial intelligence：人工知能）で資産運用・管理面のアドバイスを受けたり、私たちにとっては利便性の向上が期待されます。

こうした変化は、個人の生活環境だけでなく、経済活動を含む社会全体を、想像もできないような世界へと導いていく可能性を秘めているのです。

◆クレジットカードの定着

あなたはクレジットカードを持っていますか?

ひと昔前の世代は現金しか持ち歩きませんでした。そもそもクレジットカードが世界で初めて誕生したのは、1950年のアメリカでのこと。(1) ですから、それ以前の時代の人々に、カードを持ち歩くことは不可能でした。ちなみに、日本では1961(昭和36)年に初めてクレジットカードのサービスが提供されました。(2)

クレジットカードは、カード会社が、契約者である会員に対して信用(クレジット:credit)を供与することからの呼称です。ここで信用の供与というのは、カードで買い物などをした代金が決済(利用者の銀行口座からの引き落とし)されるまでの間、カード会社が支払いを立て替えてくれることを意味します。その間、利用者はカード会社に借金をしているわけです。ですから、預金残高の範囲を超えてカードを利用し続ければ支払いが滞り、そうした事故情報は「信用情報機関」に持ち寄られて各金融機関で共有されますから、以後はカード利用や新たなカード加入は困難になります。

カード会社が供与する信用の度合い(具体的にはカードの使用限度額など)に応じて、「一般カード(シルバーカード)」、「ゴールドカード」、「ブラックカード」(3) など、同じカード会社でも複数のカードの種類があります。最近では、クレジットカードにリボルビング払いやキャッシングなどのサービスも付加されることが多いようです。

また、デパート、ガソリンスタンド、大量家電販売店など、さまざまな店舗やホテル、航空会社などが提携クレジットカードを発行し、ポイントサービスや割引サービスなどを付与しています。このため、何枚ものクレジットカードを持っている人が多いのではないでしょうか。

（１）ダイナース・クラブがアメリカでサービスを開始しました。レストランで財布を忘れて気まずい思いをしたマクナマラ（McNamara）が、友人の弁護士シュナイダー（Schneider）と１万ドルずつ出し合い、ツケで〝食事のできる〟クラブを発足したのが始まりです。このため、クラブの名前はダイナース（diners：食べる人）となったのです。

（２）これもダイナース・クラブによるものです。設立は１９６０（昭和35）年12月で、翌年１月から会員募集が始まりました。

（３）カード会社により呼称は異なります。たとえば、アメリカン・エクスプレス（ＡＭＥＸ）では「センチュリオン」という名称ですが、ここではこれらのプレミアムカードを俗称の「ブラックカード」で統一します（色だけなら最近は黒い一般カードもありますが……）。

◆ブラックカードは究極のカネ持ちカード？

クレジットカードを持つためには、カード会社に申請し、審査を受けます。カード会社が信用を供与する上で、収入や資産などの支払能力がチェックされるのです。カードのグレードが上がると、当然に審査条件も厳しくなります。また、年会費もカードのグレードに応じて変化し、カード会社により異なりますが、一般カードで約1500円、ゴールドカードでは1～2万円、ブラックカードになると10万円から40万円以上にも達します（ゴールドまでのカードでは、前の項で見た提携カードへの加入で年会費が無料になることもあります）。

さらに、ブラックカードの場合、多くはカード会社が加入希望者を広く募集してはいません。ホームページなどには、ブラックカードの存在すら掲載されていないケースがほとんどです。カード会社からのお誘いがあって、初めて会員になることができる仕組みなのです。年会費の高さやこうした入会に際してのハードルの高さ（選ばれた人だけが会員になれるというステイタス）から、一般にブラックカードは「究極の金持ちカード」と捉えられています。

たしかに、ブラックカードには名実ともに使用上限枠がない上、24時間体制の専用デスクが設けられ、旅行やレストランなどのコンシェルジュ・サービスを受け付けたり、〝一見《いちげん》さんお断り〟の老舗高級料亭への予約をしてくれたり、さまざまな特別のイベントへの参加機会が提供されたりと、ハイクラスのサービスを受けることができるようです。(4)

ブラックカードを持つことで、利用の際に店舗側からは丁寧な応対が期待され、「自分は、選ばれた人しか持てない特別なカードを持っているのだ」という優越感を味わえるなど、自尊心を満足させる効果があることも否定できません。人間は誰でも特別に扱われることは嬉しいですし、たとい表面的であっても相手から敬意を払われていれば悪い気はしないものです。ただ、そのためだけに高い年会費を払うことには抵抗感を覚える人も多いと思います。それはそれで健全な考え方ですし、ブラックカードを持つかどうかは、結局個々の価値観（もちろんフトコロ具合も）に委ねるべき問題なのでしょう。

ただ、最近は、気のせいかもしれませんが、ブラックカードやゴールドカードの審査基準のハードルが、以前よりも低くなった印象があります。もし「究極の金持ちカード」が大衆化すれば（と言っても、程度問題ではありますが……）、将来的には〝特別〟を求める人のために、さらなる高いグレードのカードが出現するのかもしれませんね。

（4）もちろん、これらのサービスを利用すれば、その料金も高額になります。たとえば、観光シーズンで混雑している京都で、急に宿泊が必要になって電話をかけまくってもすべて満室で断られ、いよいよ困ってコンシェルジュ・サービスを利用すると、専用デスクから「一泊シングルで5万円のお部屋ならご用意できます」と言われたという話を聞いたことがあります。専用デスクの女性の電話の声は上品で優しく、丁寧な応対だったそうですが……。

◆アナログからデジタルへ

あなたはパソコンやスマートフォンを使いこなしていますか？

こうした機器への対応力は、世代間で大きく異なるように思われます。たとえば今の若い世代(5)のメールを打つスピードの速さには驚かされます。しかも若者たちは、先端の電子機器を、ろくにマニュアルも読まず、こともなげに操作しています。そもそも最近のパソコンや携帯端末などにはマニュアルが本体に内蔵されていたり、ホームページでの参照が求められたり、機器の基本操作ができることを前提としているようです。

大正時代に生まれた私の両親世代は、テレビのチャンネルがリモコン式に変化した際は何とか対応できましたが、ビデオが内蔵されるなどしてリモコンの数や機能が増えてくるともうお手上げでした。団塊世代の私は先端の機能について、マニュアルを読みさえすれば必要最低限度の操作を辛うじて行えますが、子供たちはマニュアルなど見ずにスイスイと操作しています。

もちろん、こうした能力に個人差があるとは思います。けれども、大正・昭和一桁世代から団塊世代を経て現代の若者世代に至る先端機器への対応力の推移を見ると、前の世代の持っていた基礎能力が、次世代のDNAに組み込まれているのではないかとさえ想像してしまいます。生物学の世界では、「ルーの法則」(6) と呼ばれ、〝気の遠くなるような時間をかけて積み重ねられることで形成される適応戦略がこうした変化を招く〟という考え方があるようです。しかし短い世代間でも、後天的に獲得した形質が、次世代に何らかの形(たとえば同居のような生活環境の共有など)で伝わっているようにも思えるのです。もし、そうだとしたら、膨張する宇宙がその速度を上げ続けているように、人類の進化のペースも確実に早まっているのかもしれませんね。

そうした中、おカネの世界でもデジタル革命と呼ばれるような変化が進捗しています。

（5）ここでは、デジタル・ネイティブ（digital native）と呼ばれる、生まれた時からパソコンやインターネットがあるような環境で育ってきた世代を指します。

（6）ドイツの発生学者ヴィルヘルム・ルー（Roux, Wilhelm：1850-1924）の基本法則。「生物には、必要最小限度の材料を使って最大限の効果が得られるように形作られる適応戦略が働く」とされます。この考え方は、今日では「筋肉は使わないと次第に細くなり、適度に使うと太くなる」という形で、スポーツ生理学などに用いられています。

◆電子マネーの出現

おカネを巡るデジタル革命は、技術革新を背景に急速に進展しており、決済手段としての貨幣は大きく変貌しています。これらは金融を巡るさまざまなビジネスと密接に関係し、その展開の可能性は無限と言っても過言ではありません。それらのうち、個人に関わりの深いサービスとしては、電子マネー、デビットカード、モバイルバンキングなどがあげられます。(7)

まず、電子マネーには、カード型とネット型（サーバー型）とがあります。カード型は、一般に非接触型と呼ばれるＩＣ（集積回路）をカードに組み込んだもので、店舗などに設置された機械でカードに入金して利用します。クレジットカードと異なりサインも不要なので、それを所持している人は誰であれ利用することが可能です。つまり、カード型の電子マネーは、現金そのものなのです。現在、カード型電子マネーとしてはＳｕｉｃａ（ＪＲ東日本）、ＩＣＯＣＡ（ＪＲ西日本）、ｎａｎａｃｏ（セブン&アイ）など、多くの種類が出回っています。(8)

ネット型の電子マネーは、おカネをデジタル・データに置き換え、コンピュータ上でデータをやりとりするものです。インターネット上でのみ利用可能なおカネなので、「仮想通貨」とか「ネットマネー」などとも呼ばれます。利用に際しては、コンビニなどで希望する金額分のＩＤが記されたシートを購入し、そこに記載された文字列を入力することでオンライン・ショッピングの決済などが行えます。クレジットカードと異なり年齢制限がないので、未成年者の利用には保護者の監視が行き届かないという問題もあります。

デビットカードは、従来のキャッシュカードに一般の店舗で支払可能な機能を加えたものです。クレジットカードと違って、銀行の預金口座に購入代金以上の残高がなければエラーが表示されるため、利用者には行き過ぎた消費を抑制する効果があります。一方、店舗やカード会社にとっては代金回収の不確実性リスクから開放されるメリットがあります。(9)

モバイルバンキングは、スマホなどの携帯電話端末を用いて商品やサービスを注文したり、銀行の残高照会、振込みなどを可能にする仕組みで、フィンテックの進展などとともに、これからの成長期待が大きい分野です。現在、提供されているサービスは、ＮＴＴドコモなどの「おサイフケータイ」が代表的です。とりわけ、クレジットカードの機能などを取り込んだ携帯電話の場合は、現金をチャージする必要がなく、「おサイフケータイ」を店舗や改札口の端末器にかざすだけで買い物や電車・バスへの乗車ができるのです。

（7）これらはまだ進化が継続しているため、必ずしも分類や定義が確立していません。人によりさまざまな解釈が混在していますので、ここでは一つの考え方としてお読みください。

（8）これらのほとんどは「プリペイド方式」が採用されており、あらかじめカードへの入金（チャージ）が必要です。Ｓｕｉｃａなどの場合は駅の券売機でチャージします。プリペイド方式に対して「ポストペイ方式」のカードもあります。これは使用した金額が後で銀行口座から引き落とされる仕組みで（このためチャージの必要はありません）、ｉＤが代表的な例です。一般には対応するクレジットカードを持っていることが利用条件ですが、たとえばＮＴＴドコモでは「ＤＣＭＸｍｉｎｉ（後で触れます）」としてｉＤだけを申し込むことが可能です。なお、最近ではクレジットカードにもＩＣを組み込むケースが一般化しています。

（9）デビットカードは利用の際、即時銀行引き落としされるのを原則としますが、数日後に決済されるものもあります。

◆ビットコインもおカネ？

ビットコインとは仮想通貨の一種で、サトシ・ナカモトと名乗る人物の論文（中本哲史［２００８］"Bitcoin: A Peer-to-Peer Electric Cash System"）を基に２００９（平成21）年に誕生しました。ややこしいのですが、ビットコインというのはおカネそのもの（その場合はbitcoinと表示し、ＢＴＣという通貨単位が用いられます）であると同時に、論文名にあるようなPeer-to-Peer（Ｐ２Ｐ）の仕組みを用いた電子マネー・システム自体をも指します（その場合はBitcoinと表示。ここではカタカナで表記しています）。「Peer」は「同等者」の意味ですから、P2Pでつながるコンピューター・ネットワークには特定の中央管理者が存在せず（decentralization）、参加者全員が対等な立場で管理します。

ネットワークへ参加するには、まずPCやスマホに「財布（ビットコイン・ウォレット）」をインストールし、プログラムで発生する乱数を用いた「秘密鍵（private key）」と呼ばれる数十桁から成るアドレスを設定します。秘密鍵を特別な暗号プログラムに通すと秘密鍵よりも短い「公開鍵（public key）」というランダムな文字列が得られます。公開鍵はビットコイン・アドレスとも呼ばれ、銀行の通帳の口座番号に相当します。公開鍵から秘密鍵を特定することは物理的に不可能とされ、ビットコインの匿名性を担保しています。

さて、次は「財布」におカネ（これは小文字のbitcoinです）を入れる必要があります。日本人であれば、通常は保有している円をWEB上の取引所を通じてbitcoinに両替します。これで、bitcoinでの支払いを受け付けているお店であれば買い物ができますし、公開鍵がわかっている相手へ送金することも可能になります。従来の決済方法に比べると、個人間の少額の支払いを銀行などを通さずに直接行えますし、手数料も無料もしくは割安です。また、一旦bitcoinに両替されれば円とのしがらみがなくなりますから、国境を越えて自由に決済や送金ができるのです。

そして、資金移動に際しては、送金者が秘密鍵で電子署名することで効力が生じます。ただ、送金が確定するためには、台帳（ブロック・チェーン）に追記され、検証される必要があります。こうした取引記録の台帳はＰ２Ｐで公開され、送金者の公開鍵を用いれば誰でも送金内容（どのアドレスからどのアドレスへ、いくら送金されたか）を確認できます（しかし秘密鍵までは辿り着けません）。しかも台帳には過去から現在に至るあらゆる取引記録が保存されていますから、ビットコインは取引履歴について高い可視化が図られていると言えるでしょう（ヤップ島で石貨の所有者を誰もが知っているのと類似します）。

さて、追記の検証にはネットワークの誰もが参加できますが、実際には追記の対象期間に発生した個々の取引のすべてを整合的に検証しなければならず、膨大な計算量が求められます。このため、この検証作業を正確に行い、最初に追記処理に成功した人には、報酬が支払われます。報酬には新たにbitcoinを発行して充てられます。これを「採掘（mining）」と言い、ネットワークの参加者の間で報酬目当ての採掘競争が行われます。多くの人が検証作業に携わることで、取引の客観性や安全性が維持されるのです。また、bitcoinは採掘で無限に産み出されるわけではなく、２１４０年までに２１００万ＢＴＣと発行総量があらかじめ決められています。

このように見てくると、既存の通貨を発行・管理する中央銀行という存在に対するアンチテーゼとしてのビットコインは、良くできたシステムだと思います。ただ、秘密鍵を忘れたりなくしてしまうと、その番号は誰にもわからないため、「財布」に入っている金額は使用不能になってしまいます。

また、秘密鍵を他人に知られてしまうと、保有しているbitcoinを自由に使われてしまう危険もあります（これらは普通のおカネでも同様ですね）。

それよりも、２０１４（平成26）年2月に発生したマウントゴックス社（Mt.Gox）によるbitcoinの払戻し停止の問題が、ビットコインのイメージを大きく損ねています。これは、当時世界最大のビットコイン取引所であったマウントゴックス社が、74万４４０８ＢＴＣ（約４９０~５００億円に相当）を盗まれたという事件に起因します。

bitcoinは、ネットワークの中で行き来している限り、既存通貨とは独立した存在ですが、これをたとえば円に両替する場合には、bitcoinへ両替したのとは逆に取引所のような機関を通すことになります。こうした取引所を運営する業者の信用度をどう高めるかは大きな課題です。また、既存通貨との交換レート（bitcoinの値段）は日々変動しますが、かなり高いボラティリティ（変動）が認められ、この面でのリスクは低くありません。

ところで、ハイエク（Hayek, Friedrich August von: 1899-1992）は、中央銀行は不要であり、政府に管理されない自由な通貨発行によって「通貨競争」が促進されれば、実体経済に安定をもたらすと唱えています。ビットコインに象徴される新たなおカネが、円やドルなど既存通貨との間で通貨競争を繰り広げることになるかどうか、その帰趨は興味深いところです。

6 便利にはなったけど……

◆便利さの裏側で……

技術革新の進展などにより、私たちの生活がさまざまな分野で便利になったことは疑いの余地がありません。でもその裏側で、失われたものもあります。

昔、会社内には和文タイプライターという機械が置かれ、専門のタイピストが公式文書などの作成に従事していました。彼女たち（通常、和文タイピストは女性でした）は、特殊技能の持ち主であり、会社によっては普通の一般職社員よりも給与面で優遇されていたようです。でも、ワープロ専用機が生まれ、さらにはパソコンが普及してワープロ・ソフトが日常的に使用されるようになると、和文タイプという機械は無用の長物となり、和文タイピストという職業も世の中から消えていきました。

同じように、路線バスの車掌、エレベーター・ガール（デパートやホテルなどではまだ残っていますが昔のようには目立たなくなりました）、電話交換手、鉄道の遮断機を手動で開閉する踏切警手、駅の券売業務や改札口での切符切り、駅で手荷物を運ぶ赤帽さん、ホテルのドア・マンなども、いつの間にか姿を消しました。従来は、それを専門とする人間がしていた仕事を機械が代行したり、利用者が自ら扱えるようになったことが背景です。職業が存在しなくなることは、それに従事していた人があぶれると同時に、その技術も廃《すた》れることを意味します。

かつて東京の下町には、そろばん塾がいくつもあり、多くの子供たちが通っていました。当時でも、そろばんの習熟者が社会の大多数を占めていたわけではなかったと思いますが、今日ではもはや近在にそろばん塾の姿はほとんど見られず、現代社会でそろばんの経験者は一段と減少しているように思われます。電卓やパソコンの普及は明らかにそろばんを駆逐しています。これは、極端に言えば、江戸時代の寺子屋から培われてきた、「読み・書き・そろばん」という教育文化の一部（リテラシー）が、衰退していることを意味します。

自動ドアや自分で操作するエレベーターは便利ですが、しばしば事故による死傷が報じられたりもします。私たちは、便利さの背後で失われるもの（あるいは新たに発生するリスク）について、もう一度考え直すべきかもしれません。その意味で、脳科学ブームなどを背景に、そろばんの効用が見直されているのは心強いことです（ほかにも、日常生活から失われたノウハウを補う例として「着付教室」のような流れがありますね）。

◆現金を持ち歩かないリスク

技術革新を背景におカネの姿が大きく変わり、世の中はキャッシュレス時代を迎えた感があります。

以前、都心で人と会う約束をし、Ｓｕｉｃａで電車に乗り、待ち合わせの喫茶店に入ってから財布を忘れたことに気付き、慌てた経験があります。この時は携帯電話を持っていたので在宅していた家族と連絡をとり、財布を届けてもらって事なきを得ました。当時、私の携帯電話は「ＤＣＭＸｍｉｎｉ」[1]の加入契約をしていたので、もしかしたら喫茶店の支払いも「おサイフケータイ」ですませられたかもしれません。それでも財布がないと気付いた時には、落としたのかスリに盗られたのかと不安になり、家への電話で財布があることを確認してホッとしたものです[2]。

現金を持ち歩かなくてもよい社会が実現すれば、便利ではありますが、半面で現金がないことに伴うリスクも生じます。昔、今よりも治安の悪かったアメリカへ行った折、知人から背広の外側の胸ポケットに20ドル札を1枚入れておくようアドバイスを受けたことがあります。理由を尋ねると、夜道などでホールドアップにあった時、胸ポケットを指さして強盗自身に20ドル札を取らせるのだそうです。下手に自分で内ポケットに手を入れると、拳銃を出すのではと疑われ、その場でズドンというリスクがあるとのことでした。幸い、アメリカ滞在中にそうした目には遭わずにすみましたが、20ドルで命が助かるのなら安いものですよね[3]。

日本でも、最近でこそ一時期よりは下火になったようですが、〝おやじ狩り〟などという物騒な犯罪リスクがあります。それらに備えるというのもどうかとは思いますが、やはり最低限の現金は所持していた方が精神面で落ち着くような気がします（後で述べる「恒産なければ恒心なし」です）。

（1）「ＤＣＭＸｍｉｎｉ」は、ＮＴＴドコモが提供しているサービスで、年会費無料で月々1万円を使用限度とし、利用金額は電話代とともに請求される仕組み。利用時には携帯電話を店舗などの端末に触れるだけで支払いが完了します。

（2）大した金額が入っていたわけではないのですが……。そして、本当のキャッシュレス社会が定着すれば、そもそも財布を持ち歩く必要性がないのですから、こうしたことで慌てることもなくなりますね。それにしても、同じ体験をしたマクナマラがダイナース・クラブを発足させたのに比べると、ただ慌てていただけの自分には、器の小ささをあらためて思い知らされました。

（3）ここでは20ドル札というのがミソです。10ドル札以下では少な過ぎるため強盗の怒りを買ってズドンの危険があり、50ドル札以上だと「こいつはカネ持ちだ」ということで身ぐるみはがされるリスクがあるのだそうです。お手軽にホールドアップで稼ぐ相場が20ドルとのことでした。

◆便利なものを使わない自由も……

おカネがさまざまに姿を変えてきた流れの中で、クレジットカードは広く普及していますし、電子マネーの中でもＳｕｉｃａなどは世代を問わず一般化しているように思います。それでも私の知人には、携帯電話もクレジットカードも頑《かたく》なに持たない人がいます。また、プリペイドカードも絶対に持たないという友人がいます。

携帯電話を持たないのは、その利便性は認めつつも、時と場所にお構いなく電話がかかってきますから、プライバシーが侵害されるというのが理由のようです。クレジットカードについては、商品購入から銀行引き落としまで日数がかかりますが、それまでの間、借金しているような気がするから嫌なのだそうです。(4)

一方、プリペイドカードが嫌いな友人によると、「初めにいくばくかの入金（Ｓｕｉｃａを例にとれば、５００円）が求められ、あろうことか前払いしているのに何の特典も割引も付かない」ことが不満のようです。(5)

こうした人たちは、今日では〝絶滅危惧種（？）〟かもしれませんが、彼らの考えにも一理あるように思います。便利になった社会のツールですが、その裏にはリスクもありますし、それを利用するかどうか最終的には自らの価値観に従えばよいのですから……。

（4）　実際、既述のように決済が終了するまでは、クレジットカードの利用者は債務者という立場です。

（5）　この点、Ｓｕｉｃａなどでは、以前からたとえばバスを利用した場合、10回に付き1回分の料金が無料になるなるような特典が、地域や路線により提供されていました。また、２０１４（平成26）年4月からの消費税引き上げに伴い、1円単位で計算し、券売機で切符を買うよりは優遇されるシステムが導入されました。さらに、駅ナカでの買物利用でポイントが付くなど、利用範囲やサービス内容の拡大が目立ちます。

◆コンピュータを取り巻くリスク

コンピュータに対するハッキング（hacking）は後を絶たず、サーバー攻撃の被害も多発しています。また、フィッシング（phishing）と呼ばれるインターネット上の詐欺も年々増加傾向にあります。ですから、先端的な姿のおカネを利用する際には注意が必要です。

ネット・ショッピングでクレジットカード払いを選ぶと、カード番号などを入力させられます。こうした重大な個人情報を盗まれないようにしなければなりませんが、これには個人での対応は困難ですから、全面的にセキュリティ・ソフトなどに頼ることになります。セキュリティ対策としては、「暗号化」、「電子署名」が一般的ですが、相手の顔が見えないだけに、セキュリティ問題はネット・ビジネスの命運を左右する重要かつ最大のテーマです。

一般に、ネット上のリスクとしては、①盗聴、②成りすまし、③改竄《かいざん》、④事後否認、などが指摘されます。これらは単独でも重大な犯罪行為ですが、現実には相互に関連して、より複雑に行われるようです。たとえば、まず外部からコンピュータに侵入して、「盗聴」によりクレジットカードなどの情報を入手します。次にそれを利用して本人に「成りすまし」、送金先などを「改竄」して自分の口座に現金を振り込ませます。最後に、その痕跡を「事後否認」で消し去るといった手口が考えられます。セキュリティ・ソフトは日進月歩ですが、犯罪者のスキルも日々進化していることを忘れてはなりません。小心者の私は、ネット上で買い物をする時は必ず「代引き」か「コンビニ払い」で対応しています。

こうしたおカネを巡る技術革新は、近代日本に鉄道が導入された頃の話を想起させます。明治維新で新橋・横浜間に汽車（陸蒸気《おか》）が走った時、沿線にはさまざまな風説が流れて怯える人々も多かったようです。しかし、今日では鉄道は運輸の大動脈として日本中に線路網が張り巡らされ、国民生活に不可欠な存在となっています。その一方で、当時、汽車と同じく新たに導入された鉄道馬車は、いっとき人々に利用されましたが、いつしか衰微してしまいました。現代という視座から眺めれば、汽車と鉄道馬車との優劣は明らかですが、当時にあってはどちらが将来の主流になるか、なかなか見通せなかったのではないでしょうか？　電子マネーに象徴される新しいおカネが、貨幣革命として貨幣史に燦然と名を残すのか、鉄道馬車のように単なる徒花《あだばな》に終わるのか、とりわけセキュリティ問題の帰趨に負うところが大きいと思われます。

そして、サイバー空間では、実感の乏しさもあって、知らず「不正アクセス・ダウンロード」などを犯してしまうリスクもあります。被害者にならないためだけでなく、加害者にならないための対応も求められるのです。

7 証券もおカネの仲間

◆証券とは何か？

おカネには、クレジットカードや電子マネーなど、時代とともにさまざまな姿の仲間が増えてきました。そうした延長線上の一つに、証券の存在を見ることができます。証券とは、ひと言で言えばおカネに関する権利を表したものだからです。リーフマンは、「国民経済に存在する資本の大部分が証券に化体されている状況」を指して「証券資本主義（Effektenkapitalismus《エフェクテンカピタリスムス》）」と名付けました(1)。

日本をはじめとする先進資本主義諸国は、証券制度が不可欠な経済体制であり、まさに証券資本主義と呼ぶにふさわしい状況にあります。未開社会や資本主義以外の経済体制の下では、証券が機能することはありませんし、そもそも証券は存在し難《がた》いのです。一国で証券に関する制度が整備され、証券市場が拡大・発展していることは、その国が高度に成熟した資本主義社会であることの証明にほかなりません。

それでは、証券とは何でしょうか？　まずは、辞書的な意味をいろいろな言語で確認してみましょう。証券は「有価証券」とも呼ばれますが、これはドイツ語の「Wertpapier《ヴェルトパピィア》（価値ある紙）」の直訳と捉えられます。ドイツ語には、証券を表す、より一般的な言葉として、リーフマンが証券資本主義で用いた「Effekten《エフェクテン》」もあります。これに相当する英語はeffectsで、そこには「動産」もしくは「個人資産」という意味が含まれます。一方、フランス語の証券は「valeurs mobilières《ヴァルールモビリエ》（価値ある動産）」と表され、ドイツ語で言う証券の部分合成的な言葉となっています。英語では、証券の法的概念を表す語として「negotiable instrument（譲渡可能手段）」があげられますが、通常は「securities（防護手段）」が用いられます。(2)

これらを語義的に比べると、ドイツ語とフランス語には直截《ちょくせつ》的な印象があります。これに対して、英語では二つの表現ともに、証券の本質的な機能の一端が示されているように思います。譲渡可能な証書は、流通性の確保を通じてリスクの移転を可能にしていますし、防護手段としての証書にも、同様にリスク回避という考えが強く含まれるからです。(3)つまり、証券の英語表記には、あらかじめ投資家保護の精神が注入しやすい土壌が用意されていたとも捉えられます。

これに対して、日本語の「証券」には、まず「券」という文字に「照らし合わせて証拠とする割符」という意味があります。(4)「証」は証拠という部分を強調して添えられたものです。つまり、日本語の「証券」には、「それを所有する当事者間の契約を証する文書」という意味があるのです。そこには、ドイツ語やフランス語のような、価値的な評価は込められていませんが、英語表現とは別の面で証券の機能が示されていると言えるでしょう。

これらを踏まえて証券の辞書的な意味を発展的にまとめると、「証券とは、貨幣、商品、資本などの財産権を表し、その権利の移転を容易にした紙片」ということになります。

（1） Liefman, Robert [1931] *Beteiligungs- und Finanzierungsgesellschaften*, 5. Aufl.

（2） securitiesは、ラテン語のsecuritas《セクリタス》（安心、安全）を語源とします。また、このほかに英語で証券概念を示す語としては、債務証書（債券）のbond、証書の意味で用いられるcertificate、deed、documentなどがあります。

（3） negotiable instrumentもsecuritiesも、譲渡性（流通性）を備え、それを前提にリスク転嫁機能を発揮する点は共通しています。ただ、語義的に見れば、securitiesの方が投資家の安全を優先して考慮する意味がより明確です。その結果、有価証券を幅広く捉えて規制し、投資家保護を図るという近年の法律学的な思想と整合的であり、securitiesが普遍性を持つようになったと考えられます。なお、フランス語のvaleursには「勇気」という意味もあります。

（4） 券の原字は開いた手のひらを表す「釆」です。そこから、木札に約束事を記し、手の印形を押した上でそれを二つに割り、紐で巻いて手で握ることを示しています。手の印形が押されることから「手形」とも呼ばれます。券に「刀」が加えられているのは、小刀で約束の文言を木片に刻んだことによるようです。

◆「権利」は目に見えないけど……

私たちは、『憲法』をはじめとする多くの法律や社会制度で、さまざまな権利を保証されています。でも、権利という抽象的な存在は目に見えません。おカネに関する権利も同様です。

そもそも、おカネには〝色〟が付いていませんから、誰かが持っているおカネが、本当にその人に所有権があるかどうかは、なかなか判断できません。お札には券面番号が印刷されていますが、これが活用されるのは刑事ドラマで見られるように、身代金払いなどの犯罪捜査が絡む特殊なケースに限られます。また、モノについては、所有権が明らかであっても、所有権を移転した時に、モノそれ自体を新しい所有者へと移すのが難しい場合もあります。たとえば土地は、不動産と呼ばれるように、どれほど器用な人でも移動させることはできない相談です（ヤップ島の巨大石貨もそれに近い存在ですね）。

そうした財産権を証券の形で示し、所有者が特定できるような仕組み(5)を作れば、正当な所有権が明らかになり、不動産のように移転が不可能なモノや、持ち運びにかさばるようなモノでも携帯が容易になります。また、それらの流通を可能にすれば、売買による所有権の移転も簡単に行えるのです。

つまり、証券は目に見えない権利を目に見える形にし、その移転を容易に行えるようにしたものなのです。

(5)　日本では、たとえば証券の代表的存在である「株式」には「記名式」が採用され、その所有者である株主の名前が、発行会社の株主名簿に記載されます。

図表1　証券の概念区分

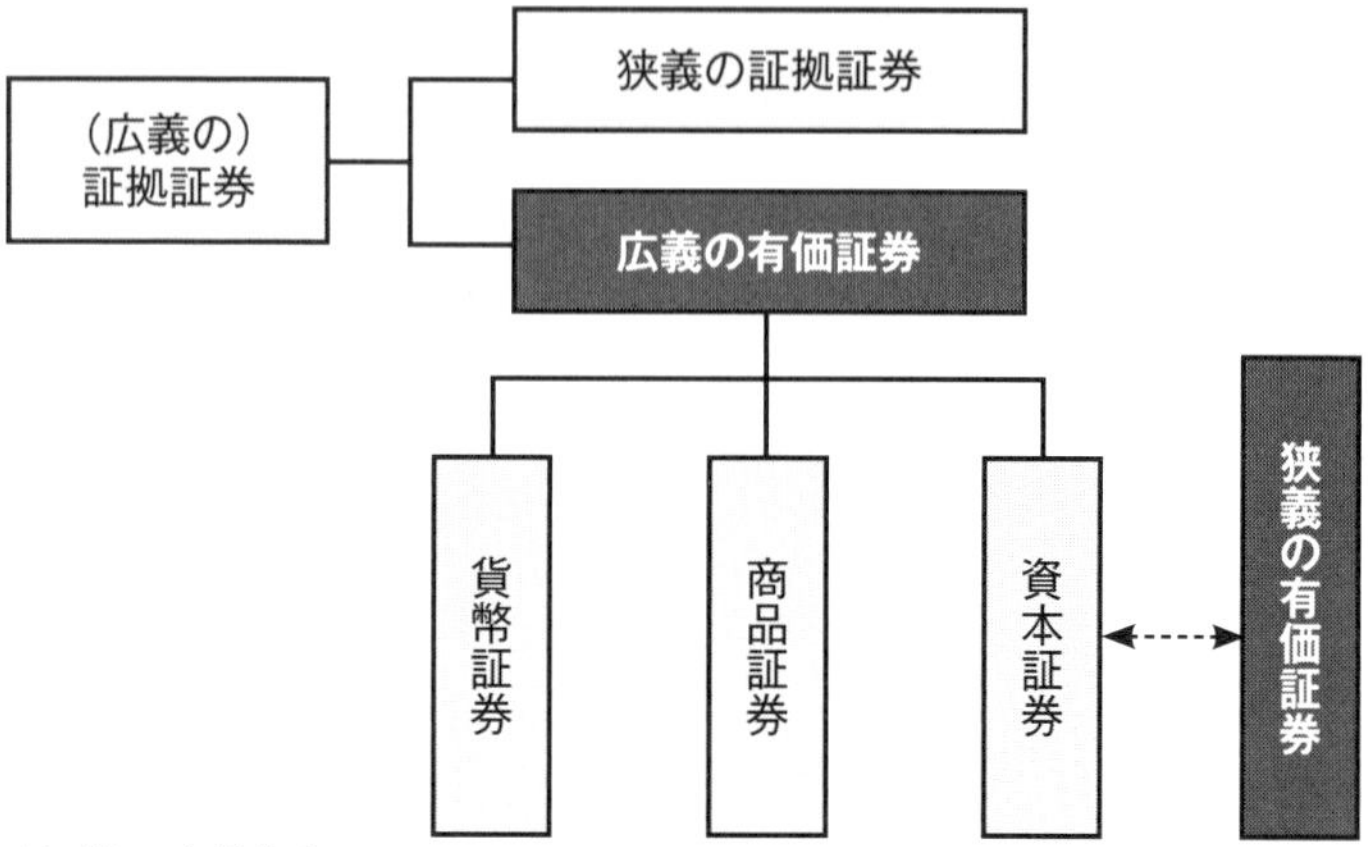

（出所）　髙橋作成

◆証券の分類

前に見たように、証券の「券」にそもそも「証拠とする」という意味が込められていることから、証券の「証」はその面を強調して加えられたものと理解されます。さらに、その機能を、より明確に示す言葉として、「証拠証券」という表現があります（こうなると、みそ汁を「おみおつけ」と呼ぶのと同じ構造ですね）。そして、（広義の）証拠証券は、「狭義の証拠証券」と「広義の有価証券」とに区分されます［図表1］。

狭義の証拠証券とは、個人的な借用証書、受取証書、保険証書などのように、財産法上の一定の事実を記し、その事実の証明だけに役立つ証券のことです。これらは契約や取引の当事者以外の第三者には無価値で、それを保有するメリットはありません。たとえば、1億円の生命保険に入っている人の保険証書をもらっても、受取人でなければ何の価値もないですよね。ですから、狭義の証拠証券が第三者の間で流通することはありません。

一方、広義の有価証券は、不特定の誰であっても、それを保有することで経済的なメリットが受けられます。これは、さらに「貨幣証券」(6)、「商品証券」(7)、「資本証券」(8)などに区分されます。貨幣証券は、あらかじめ定められた額のおカネを受け取る権利が示された証券です（逆の立場から見れば、支払義務、すなわち債務を示す証券です）。小切手や約束手形などが、代表的な貨幣証券です。次に、商品証券は、一定のモノやサービスを受ける権利を表示した証券のことです。具体例としては、デパートの商品券や貨物《かぶつ》引換証などがあります。(9)最後の資本証券は、一定の資本部分を保有する権利を示す証券です。そこには、利子や配当金などを請求する権利も含まれます。資本証券は「狭義の有価証券」とも呼ばれ、株式や債券などが代表的な存在です。つまり、私たちが一般に「証券」とイメージしているものは、資本証券ということになります。(10)

（6）「貨幣請求権証券」とも呼ばれます。この証券の所有者には、債権者としての貨幣請求権があるからです。
（7）「物財証券」や「物品証券」とも呼ばれ、財貨請求権を表象します。
（8）「資本市場証券」とも言います。資本証券は、流通市場を通じて第三者に転売することで資金回収を図ることができます。手形の自己流動性に対して、転嫁流動性を有する証券とも呼ばれます。
（9）このほかの例に、船荷証券や倉庫証券があり、これらは現物の引き渡しを伴わないで商品の権利移転を可能にします。船荷証券は、商品が輸送途中で引き渡しできない時にも売買を可能にするなど、高い譲渡性があります。

(10) 以下では、「証券」と言えば、「資本証券」を指します。なお、証券の具体的な定義は『金融商品取引法』第2条に明示されています。

◆証券の役割

証券は、おカネに対する需要と供給を結びつけ、金融面での効率的な配分を促すという国民経済的な役割を果たしています。具体的には、①企業などに長期資金調達手段［図表2］を提供する役割、②投資家に資金運用手段を提供する役割、③リスクを移転・分散する役割、の三つの機能を発揮しています。順に見ていきましょう。

まず、資金調達面での役割は、「持てる者」と「持たざる者」との間での資金取引を意味します。たとえば、企業の資金需要は、工場建設や機械設備購入のように長期に固定されるものと、原材料購入や賃金支払いなどのように短期的な運転資金とに区分されます。映画『男はつらいよ』で、「とらや」の裏にある「朝日印刷」のタコ社長(11)がいつも資金繰りに頭を痛めているのは、どちらかというと短期的な資金需要で、銀行が交渉相手です。その点、証券は多くの人々による保有を前提に小口化して発行され、投資家は売却で資金回収が可能なため購入しやすく、長期的な巨額の資金需要に有用なルートを提供します。

次に、資金運用の視点から見た証券は、投資家に対する品揃え的な機能を発揮します。ここで、資

図表２　企業の資金調達形態

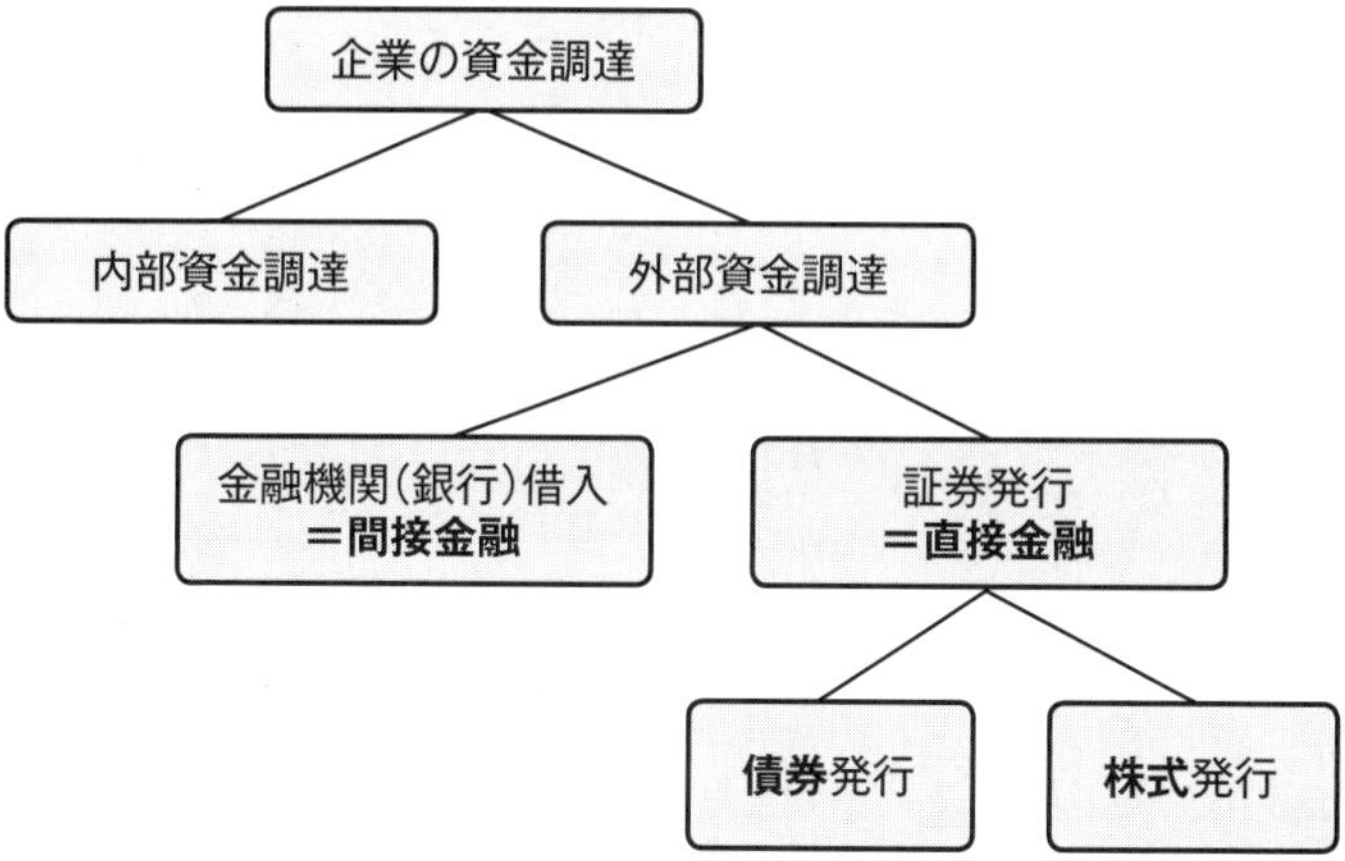

（出所）　髙橋作成

金運用とは、消費以外の目的でおカネをおカネ以外の何かに変えることを意味します。その対象には、後で詳しく触れますが、「実物資産」と「金融資産」とが存在します。株式、債券などの証券は金融資産に分類されますが、証券が加わることで金融資産は厚みを増し、資金運用に多様な選択肢を提供するのです。

さらに、これら二つの機能から導かれる証券の役割として、リスクの移転と分散があります。証券が流通することで債権が移転し、それに伴って債務不履行リスク（そのおカネが支払われないかもしれないリスク）も移転します。また、証券が小口化され多数の投資家に保有されることで、それらのリスクも細分化され、もし債務不履行が発生してもそのダメージは分散化されるのです。

一方、証券の保有者が分散していることは、証券の発行者にもメリットを与えます。多様な価値観を持つ不特定多数の投資家の存在は、資金需要が生じた際に資金調達面での機動性向上を可能とします。また、株主総会などの場で、特定少数の株主による独断専行を牽制し、広く意見を集約して経営に反映させることも可能にしています。この点では、経営の意思決定プロセスについてもリスク分散が図られていると言うことができるでしょう。

(11) 実はタコ社長には、桂梅太郎という立派な名前があります。

◆それでも証券のイメージは悪い?

「貯蓄から投資へ」の流れは、「預貯金から証券へ」というおカネの移動を意味します[12]。しかし、そうした掛け声の割には、日本人の証券保有は決して顕著な増加傾向を示していません。多くの人にとって、銀行の店舗へは気軽に入れても、証券会社の敷居は高く感じられるのではないでしょうか?

その理由として、証券会社の従来の営業姿勢が富裕層を中心に展開された結果、証券の大衆化が阻害され、それが証券会社を縁遠い存在にしているという指摘があります。それに、働いておカネを稼ぐのに比べると、証券投資で儲けるのはまっとうでないという社会通念が根強いことも、多くの人が証券投資をためらう一因になっていると思われます。

また、証券取引を巡っては、インサイダー取引(「内部者取引」とも呼ばれ、会社関係者しか知りえない未公表情報による株の売買で利益を上げる取引）などの不祥事が頻発し、証券の世界は何となくいかがわしいというイメージが広く定着しているようにも感じられます。それでなくても、日々のニュースで報道される株価の動きは、時として大きく変動しますから、証券界は何やら危なっかしい世界という印象を多くの人が抱いているのでしょう。

たしかに、証券投資にはリスクが伴います。そして、証券取引を巡る不祥事の発生も少なくありません。それは、証券市場がおカネに関する多くの欲望が出会う場、という一面を持っているからです。そして、むき出しになった欲望に対して、健全な価値観を持つ人々が嫌悪感を持つのは、決して理解できないことではありません。

(12)　昭和30年代半ば、「銀行よさようなら、証券よこんにちは」というキャッチフレーズが証券会社から流れました。これは必ずしも時代の先取りではなく、１９５６（昭和31）年の経済白書で「もはや戦後ではない」と謳《うた》われた実体経済の好調に支えられた株式投資ブームを受けて、収益面でも絶好調だった証券会社の〝おごり〟と捉えるべきかもしれません。なぜなら、日本の証券界は、その後「証券不況」と呼ばれる戦後初の大きな株価暴落局面を迎えることになるからです。

8 銭は不浄のモノ？

◆おカネは汚いか？

子供の頃、おかあさんから「おカネは汚いから、触った後はよく手を洗いなさい」と言われたことはありませんか？　こうしたおかあさんの言葉が、何らかの形でその後の人々の金銭観に影響を及ぼしている面があるのではないでしょうか。

衛生面から言えば、おカネは決して清潔ではありません。さまざまな人が、さまざまな場面で手にしていることを考えれば、お札であれコインであれ、未使用のものを除けば「汚い」と言うおかあさんの指摘は適切です。

しかし、「おカネは不衛生」という意味が「おカネは汚い」と表現されることで、概念としてのおカネまでもが「不浄なもの」という思想に置き換えられている面はないでしょうか？「おカネは汚い」と諭《さと》したおかあさんは、決しておカネという概念にまで言及したのではないはずなのですが……。こうした幼少期における一種のすり込みや誤った儒教観の存在が、成長しておカネに接する機会が増え、「おカネは大事だよ」という現実に直面した際に、「大事だよ」という認識を素直に受け入れるのを妨げていることはないでしょうか？

たしかに、現実のお札やコインは汚い（不衛生）かもしれませんが、おカネという概念自体は美しいとか汚いとかいう価値基準の枠外にあると思うのです。このことは、しっかりと区分して考えておくべきでしょう。

◆おカネを汚くするのは……

おカネのことを話題にするのは、時として周囲から顰蹙《ひんしゅく》を買うことがあります。特に、自慢話の類になると、聞く側に反発心を与えることが多いようです。「モテた話と儲けた話は人前でするな」とは、しばしば先人たちから教えられるところです。どちらも人の嫉妬心に火をつけ、人間関係にヒビの入る懸念があるからです。

人間の嫉妬心は、「嫉《そね》み」、「妬《ねた》み」とも呼ばれます。このほか「恨み」、「辛《つら》み」、「僻《ひが》み」などいくつもの「～み」があり、これら負の感情が刺激されると、相手への反感につながるのです。

ですから、おカネ持ちの人は「カネ持ち喧嘩せず」の姿勢を保ち、特に言動には注意が必要かもしれません。同時にそうでない側も「貧乏人喧嘩できず」などと卑屈にならず、徒《いたづら》に右であげた「～み」の感情を持たない自制が求められます。どちらも卑しさを感じさせ、決して美しい心の動きとは言えないからです。また、おカネ持ちでもない人間が、見栄を張って背伸びをすると、かえって見苦しいものです。一般に、上から下はよく見えるのですが、下から上は見えにくいので、下の人が背伸びをすると上からは見透かされてしまうようですよ。上には上が、下には下があるのですから、あまり上下にばかり意識を注ぐのは疲れるだけです。それに、上の人は相応のサービスを日常的に受けていますから、それらのサービス内容をよく知っています。でも下の人はそうした経験がないので、知ったかぶりすると恥をかくのです(1)(くわばら、くわばら)。畢竟《ひっきょう》、おカネのイメージを汚くするのは、おカネのせいではなく、人の心なのでしょう。

話は変わりますが、割り勘での飲み会などの場で、いざお勘定という時になると、いつもトイレに消えるような人が周りにいませんか？　一方、割り勘で飲むつもりでお勘定をしようとしたら、先刻トイレに立ったと思った連れが、すでにすませていたという経験はありませんか？　どちらの方が恰好良いかは言わずもがなですね。でも、後者のマネは誰にでもできることではありませんから、必ずしもそうしたやり方を奨めているわけではありません。

ただ、おカネに関して何がダンディであるか、という価値基準は持っていたいと思いますし、少なくともお勘定の時にトイレへ逃げ込むことだけはしたくないものです。

(1)　おカネの話ではありませんが、『転失気《てんしき》』という落語では、知ったかぶりをした和尚さんが、頑張って取り繕おうとするのですが、その姿は傍《はた》から見ると滑稽だし哀れでもあります。

◆おカネに細かいのは人間が小さい？

おカネにあまりこだわらないでいる人は〝太っ腹〟で人間が大きく、割り勘のお釣りで１円にまでこだわる人はケチで人間が小さい、と見られがちです。

昔の証券会社のお客さんの中には、「君の良いようにしてくれ」と、たとえば１０００万円をポンと出して、後は営業マンに任せきりで、損失の発生にも「そうか」ですませてしまうような人がいたそうです。こうした人は、たしかに大人物なのかもしれません。でも、普通の人は、こうした態度を見習うべきではないでしょう（見習いたくてもムリ？）。

おカネに対する自身の価値観に従って、無視できる範囲であれば〝太っ腹〟を装うことも悪くはありません。でも、１円にこだわる価値観を持ち、確たる信念があるなら、「あいつはケチだ」という誹謗《ひぼう》にも平然と向き合えるはずです。おカネに対するこうした価値観や姿勢の相違は、決してその人の人間としてのスケールのすべてを反映するものではないのですから……。

１０００万円をポンと証券会社の営業マンに出した人の金銭感覚は、先ほどの衝動買いの例で言えば、１００万円を使うケースに該当するのでしょう。それだけおカネ持ちだと言うこともできますが、悪く言えばおカネにルーズという見方もできるのではないでしょうか？　自分のおカネにルーズなのは一種の自己責任でその人の勝手ですが、もし他人のおカネにまでルーズだとしたら困りものですよね。

◆「恒産なければ恒心なし」

「恒産無き者は恒心無し」という言葉があります。「恒産」とは安定した財産、「恒心」とは安定した心のことです。一定の財産がなければ精神面も安定せず道義心も育たない、というのがこの言葉の趣旨です。(2)

以前、長崎に単身赴任していたことがあります。その当時、私の財布の中には、お小遣いとは別にいつも1万円札が10枚ほど入っていました（決して自慢話ではありませんよ）。これは、次のような理由によります。この頃はまだ両親も健在で、妻子とともに東京の留守宅に起居していました。ただ、両親は高齢化し、晩婚のため子供は幼く、いつどのような火急の事態が発生するかわかりません。そうした事態に直面した時、銀行が閉まり、ＡＴＭも利用できず、電車など公共交通機関が動いていない時間帯の場合は、タクシーに飛び乗って行けるところまで行き、動き始めた飛行機や新幹線で東京に向かうしかありません。クレジットカードも持ってはいましたが、イザという時、頼りになるのはやはり現金です。このケースでは「最低10万円程度あれば何とかなる」というのが私にとっての「恒産」であり、安心して夜の思案橋界隈で飲んだくれていられるのが「恒心」でした。恒心と言うには、いささか次元が低く、忸怩《じくじ》たる思いを禁じえませんが……。

でも、飲み会に参加する時や旅行に出かける時は、誰もがいつもより多めの現金を携帯するのではないでしょうか？　フトコロに不安がなければ、そうしたイベントを心から楽しめるからです。人生においてもおカネに対する不安がなければ、徒に老後に怯えることもなく、ある程度は安心して日々の生活を送れることは事実でしょう。

（2）皮肉屋の芥川龍之介は『侏儒の言葉』で、「恒産のないものに恒心のなかったのは二千年ばかり昔のことである。今日では恒産のあるものは寧《むし》ろ恒心のないものらしい」と言っています。

9 老後と年金

◆アリとキリギリス

「イソップ物語」でお馴染みの童話「アリとキリギリス」[1]で、夏の間キリギリスは歌ばかり歌っていましたが、アリは一所懸命に働いて食料を蓄えていました。やがて冬になるとキリギリスは寒くひもじい思いをし、アリは暖かい巣の中で豊かな食料に恵まれた生活を楽しむことになります。これは、「現在」と「将来」のどちらを選ぶかという問題でもあります。

日本人はアリのように働き者で貯蓄好きな民族と言われます（この点は第2学期で確認します）。で

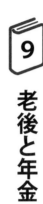

は、貯蓄とは何でしょうか？　私たちは、小銭を貯金箱に入れたり、大きなお金は銀行や郵便局に預けたりします。これらをまとめて表現する言葉が貯蓄です。実は、貯蓄は「将来と現在の選択」を意味するのです。

たとえば、毎月30万円の手取り収入のある人が10万円ずつ貯蓄をすると、1年後には120万円になります。[2] そのかわり、その間は毎月20万円でやりくりしなければなりません。でも、毎月30万円全部を使ってしまえば、1年後には何も残らないのです。120万円は、家族での海外旅行や自動車など高額商品購入の頭金にするなど、ちょっと使いでのある金額ではないでしょうか。しかも、預貯金として銀行や郵便局に預けておけば、わずかかもしれませんが利息もつくのです。

つまり、貯蓄とは、現在モノを買うのを我慢して、将来のより大きな満足を得ようとすることなのです。私たちが貯蓄をするのは、今は十分なおカネがなくて買えないモノを将来買うためであるとか、急に大きなお金が必要になった時に備えるためです。でも、毎月の収入である30万円を全額貯蓄したのでは生活ができません。現在の満足と将来の満足とを比べながら、よく考えて一方に極端に偏らない計画を立てることが大切でしょう。

このことは、おカネの問題だけでなく、遊ぶ時間と働く（あるいは勉強する）時間の配分など、生活のすべてについて言えることです。

（1）　もともとは「アリとセミ」だったようです。

（２）　所得に対する貯蓄の割合を「貯蓄性向」と言います。反対に、所得に対する消費の割合は「消費性向」と呼びます。

◆年金の役割

童話「アリとキリギリス」のキリギリスは、バイオリンを弾いて歌ばかり歌っている、どうしようもない遊び人だったのでしょうか？　アリだって、働きながらキリギリスの音楽を楽しみ、もしかしたら働く励みになっていたかもしれません。だとしたら、キリギリスをただ遊んでいただけという評価で片づけてしまうのは酷でしょう。冬になって食料が不足した時に、キリギリスもそれなりに食料を分けてもらう権利があると感じる人もいるのではないでしょうか？(3)

年金とは、長い歳月を社会のために働いた人が退職すると、老後の生活を支えるために支払われるおカネのことです。日本では、１９６１（昭和36）年から国民全員が年金支給の対象となる制度が定められています。専業主婦や自営業者は国民年金、サラリーマンは厚生年金、公務員は共済年金といった制度が確立していますが、これらを一元化する動きもあります。

これらの年金制度は、国が基礎年金の約2分の1を負担し、残りは国民が保険料を積み立てることで成り立っています。年金制度の整備により、人々は老後の不安を感じずに毎日を過ごすことができるのです。ただ、これまでの年金制度は、現在働いている人がリタイアした人の年金を負担する仕組みで運営されてきました。ですから、少子高齢化が進み就労人口が相対的に減少すると、年金の制度を維持する上で働く人の負担が大きくなってしまいます。この悪影響を避けるため、年金の支給開始年齢の引き上げや、保険料の支払いがなかった人にはその期間に応じた減額が行われるほか、制度全体の見直しが進んでいるのです。

その結果、アリですら年金の額が減る可能性が高いのです。キリギリスはめでたく年金をもらえるのでしょうか？

（3）本来のお話では、キリギリスはアリから食べ物を分けてもらえず飢え死にしてしまうのですが、それでは残酷というので、アリが食べ物を恵むように改変されたものも見られます。

◆トンチン年金

日本は「長寿大国」と言われるように、高齢者が急増しています。寿命が延び、団塊の世代が年金受給年齢に達しているのですから、今後の日本はますます老人で溢れます。

その一方で、核家族化の進展は独居老人世帯の増加を招き、孤独死が報じられることも少なくありません。老夫婦が同居する世帯でも、老々介護の負担などを理由に心中事件が起きたり、子供が同居していても類似した事件や老親虐待が発生したりしています。中国文化には「老人は家の宝」という考え方があるそうですが、日本の老人は「手に余る宝」のように扱われているのではないでしょうか？「〝後期〟高齢者」という無神経な言葉は、その象徴のようにも感じられます。

老人が幸福な余生を過ごすためには、最低限の経済的基盤の確立が求められますが、そのために必要な金額は３千万円とも１億円とも言われます。これだけでも高いハードルですから、不足しがちな経済面での支援はもちろんのこと、メンタル面も含めて家族や周囲のサポートが必要です。これらの面では、若い世代のモラルに期待する部分も大きいのですが、それを補う社会制度の充実が不可欠です。しかし、現下の状況は「豊かな福祉国家」(4) からは遠い所に位置するようです。

たとえば、かつて私の周囲で、介護施設に入居している老人が病院に入院して医療行為を受けようとした際、一度介護施設を退去しなければならない場面に遭遇しました。これは、制度上「介護保険」と「医療保険」を同時には利用できないことに起因し、病院での治療が終わっても、退去した介護施設に戻れる保証はないとのことでした。でも、介護が必要な老人に、医療が不要な健康レベルを求めるのは現実的ではありませんよね。

家族が老親を大切にする意識を促すと期待される制度に、「トンチン年金」があります。これは、17世紀のイタリア人、トンチ（Tonti, Lorenzo：1630-1695）が発案したことから命名されたもので、年金として積み立てた基金の運用益を、生きている人たちだけで山分けする仕組みです。長生きすればするほど受給額が増加する（最後に生き残った１人は、基金の残額すべてを受け取る）のですから、本人の励みになると同時に家族にとっても親孝行のインセンティブになるかもしれません。

ただ、この制度が導入された17〜18世紀のヨーロッパでは、受給額の増加を狙ってライバルの老人を殺害するような事件も発生したと言われます。そこまでには至らなくても、早死にした人の生命と引き換えに年金の受給額が増えるというのは、モラルの面で疑問視する主張もありますし、受給者にとっては寝覚めが悪い制度かもしれません。

（4）介護施設には、大別して「特別養護老人ホーム（特養）」と「介護老人保健施設（老健）」とがあります。前者は寝たきり状態や認知症が進行している老人を対象とし、後者は在宅復帰を目指してリハビリに重点が置かれます。介護施設では、「デイ・サービス（入浴、食事、機能訓練など）」、「デイ・ケア（デイ・サービスにリハビリをメインに加えたもの）」、「ショート・ステイ（施設で一時的に要介護者を預かること）」などのサービスも提供されています。

◆年金も自己責任が問われる時代に

これまでの日本の年金は、「確定給付年金制度（defined benefit plan：DB）」と呼ばれるスタイルがとられてきました。これは、文字通り、年金を受給する年齢に達した時に、年金として受け取る（給付される）おカネの額があらかじめ確定している制度です。この制度は、老後の人生設計が立てやすく、優れた仕組みではあったのですが、前に述べたように少子高齢化が急ピッチで進展している上、バブル崩壊後の運用難などもあって、維持することが困難になってきました。

そこで、2001（平成13）年10月から『確定拠出年金法』の施行により導入されたのが「確定拠出年金（defined contribution plan：ＤＣ）」と呼ばれる制度で、アメリカにならった仕組みです。アメリカでは、『内国歳入法（Internal Revenue Code：ＩＲＣ）』という税金に関わる法律の４０１条ｋ項で、課税繰り延べのケースが定められています。そこで、この条文の適用を受けることができる年金制度のことを「４０１（ｋ）プラン」と言います。(5) このため、日本の確定拠出年金制度は「日本版４０１（ｋ）プラン」とも呼ばれています。確定拠出年金制度では、将来の年金の原資として積み立てる（拠出する）掛け金の額は決まっていますが、そのおカネの運用先は年金の加入者が自ら選ぶため、その選択によって将来的に受給する金額が変化します。極端な言い方をすれば、うまく運用した人の老後は豪華客船で世界一周旅行を楽しむことができるかもしれませんが、失敗した人には公園の貸ボートを自分で漕ぐことすらできない生活が待っているかもしれないのです。

確定拠出年金には、掛け金を個人が払う「個人型」と、勤務先の企業が支払う「企業型」とがあります。「個人型」は、これまで自営業者や学生などが対象でしたが、制度改革により２０１７（平成29）年1月からは専業主婦や公務員などの加入も認められるようになりました。(6) 加入者が選択できる運用対象は、この制度のサービスを提供する「運営管理機関」が選定する株式、投資信託などの金融商品に限られます。それらの中からどのような商品を選択するかで将来の年金受給額が左右されるわけですから、年金にも自己責任が強く問われる時代になったと言うことができるでしょう。

（5）　４０１（ｋ）プランでは、年金として拠出されたおカネについて、その額は所得控除され、運用収益についても、課税は年金が給付されるまで繰り延べられます。また、転職の際に新しい職場でも401（k）プランが導入されていれば、そこへ移管できるポータビリティーがあります。

（6） 登録金融機関や専門の企業が主な運営管理機関ですが、制度を導入している企業自らが担うこともあります。

◆高齢化の影響

国の統計によると、1950（昭和25）年の日本の年齢別人口構成は、0歳から14歳までが35％、15歳から64歳までが60％、65歳以上が5％でした。これが、2060年になると、15歳未満が9％に、15歳から64歳までが51％へとそれぞれ減少し、逆に65歳以上は40％へと増加します(7)。単純に考えると、働いている人が1・3人で1人の老人を養わなければならなくなるのです。1950年当時は10人以上で1人の老人の面倒をみればよかったのですから、これは深刻な変化です。これが前項で見た年金制度改革の背景です。

現在、日本で60歳以上の人が実際にかかる生活費は、平均して毎月約30万円と言われています。「金融広報中央委員会」が2004（平成16）年から2006（平成18）年にかけて行ったアンケートによると、「老後の生活が心配」と答えた世帯は80％以上（60歳未満の世帯では90％弱）になりました。一方、生活資金について、受け取る年金で不自由がないという恵まれた人は1割弱にすぎませんでした。その後の年金を巡る環境はいっそう悪化しているのですから、これでは将来に夢がありません。夢のない社会では、治安が悪くなったり労働意欲が衰えたり、全体として社会不安が高まります。その結果、国全体としての経済活動にも活気が失われる懸念が出てくるのです。

高齢化の流れは押し留めることが困難です。バリアフリーなどに代表されるインフラ整備、老人医療やホスピスなどの充実は進めていかなければなりません。と同時に、高齢化の背後で進んでいる少子化（15歳未満人口の減少）に歯止めをかける対策も必要です。そのためには、核家族化の見直しや保育園の整備なども重要な課題となります。でも、そうした表面的な対応だけでは、高齢化社会の本当の解決には不十分かもしれません。

老人が子供を慈しみ、若者が老人を労わるような意識が根付くこと、世代を越えて思いやりのある社会を築くことが大切と思います。電車の中で、優先席に健常の若者が平然と座って眠りこけていたり（狸寝入りかも？）、混雑時は優先席周辺で携帯電話の電源を切るように表示されているにも関わらず、平気でメールやゲームに興じていたりする姿が老若男女を問わず目立ちます。公徳心が社会から薄れているのは嘆かわしいのですが、第２学期で紹介する「報徳仕法」の〝分を知る〟ような価値観が失われたことも影響しているのかもしれませんね。

（7）　内閣府『高齢社会白書』（２０１６年5月）より。

◆公的介護保険制度

今でも「人生50年」と言われることがありますが、現実には「人生80年」時代を迎えています。高齢化が進むに連れ介護が必要なお年寄りの数も増えていますが、その一方で核家族化や共働き世帯の増加は家庭内での介護を難しくしています。国も税収不足の中で、従来のような「バラマキ福祉」は行えない事情があります。

そこで、寝たきりや認知症などで介護が必要な高齢者に対して、自宅への訪問介護やリハビリなどのサービスを提供する仕組みとして、「公的介護保険制度」が２０００（平成12）年４月から導入されました。各市区町村などが主体となって40歳以上の全国民から保険料を徴収し、原則として65歳からサービスを利用できます。在宅介護の場合、最も軽い「要支援１（歩行不安定：標準地域支給金額上限＝月額４万９７００円）」から最も重い「要介護５（生活全般で全面的介助が必要：同35万８３００円）」までの７段階があり、支援や介護の必要性が認められると（要介護認定）、原則１割の自己負担でサービスを受けることができる仕組みです。

老人福祉の経済面での充実は図られたかに見えますが、ホーム・ヘルパーや介護スタッフなどの量的・質的水準は決して十分ではありません。特に、独居老人については、肉体的な介護だけでなくメンタル面でのケアも必要ですが、この点での遅れは如何《いかん》ともしがたいものがあります。真の福祉国家へ向けての解決課題はまだまだ多いように見受けられます。

◆三世代同居という選択

そうした課題への対応の一つとして、大都市で働く地方出身者には困難かもしれませんが、三世代同居という選択があります。これには相応の居住空間が必要ですし、嫁・姑問題など解決すべき個別の課題も少なくありません。

ただ、人生経験豊かな老人の知恵が次世代に継承されやすいという面で、好ましい環境なのは間違いないでしょう。共働き夫婦であれば、老親に子供の世話を委ねることも可能です。文化人類学の知見からは、祖父母から孫世代への知識の伝達という循環システムが機能することで、文化の発達が促進されると言われています(8)。孫は祖父母から老人ならではの知恵を吸収し、老人は孫から若いエネルギーを照射されることで、認知症への予防効果も期待されます。何より、将来的に子供が、同居して身近な存在である祖父母の臨終に立ち会うであろうことは、生命の尊厳を学ばせる上で意義のある教育と思われます(9)。

私の会社時代の先輩で、途中から三世代同居している方がおられますが、たまさか酒席をご一緒すると、「孫たちがやかましい」と嘆きながらも、嬉しそうなニュアンスが感じられます。私も両親と子供との三世代同居を経験しましたが、躾《しつ》けの面で役割分担ができたのではないかと思います（意識的に行ったわけではありませんが……）。親はどうしても子供を厳しく躾けがちですが、そんな時の子供のアジール（Asyl：避難所）が祖父母の部屋であり、私の両親は教育などに責任のない気楽さもあって、盲目的で限りない愛情を孫たちに注いでいたように思います。そうして育った私の子供たちが、現在どうなっているかを見ると、（それなりに良い子には育っているのですが）手放しでその効果を主張する自信はありませんし、三世代同居を強くお勧めすることもできないのが弱いところですが……。

（8）小林達雄［2015］「縄文時代」、『日本発掘』（朝日新聞出版）p.60
（9）ヒトの死は、ペットの死とはやはり重さが違います。それも、年に数回の帰省でしか会ったことのないヒトではなく、同居している祖父母が加齢とともに次第に衰え、やがて病を得て……、という過程を見ることは、リセットすれば生き返るテレビ・ゲームなどとの相違を実感させ、抽象概念としての生命のみならず、「いま」という瞬間を生きる大切さを認識させてくれるはずです。

◆地獄の沙汰もカネ次第？

芥川龍之介の『蜘蛛《くも》の糸』では、地獄で苦しむ犍陀多《かんだた》が、お釈迦様の気まぐれで1本の蜘蛛の糸を伝って極楽に移る機会を与えられました。(10) しかし犍陀多は、自分の後から糸を伝って登ってくる何百何千という大勢の亡者の姿に、細い蜘蛛の糸が切れてしまうことを恐れ、彼らに罵声を浴びせます。その瞬間、蜘蛛の糸は切られ、犍陀多も地獄に逆戻りしたのでした。

ここで、私が「お釈迦様の気まぐれ」と言ったのは、もし犍陀多が皆で極楽に向かうことを許し亡者たち全員が一斉に極楽へ到着したら、お釈迦様はどういう扱いをしたのか疑問に感じたからです。

全員を極楽に受け入れるのか、それとも犍陀多が極楽に到着したとたんに糸を切るのか、興味深いところです（最近の難民問題が連想されます）。トンチン年金に何となく釈然としないイメージが残るとしたら、自分以外の人々の死を前提に受け取る年金に、ほかの亡者を罵った犍陀多の心と同質のものを感じるからではないでしょうか？

「阿弥陀《あみだ》も銭で光る」と言いますが、お釈迦様がいくら「気まぐれ」でも、犍陀多や亡者たちが大枚のおカネを積んだからといって、極楽に受け入れてはくれないでしょう。でも、現世では不思議なことに、「あの世」を知らない人が人間の死後を仕切ることがあります。仏教では、人が亡くなると戒名（法名）を与えます（生前戒名というのもありますが）。この値段が、しばしば問題になります。いわゆる「院号」付の戒名だと数百万円かかることもあるそうで、(11) これでは「坊主丸儲け」と言われても仕方ないと思います。

葬儀にも、おカネをかければキリがありません。以前、火葬場での荼毘《だび》にもランクがあるのを聞いてビックリしたことがあります。安い焼き方では落語『黄金餅』の西念のような扱いを受けるのかもしれませんが、高いランクだと故人や遺族にとってどのような良いことがあるのでしょうか？「地獄の沙汰」がおカネでどうにかなるのかはわかりません。しかし、少なくとも葬儀に支払われるおカネは現実世界（この世）に留まり、そこに生きる葬儀業界の関係者だけにしか流れない（あの世には送金されない）のですから、あまり「あの世」での役に立つとは思えないのですが……。

小野小町が晩年に詠んだと言われるものをベースとした歌に「我死なば　焼くな埋むな野に捨てて　痩せたる犬の腹を肥やせよ」があります。〝寅さん〟流に言えば「ヤケのやんぱち日焼けのなすび……」で、いささか破れかぶれのような気もしますが、こちらの方がいっそ潔いようにも思えます。

(10) 原作によれば、犍陀多は人殺しや放火を犯した大泥棒でしたが、ある日、道端で一匹の蜘蛛を踏み潰そうとして思い留まったのでした（小林一茶の「やれ打つな蝿が手をすり足をする」を連想させます）。お釈迦様はそのことを思い出して、犍陀多にチャンスを与えたのです。この程度の善行が評価されるのなら、極楽へのハードルは低そうですね。

(11) 「～院」という戒名は、そもそもそういう名前の寺院を建立する意味があるから高額になるのだそうですが……。

夏期講習「政府債務問題」

◆国際金融危機の頻発

１９９７年のアジア通貨危機以降、世界的な金融危機が頻繁に発生しています〔図表3〕。２００８年には、アメリカの不動産バブル崩壊に伴い、政府系住宅金融機関が経営危機に陥り、公的資金が投入されました[1]。その一方で、同年に発生したリーマン・ブラザーズのケースでは、政府の救済措置はとられず、リーマン・ショックがひき起こされました。そして２０１０年以降は、ヨーロッパ発の政府債務危機が深刻化しました。

まず、リーマン・ショックでは、証券化商品による重層的な擬制資本化によって、最終投資家の負担リスク把握が困難になり、不安心理を招いた面があります（擬制資本の意味や証券化とリーマン・ショックについては、第3学期で学習します）。また、一連の危機に共通する背景としては、以下の4点が指摘されます。

第一に、民間組織でしかない格付会社の影響力が過大になり、格付の引下げによって不安心理を加

図表3　イベントの発生と日経平均株価の推移（1980－2015年）

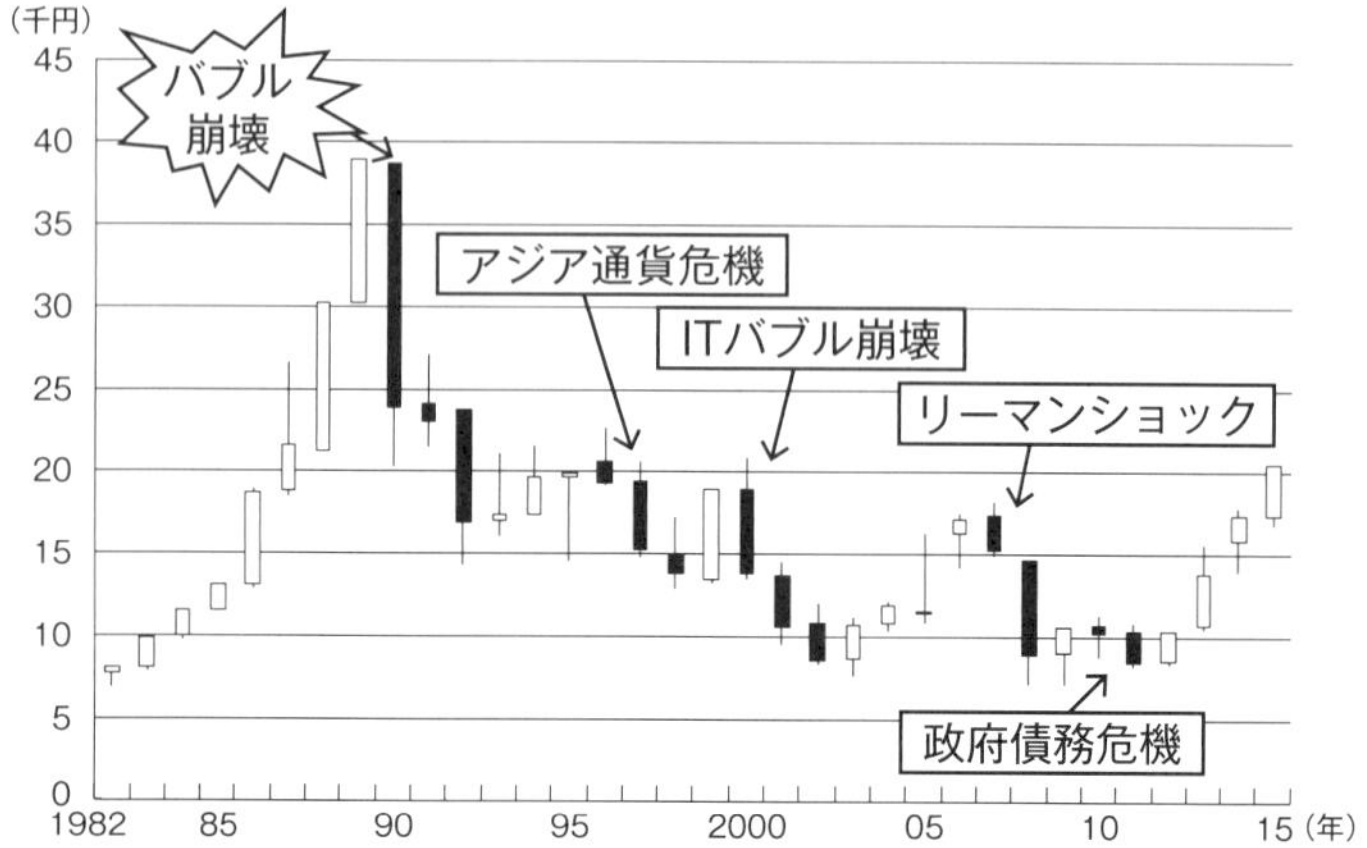

（出所）　日本経済新聞社の公表データを基に髙橋作成

速した側面がありました（ただし、格付の引下げは実態を反映した結果ですから、そこに若干の恣意性があったとしても、格付会社の存在や判断を全面的に否定するものではありません）。第二に、グローバリゼーションと情報化社会の進展が、地域的な危機を瞬時に世界中へと伝播させせました。第三に、人々の豊かさへの過剰な渇望と、規制（束縛）や義務を忌避する風潮が、痛みを伴う処方を拒みました。そして第四に、市場経済への過信が市場の暴走を許し、各国政府の統治力の低下（これは自由化の進展とも無縁ではありません）が問題解決を遅らせたものと捉えられます。

今日、ヨーロッパに端を発したソブリン・リスク（sovereign risk：国に対する信用リスク）は沈静化していますが、国際的に再燃の火種は残っています。そして、その最大の火薬庫が、実は日本なのです。

（1）　2008年7月、ファニー・メイ（Fannie Mae）、フレディ・マック（Freddie Mac）が経営危機に瀕し、アメリカ政府は『住宅救済法』により公的資金を投入して救済を図りました。

◆政府債務危機はなぜ起こる？

政府債務危機は、国家財政の極度の逼迫によりひき起こされます。

政府部門の収入（歳入）は税金に依存しますが、支出（歳出）が収入の範囲内に収まっているかどうかという視点から「プライマリー・バランス（primary balance）：基礎的財政収支」(2)がしばしば問題になります。政府の税収は景気の動向に大きく影響されます。景気が良ければ、企業は利益が出て、ボーナスも増え、消費も拡大しますから、法人税も所得税も消費税も増加が期待されます。景気が低迷すると、逆の現象が生じるのです。

政府のプライマリー・バランスが崩れるのは税収の増減だけではありません。支出の面での増減も大きく影響します（いま日本では、高齢化に伴う社会保障費の拡大が構造問題となっていますね）。また、もし民間金融機関が経営危機に陥り公的資金（税金）が注入されると、金融機関は救われますが、財政面での膨張（政府支出の増加）が避けられません。

ヨーロッパ発の政府債務危機では、ギリシアなどの国債価格の暴落（＝長期金利の上昇）が引き金になりました。国債の多くは金融機関が保有していますから、その値下がりは金融機関のフトコロを直撃します。そこで政府が金融機関に公的資金を注入すれば、今度は政府債務が拡大するのです。これは、民間金融機関の債務を政府が肩代わりすることを意味し、金融危機の頻発が政府債務危機への連鎖を招くのです。

（2）「国債発行を除いた税収などによる歳入」と「既発の国債への利払いを除いた歳出」との差。これが均衡していれば、借金に依存しない健全な財政構造と評価されます。

◆日本の財政は借金に依存

国税庁の資料によると、日本人の平均給与所得の額は、２０１４（平成26）年で男女平均４１５万円（男性５１４万円、女性２７２万円）と報告されています。[(3)] ここでは、ザックリと、平均的なサラリーマン世帯の年収を６２３万円（夫の年収５１４万円＋妻のパート年収１０９万円）、ということにして話を進めましょう。

６２３万円の年収の家庭では、どのような生活が営まれているでしょうか？　1カ月当たりでは約52万円の収入ですから、ここから生活費を賄い、月によりデコボコはあるかもしれませんが、年間の支出額は６２３万円を超えないようにするはずです。それが、もし１・６倍の年間９６９万円（月当たり約81万円）の生活をしたら家計はどんなことになるでしょう？　足りない部分は借金で補充するしかありません。でも、こうした状況で銀行がおカネを貸してくれるとは思えません。しかも、これまでの借金が積もり積もって1億円に達していたら……。

実は、ここで例示した寓話の数字を1千万倍すると、それはそのまま今日の日本政府の姿になるのです（２０１６年度当初予算ベース）。国は銀行からの借金の代わりに、国債を発行して国民からおカネを借ります。ここ数年の税収はアベノミクスの効果もあって50兆円超（近年のボトムは２００９年の38・7兆円）で推移していますが、国債の発行額は依然として高い水準が続いています。そして、政府債務残高はおよそ1千兆円に及び、国債発行額の多くが借金の返済に充てられます。これは健全な姿と言えるでしょうか？

（３）　国税庁「平成26年分民間給与実態統計調査」（２０１５年9月）より。

◆日本の国債問題が顕在化しないのは？

日本の国債の保有構造を見ると、ほとんどが国内金融機関で保有されています。これら金融機関に集められたおカネの出どころは家計部門ですから、最終的にはわれわれ個人が国の借金を支えているのです。そして、家計の金融資産残高は２０１６（平成28）年3月末で１７０６兆円に達しています(4)。ですから、この構造が続く限り、国債の発行にはまだ余力があるわけです。また、海外の主体による国債の保有比率は、２０１５（平成27）年度末で5・3％にすぎません。ですから、海外投資家による売却で国債が暴落するリスクは、他国と比べて相対的に低いと考えられているのです。

一方、国には〝徴税権〟があり、これが国債の担保と考えられます。そして、日本の各種税率は、第2学期で触れるように直近でこそ最高税率の引き上げはあったものの趨勢的に引き下げられており、消費税率も平均的な各国の付加価値税率と比べれば低位に位置しています（ちなみに、EUでは付加価値標準税率の下限を15％と定めています）。いざとなれば、国にはさらなる増税によって借金（国債）をチャラにする道もあるわけです。

そして、日本の国債相場を安定させている大きな存在が日銀です。日銀の低金利政策は国債費の政府負担を軽減しています（国債の低利回りでの発行など）。また、量的金融緩和には、国債の買いオペレーション（買いオペ）[5]の増加という側面があります。

これらの要因が重なることで、日本の国債は何とか安定が保たれているのです。

（4）日銀『資金循環統計（2016年1－3月期）』（2016年6月22日発表）より。
（5）国債は市中消化を原則としますから、日銀が政府から直接国債を引き受けることはできません。そこで、最初に国債を購入した民間金融機関から日銀が国債を買い入れ、その代金が民間金融機関に支払われることで、おカネが市中に流れるようにすることを言います。

◆日本発の金融危機は防げるか？

それでは、日本の国債問題が顕在化することはないのでしょうか？　これまで、たとえば2010

年春のギリシア、２０１１年秋のイタリアなどで国債の暴落が発生しましたが、これらの国では政府債務残高の対ＧＤＰ比が問題視されました。ちなみに、この数字は２０１０年のギリシアでは１・15倍、２０１１年のイタリアでは１・29倍でした。でも、同じ時点での日本は、何と２・13倍に達しています。(6)これを見る限り、日本の財政は危機的状況にあると言えそうです。そして、これまでの各国の例では、危機は突如として発生し、事前に予測することはとても困難なのです。

ただ、いくつかの懸念材料を指摘することはできます。まず、日本国債の保有構造で外国人による保有はまだ少ないですが、今後海外投資家の国際的な価値観が日本の国債価格に影響を与える可能性はゼロではありません。また、もし格付会社が日本国債の格付をさらに大きく引き下げれば、それを契機に国債価格の暴落を招く懸念があります。２０１２年６月、ムーディーズによる格付の引下げを受けて、スペイン国債の利回りは同年７月に７・６％へと急騰しています（第３学期であらためて見ますが、金利の上昇は債券価格の下落を意味します）。たとえば、もし日銀による実質的な国債の直接引受が行われれば、財政規律の面への評価から格付の引下げが行われるものと予想されます。

つまり、市場で日本の国債に対する信頼が失われれば、国債の暴落もないとは言えないのです。そうなれば、国際金融市場への影響はギリシアなどの比ではなく、まさに日本発の世界恐慌に陥りかねません。そうならないための施策には、残念ながら即応性のある妙薬がないのです。まずは、政府やわれわれ国民が、厳しい現実を客観的に認識することが求められます。その上で、国民的な合意が得られるような財政再建に向けたプランを作成して内外にアピールし、それを着実に実行していくしかありません。このように考えると、今後の日本では増税路線が避けられないと思われます。

ただ、われわれ日本人には、たび重なる大震災などで示された高い民度（団結力と忍耐強さ）があります。この点はエピクロス主義者の多い民族（偏見かもしれませんが……）とは異なり、合理的な財政再建へのプログラムが提示されれば挙国一致的な協力対応が期待できそうです。もちろん、政府はそうした国民性に甘えることなく、景気対策や成長戦略などで税の自然増収に向けた真摯《しんし》な努力を払い、支出面にもメスを入れる努力をしてもらわなければならないのは当然のことです。

（6） 財務省『日本の財政関係資料』（平成23年9月）より。

◆ヘリコプター・マネーの是非

第2学期（「おカネのなる木」はない）でも触れますが、常識的に考えて、おカネが空から降ってくることはありませんよね。この面で、最近話題になっているのが「ヘリコプター・マネー（ヘリマネ）」です。これは、かつてフリードマン（Friedman, Milton：1912-2006）が寓話として示した考え方です。

簡単に言うと「空からヘリコプターでおカネを撒《ま》けば、皆が拾って買い物をするから物価が上がる」というものです。あなたは、空からおカネが降ってきたらどうしますか？　将来不安が払拭されない環境の下では、消費に充てるよりも貯蓄に回す人も多いのではないでしょうか？

ヘリコプター・マネーは、最近の議論では「国が国債の発行ではなくお札を刷ることで財源を確保する」という文脈で語られます。これは従来の経路を省略しただけで、実質的に前項で触れた日銀による国債の直接引受と同じことです。こうした議論の背景には、〝国債はいずれ返済しなければならず、そのためには増税が避けられないことを誰もが感じているため、どれほど金融緩和策を打ち出してもおカネが消費に向かわない〟という認識があります。２％の物価目標を達成するための切り札と言う人もいます。しかし、ヘリマネ政策の実施は、金融政策の道具箱が空になった（政策の手詰まり）という印象を与えかねません。日銀にとっては、買いオペを行った場合の国債のような資産は計上されず、おカネが発行されるだけですから、バランスシート上の債務が増えることになります。このことは、日銀への信頼を低下させるだけでなく、〝円〟というおカネに対する信用をも毀損します。何よりも、財政規律の喪失が、日本という国家に対する内外の信頼を損なうことになるのです。

この結果、日銀の独立性が失われ、財政に沿った政策決定をせざるをえないという「フィスカル・ドミナンス（fiscal dominance：財政従属）」を招きます。これは大幅な円安と同時に、第一次大戦後のドイツのようなハイパーインフレへの道を進むことにもつながりかねません。つまりヘリマネの実施は、政府が返済不要の財源を確保し、目先的にわれわれの財布に厚みを感じさせたとしても、長期的には国民の資産を大きく目減りさせる懸念がある、きわめて危険な選択なのです。

第2学期

おカネの稼ぎ方と使い方を考える

1 おカネと労働

◆日本人は貯蓄好き

経済的な豊かさである富は、おカネ（現金）を家の金庫やタンスにしまったり、銀行や郵便局に預けたり、株や債券などの証券に投資したり、金や土地を買ったり、さまざまな方法で所蔵されます。それらの中で、日本人は、約52％を現金や預貯金の形で保有しています。[1] アメリカではこの比率は14％程度ですから、日本人はアメリカ人に比べると著しく貯蓄好きな国民です。ちなみに、勤勉な国民性で日本人とよく比べられるドイツでも、現預金の比率は35％程度に留まっています。

日本人が、おカネを主に現金や預貯金で保有している理由は何だと思いますか？　実は、それほどはっきりした答えはありません。農耕民族として勤倹貯蓄を重視する国民性と言う人もいます。庭つき一戸建て住宅への要求が強く、そのために銀行からお金を借りやすいように預金をしているという指摘もあります。おそらく、いろいろな要因が複雑にからみ合っているのでしょう。

そして、日本の目指す姿として、アメリカのように証券保有比率が52％というのは極端かもしれま

図表４　家計金融資産の構成比

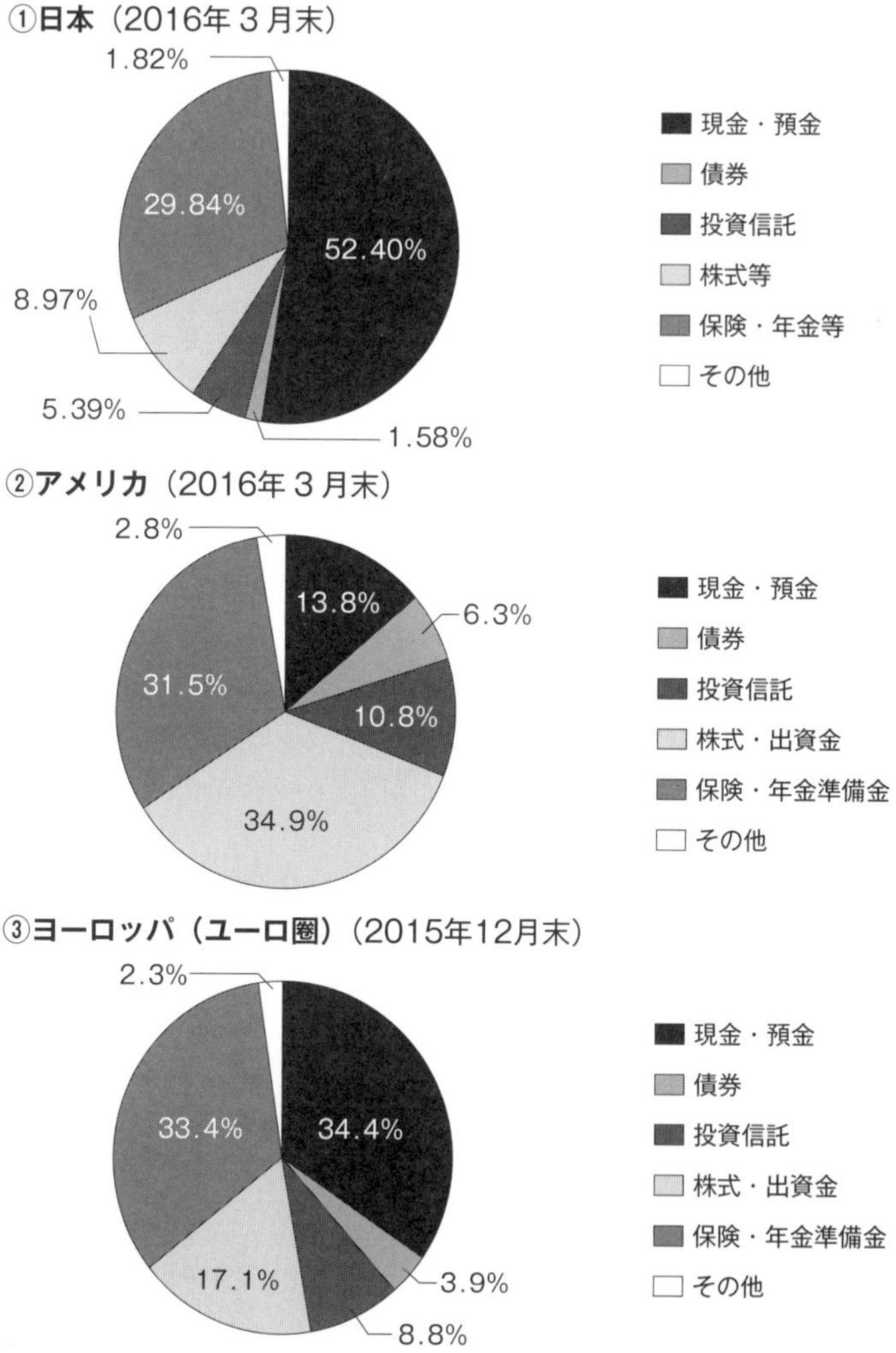

（注）四捨五入の関係で必ずしも合計が100%になりません。
（出所）　日本銀行資金循環統計、FRB、ECB

せんが、ヨーロッパの現預金（34・4％）、証券（29・8％）、保険・年金準備金（33・4％）とほぼ3等分されている現状は均整がとれているようにも見えます。もちろん、これが必ずしも理論的に最適資産構成を示唆しているわけではありませんが……。

ただ、日本人の貯蓄好きが、風土や国民性として培われてきたメンタリティによるものだとしたら、「貯蓄から投資へ」という掛け声が叫ばれても、こうした構造がドラスティックに変化することはないのかもしれません。

（1）日本銀行の「資金循環統計」による2016年3月末の家計金融資産残高に占める割合。預貯金とは、銀行に預ける預金と郵便局に預ける貯金を一緒に表現したものです。

◆落ちているおカネは拾いますか？

ところで、ほかにも通行人のいる道を歩いていて、おカネが落ちているのに気付いたら、あなたはどうしますか？　拾うとしたら、いくらから拾いますか？

大学生に同様のアンケートを行ったところ、208人から有効回答を得ました［図表5］。その結果、97・6％は拾うと回答しましたが、2・4％の学生が「（1万円札であっても）拾わない」と回答しています。一方、拾うと答えた中では「100円玉から拾う（それ未満は拾わない）」が31・2％で最も多く、以下「1円玉から拾う」が18・3％、「50円玉から拾う（それ未満は拾わない）」が17・

図表5　道に落ちているおカネ、いくらから拾いますか？

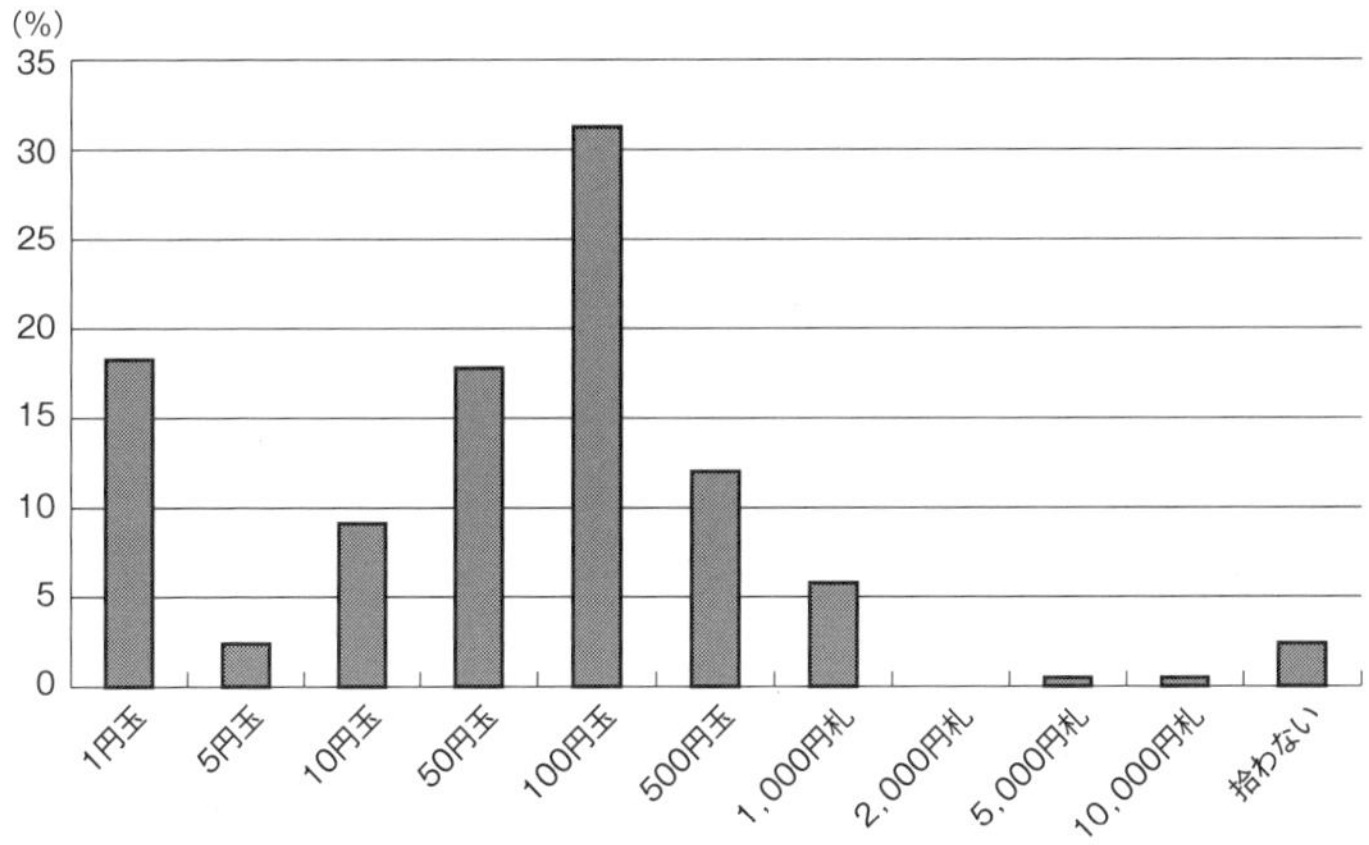

（出所）　髙橋作成（2013年5月〜2015年1月、埼玉大学、獨協大学、武蔵大学で実施。有効回答数208）

8%、「500円玉から……」が12・0%、「10円玉から……」が9・1%、と続きます。ここから、1円玉が落ちていても拾わない人が8割以上いることがわかりました。1円玉1枚の原価（製作費）は、最近の非鉄金属相場などから、約3円と推定されます。日本で発行されているおカネの中で、5円玉（原価約7円）と並んで原価割れしている硬貨なのに、軽んじられているのは可哀そうな気もします。100円玉から拾う人が多いのは、そこに数十円足せば自販機で飲み物が買えるからのようです。

次に、拾ったおカネ、あなたはいくら以上なら交番へ届けますか？(2)　ただし、この場合、財布に入っているなど、落とし主を特定する手掛かりはなく、裸の現金だけが落ちているものとします。これについても大学生にアンケートを実施したところ、211名から有効回答を得ました。その結果は、「絶対に届けない」人が3・8%いましたが、最多回答は「1000円以上から届ける」と「1万円以上から届ける」が18・0%で並びました。次いで、「10万円以上から……」が17・1%、「5000円から……」が10・4%と続きます。さらに「100万円以上から」が6・6%、「1千万円以上から……」が3・8%、となっています。これらから、100万円未満ならネコババする人が15・6%いることがわかりました。ただし、これは今どきの大学生のモラルの問題ではなく、非現実的な大金であることが影響していると推察されます。一方、1000円や1万円から届ける人は、自分が落としたら困る金額、という発想で回答しているようです。

1円玉を拾わない大多数は、周囲の目が気になることが一因のようでした。これは「自分が拾わなくても誰かが拾うだろう、でも自分はそんなみっともないことはしない」という矜持（やせ我慢？）のゆえかもしれません。たしかに、人通りがある中、急に立ち止まり屈んで1円玉を拾う行為はあまり恰好《かっこう》良くありませんし、労力面で割に合わないという側面もあるでしょう。ですが、あえて拾って、何かの折にコンビニのレジ脇に置かれている募金箱などに寄付することも、意味のある選択だと思います。そのまま放置して排水溝などに入ってしまえば、1円玉の存在はまったく無駄になります。でも、募金すればわずかでも世の中のために活躍できるのですから、1円玉の人生（？）も少しは充実したものになるのではないでしょうか。それに、「1円を笑う者は1円に泣く」かもしれないのですよ。

一方、いくら以上から交番に届けるかは、大学生の回答のように、自分が落としたら困る金額が基準になりそうですが、これはモラルとともにその人のフトコロ具合も関係しそうです。ただ、ネコババには横領罪でお縄になるリスクもありますので、念のため……。

（２）交番では1円から預かるそうで、その場合には預かり証を発行しますが、１００円くらいまでなら警察官の裁量で、拾い主にそのまま与えることもあるようです。交番におカネが届けられると「拾得物の告示」を２週間行い、６カ月経過しても持ち主が現れなければ拾った人のものになります（その場合は、預かり証と印鑑を持って２カ月以内に受け取ることが必要です）。この間に落とし主が現れると、５～20％の謝礼がもらえるのですが、拾ってから７日以内に届けないと謝礼はもらえません。

◆ちりも積もれば山となる

「１００万円たまる貯金箱」というブリキ缶があります。私は出始めの頃に買ってきて５００円玉貯金を始めました。お釣りなどに５００円硬貨が混ざっていると、使わずに持ち帰り貯金箱に入れるのです。人によりペースは異なるでしょうが、当時の私の場合7～8年も経つと缶は５００円玉で一杯になりました。５００円玉は決して〝ちり〟ではありませんが、実感として「ちりも積もれば山となる」思いでした。

問題は、それをどうするかです。とりあえず銀行預金と決めたのですが、２０００枚からの５００

円玉の塊はとても重いのです。そこで、1回につき硬貨100枚まで受け付ける銀行のATMに、5万円分の500円玉を入れたコンビニのレジ袋をいくつか持って、何日かかけてせっせと入金に通いました。その姿は決してダンディではありませんが、少ない残高の預金通帳の数字がその都度増えていくのは、何かとても嬉しく感じたものです。

ポケットや財布に釣り銭などの小銭が溜まると、男性は特に鬱陶しく思う人が多いのではないでしょうか？　500円玉は重くてかさばりますし、日常的にスーパーなどで買い物をする主婦ならともかく、1円玉や5円玉は男性には使用機会が乏しいものです。こうした小銭を貯金箱に入れていくのは、一つの貯蓄方法だと思います。同様に、「つもり貯金（何かを買った〝つもり〟でその金額を貯めること）」という手もあります。

その際、できるだけ大きな貯金箱を用意するのがお奨めです。市販の貯金箱を買うのもよいですが、手ごろな空き箱を利用すれば元手もいりません。大きい貯金箱をお奨めするのは、小さいと一杯になった時の金額が少ないため、結局は浪費してしまいがちだからです。大きい貯金箱は一杯になるまで時間はかかりますが、ある程度まとまった金額になれば、最終的には〝消費〟に充てるにしても、〝浪費〟には抑制がかかると思われます。

◆「おカネのなる木」はない

おカネは空から降ってきたり、地面から生えてきたりはしません。おカネのなる木があればよいのですが、実際にそんなものはありません（本当に、あればいいですけどね）。法に触れないでおカネを得るには、まずは働いて賃金を受け取ることが一般的です。それでは、学校を出てサラリーマンになった人は、一生にどれくらいの金額（残業代、ボーナス、退職金を含む）を稼ぐのでしょうか。男性について見てみましょう。(3)

【学歴】	【生涯賃金】	
中卒	2億2300万円…①	
高卒	2億3980	
大学・大学院卒	3億1270………②	（②／①＝1・40倍）

ご覧のように、高学歴になるほど、生涯賃金が高くなる傾向にあります。これは男性の場合ですが、女性については中卒で男性の約70％、大学・大学院卒で男性の80％程度になっています（ここではこれ以上触れませんが、この男女格差の存在は問題ですね）。

生涯賃金は、勤務する会社の規模によっても異なります。同じく男性について見てみましょう。

【従業員数】	【生涯賃金】		
	大学・大学院卒	高卒	中卒
10~99人③ ……	2億4310万円	1億9860万円	1億9460万円
100~999 ……	2億9140	2億3090	2億2070
1000~④ ……	3億5640	2億9180	2億9110
（④／③ ……	1・47倍	1・47倍	1・50倍）

会社の規模が大きくなるほど、生涯賃金が高くなっていますね。

先の中卒に比べた大学・大学院卒の生涯賃金も、従業員数99人未満の中小企業と比較した1000人以上の大企業の生涯賃金も、それぞれ1・4倍以上です（金額ベースでは約1億円もの差になります）。これが、世の中の親が、自分の子供を大学へ進学させ、大企業に就職させたいと願う根拠になっていると思われます。

しかし、これはあくまでも過去の数字であり、これから社会に出て働く人たちが、学歴や企業規模の違いで同じような生涯賃金の格差になるとは限りません。この何年かで日本の雇用や賃金を巡る環境は大きく変貌しているからです。大卒という学歴面でも、アメリカの学者によれば「大学進学率が15%なら大学はエリート教育の場として機能するが、45%を超えれば大衆教育に変質する」と言われます。日本の大学進学率は、すでに50%を超えています。2人に1人が大卒の社会では、「大卒＝エリート＝幹部候補社員」という図式はもはや過去のものと言わざるをえないのです。学歴よりも学力が重要、ということですね。

（３）独立行政法人労働政策研究・研修機構『ユースフル労働統計―労働統計加工指標集―２０１５』より抜粋したもので、統計自体は２０１３年のものです。

◆稼ぐに追いつく貧乏なし

一所懸命に働いて稼いでいれば貧乏することはない、というのが「稼ぐに追いつく貧乏なし」という格言の意味です。でも、日常生活の中でおカネへの対応次第では、「稼いで追いつく貧乏なし（いくら稼いでも貧乏から抜け出せない）」という状況を招いてしまうかもしれません。それは、便利で豊かになった現代社会では、おカネが流れ出ていく〝蛇口〟がいくつもあるからです。

一般に、収入が増えれば生活水準も向上する傾向にあります。その向上のピッチが稼ぐ金額の範囲内に収まっていれば、貧乏は追いついてきません。しかし、世の中には多くの誘惑が溢れています。

一つの例に自動車があります。自動車は不思議な存在で、初めに安くて小さいクルマを買うと、次は少し上のクルマに乗りたくなるものです。そして、ローンを利用したり、中古車を選択肢に加えれば、高級外車を買うのもそれほど高いハードルではありません。そうして大型の自動車に乗るようになると、なかなか元の安い小型車には戻れないのです。

一点豪華主義で、贅沢がクルマだけに留まっていれば、貧乏は追いついてこないでしょう。でも、高級車に乗るようになると、それ以外の生活水準もクルマのグレードに見合って高くなりがちです。そうすると、いくら稼いでいても、おカネにも気持にも余裕がなく、貧乏に追いかけられているような意識に陥る危険性があるのです。相応の収入があり生活水準はそれなりに高くても、いつもピーピーしているような状態です。

そうした罠《わな》に陥らないためには、稼ぐスピードと生活水準向上のスピードとのバランスをとることが必要です。どれほど稼いでいても、いつも何かに追われているような心理状態だとしたら、それはやはり「豊かな生活」とは言えないからです。

江戸時代の後期、二宮金次郎（尊徳）は、「報徳仕法」という考え方を唱えました。その内容は、彼の死後、弟子の富田高慶《たかよし》が『報徳記』としてまとめました。そこでは「報徳仕法」の根本を「至誠（天地人の徳に報いる感謝と思いやりの心）」とし、さらに「勤労（一所懸命に働くこと）」、「分度（自分の分を知り、それに見合った生活をすること）」、「推譲《すいじょう》（貯まったものは将来の自分や社会のために使うこと）」を基本としました。貧乏に追いかけられがちな人にとっては、じっくり噛みしめてみる価値のある考え方だと思うのですが、どうでしょうか？

◆専業主婦（夫）は偉くないの？

最近は夫婦で働く、いわゆる共働き家庭が増えています。

それでは、いつも家にいる専業主婦（最近は主夫もいますが、ここは伝統的な表記で……）は、一時期「三食昼寝付き」と揶揄《やゆ》されたように、働いていないのでしょうか？　専業主婦は、家計を管理しながら日常的な買い物をし、家族のために食事を作り、掃除・洗濯をし、家族が家に帰れば優しい笑顔で迎えてくれます（まれに優しくない主婦もいるかもしれませんが……）。学校や会社から疲れて帰宅した時に迎える人がいるのは、温もりを感じさせてくれ、それだけで疲れが癒されるものです。家族のために家事をこなすことは、立派な労働なのではないでしょうか？(4)　もし、主婦が家事をしなくなれば、対応の一つとして家政婦を雇って掃除や洗濯を頼むことも選択肢ですが、これにはおカネがかかります。夫との家事分担も最近の風潮かもしれませんが、これは家事の総量が減少するわけではなく、単に家庭内における家事負担の移転・分散でしかありません。ですから、外で働かない専業主婦は、少なくとも家政婦に支払うおカネの分だけ家で働いていることになるのです。

当然、「外で働く主婦も家に帰れば家事をこなしている」という反論が予想されます。でも、料理を作る十分な時間がありませんから、レトルト食品や惣菜屋のおかずなどに頼りがちでしょうし（デパ地下やスーパーのタイムセールや閉店前の値引きは魅力的ですが……）、掃除や洗濯も毎日はできないことの方が多いでしょう。休日にまとめて家事をやる選択もありますが、その分だけ家族の団欒の時間は削られてしまいます。

つまり、家の外か内かという違いはありますが、どちらの主婦も働いていることに違いはありません。もちろん、家事をせずに家でテレビばかり見ている、カウチポテトの主婦は偉くありませんが……。

（4）主婦の家事・育児労働を年収に換算する試みは、しばしば行われています。アメリカのsalary.comによる、2008年のカナダにおける調査結果では、邦貨換算で何と約1280万円と報告されています。これはいくら何でも高すぎると思いますが、主婦が意識としては無償で家事を行っていたとしても、主婦業が決して無償でないことは認識すべきでしょう。

◆働くことで失うものも……

働くのは何のためでしょう？　社会のため、会社のため、生きがいとして、……。さまざまな理由があげられますが、本音を言えばおカネのためという人が多いのではないでしょうか？　社会で働くことは決して悪いことではありません（「報徳仕法」を思い出せば、美徳と言ってよいでしょう）。しかし、それによって失うものがあったり、社会に歪みが生じるのであれば、全体としての利害得失を考え直してみる必要もあると思います。ここでは、特に母親が外で働くことに伴う問題について考えてみます。

幼児期の子供にとって、母親の存在はとても重要です。(5)特に3歳頃までは、母親の愛情に包まれて育つことが、その後の健全な成長を促す上で大切と言われます。まさに「三つ子の魂百まで」ですね。そうした時期に、母親が育児を他人に任せ、仕事で外に出てしまうのは、子供心にも「僕（私）は邪魔なの？」という気持ちにさせ、人格形成期の心に傷を残す懸念があります（働くことが子供のためであってもです）。これは、精神分析の世界で「基底欠損（basic fault）」と言われます。幼い頃、親に甘えても受け入れられなかったような経験が、大人になってから歪みとして社会性を欠いた言動につながる危険性があるのです。

近年、「待機児童」という嫌な言葉が平気で用いられていますが、「児童」自身は決して保育園に入りたくて「待機」などしていません。待機しているのは、外で働く（働きたい？）母親の方でしかないのです。親の身勝手な都合で（というのは言い過ぎかもしれませんが）、最も安らげる場所から長時間遠ざけられる子供の心を思えば、そうした施設の増設や保育士の育成に力を入れるだけでなく、子供が母親とともに過ごせるような社会構築をもっと優先すべきではないでしょうか？　社会全体としての議論でも、幼稚園と保育園の機能を混同するケースが見受けられるのは、幼児教育という観点からも困ったものです。

最近では共働きが当たり前のようになり、女性の社会進出が国際的にも促される風潮にあります。それはそれで好ましい流れですが、専業主婦を異端視したり、何でも男性と同じに扱う、性差を無視した目標を掲げることには違和感を覚えます。性差（〝差〟と言うから上下優劣を意識させられるので、

〝性異〟とでも表現した方がよいかもしれませんね）をなくし同質化を図るよりも、両者の相違点を認めた上で、男女の役割分担を図る方が生産的かつ合理的ではないでしょうか？　もちろん、だからと言って「ガラスの天井（glass ceiling）」と呼ばれるような、女性の昇進にハンデを課すことも決して許されるべきではありませんが……。

いま、日本の社会では「草食系男子」という言葉が定着しています。これが、女性の社会的プレゼンスの高まりの背後で進行し、かつ「晩婚化・少子化」という現象の一因であるとしたら、将来の日本のダイナミズムを展望する上で若干の寂しさと懸念を禁じえません。私たちは、もう一度「幸福」や「豊かさ」の原点に立ち戻って、おカネや「働く」ということについても再考する必要があるのではないかと思います。

（5）　幼児が泣き叫ぶとき「おかあさ～ん」とは言っても、あまり「おとうさ～ん」とは言いませんよね。それと、「お空から見ていたら、おとうさんとおかあさんが見えて、ここに産まれたら喜んでもらえるかな、と思って産まれてきたよ」という趣旨のことを喋る子供がいます。これは2歳児くらいの時期にたった1回しか言わないそうで、言った本人の記憶にも残りません。家庭環境（ここでも母親の存在は大きいようです）によって、言うこともあれば言わないこともあるそうです。でも、こんなことを子供から言われたら親は冥利に尽きますし、絶対にその場に立ち会いたいと思いませんか？

◆フリーターの増加

バブル崩壊後、フリーター（英語のフリー［free］とドイツ語のアルバイター［Arbeiter］との合成語）が増加しています。フリーターという言葉は使う人により異なる面はありますが、ここではひとまず「会社などの正規雇用ではない立場（つまり非正規雇用）で働いている若者」と緩く定義しておきましょう(6)。

フリーターという言葉が生まれたのは、１９８５（昭和60）年と言われていますが、この頃はバブル経済の始点に位置し、必ずしも否定的な意味で用いられてはいませんでした。フリーターは「夢追い人」であり、会社など組織の束縛を拒み、自由な時間を使って自分の〝夢〟を実現するために頑張る人、というイメージでした。

その後バブルが崩壊し、企業が人件費圧縮のために正社員を削減し始めると、社会全体が主にコストの面から、次第に非正規社員としてのフリーターの労働力に依存するようになります。そうなると正社員への道はどんどん「狭き門」になり、非正規雇用の増加が促進されます。つまり、本人の意思ではなく、結果的にフリーターになってしまう若者が増加したのです。もちろん、今日でも「夢追い人」としての自発的なフリーターは存在しているでしょうから、「フリーター」という言葉にも二面性がありそうです。

企業側は、中高年層をリストラしたり、新卒採用を控えたり、任期付きや地域限定の正社員制度、派遣社員、在宅勤務、ワーク・シェアリングの導入なども試みましたが、これらは「人件費の削減」という思想で統一されています。そして、ひとりの収入では家計が成り立たない（それまでの生活水準が維持できない）ような賃金水準に抑制されるケースも生じ、これを共働き増加の一因と見ることもできます。そうだとしたら、日本における女性の社会進出の基盤は脆弱で底が浅い、と言わざるをえないでしょう。こうした状況を「多様な働き方を選べる時代の到来」として、礼賛はしないまでも肯定した一部メディアの責任は重いと思います。多くの場合〝選ぶ〟のは企業の側であって、働く側に選択の自由は乏しいのですから……。

一方、若者世代も、せっかく正社員として入社したのに、就職後3年未満で辞めてしまう人が多く、こらえ性のない面が指摘されています。「石の上にも三年」という格言は、もはや死語になったのかもしれません。ただ、若者だけを責められないのは、「ブラック企業」と呼ばれる劣悪な労働環境の増加が、そうした傾向を加速している面もあるからです。

（6） 1991（平成3）年の厚生労働省の定義では、15歳～34歳で在学しておらず、アルバイトやパートで仕事をしている者、および働いていない（家事もしていない）が、アルバイトやパートを希望する者をフリーターとしています。

◆働き方で給料に差がつく

この学期の〝「おカネのなる木」はない〟で、学歴による生涯賃金格差を見ました。しかし、実は

図表６　雇用形態別に見た年齢ごとの月額賃金

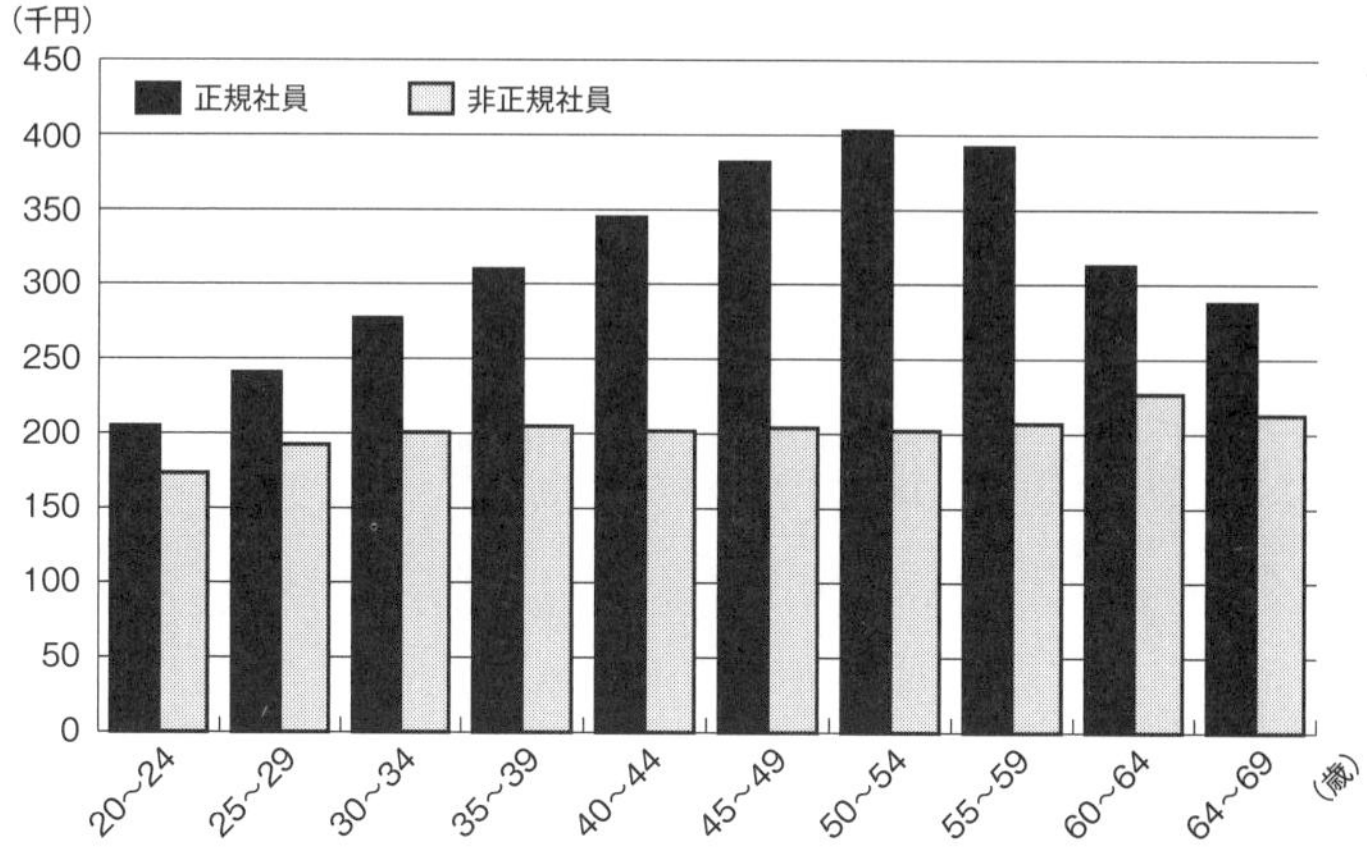

（出所）　厚生労働省「平成27年度賃金構造基本統計調査」

賃金格差は、学歴と同様に雇用形態の相違による面も無視できないほど大きいのです。

厚生労働省の「平成27年度賃金構造基本統計調査」（図表６）で年齢別の賃金（男女計・月給）を見ると、正社員・正職員（以下、正規社員と言います）は年齢とともに賃金が上昇し、年功序列型の構造になっています。20～24歳の賃金は２０４千円ですが、50～54歳では４０２千円と１・96倍にまで上昇しています。これに対して正社員・正職員以外（以下、非正規社員と言います）は年齢による賃金上昇がほとんど認められず、正規社員のケースと同じ年齢層で比較すると各々１７３千円、２０２千円と16・７％の上昇に留まっています。20～24歳時の正規社員と非正規社員との賃金格差は18・２％ですが、50～54歳時の両者の格差は約２倍にまで拡大しているのです。

この結果、20～69歳までの生涯賃金では、非正規社員は正規社員の64・2％（＝正規社員は非正規社員の1・56倍）という差になっています。

一方、正規社員の賃金は50～54歳をピークに低下傾向にあります。これは、企業内における役職定年制の導入、定年延長や定年後の再雇用に際しての賃金カットなどが影響していると思われます。このため、60歳以上では正規社員と非正規社員との賃金格差は（依然大きいものの）縮小傾向が認められます。ですから、59歳までの実質的な現役世代で比較すると、ボーナスや退職金の有無（非正規社員には一般にボーナスや退職金は支給されないか、支払われても雀の涙です）もありますので、両者の格差はもっと大きくなるはずです。こうした格差は次第に縮小する傾向にはありますが、雇用形態の相違による賃金格差の存在は、まだまだ深刻と言えるでしょう。また、仮に「同一労働＝同一賃金」が実現したとしても、それが賃金に留まる限り、社会保険・年金制度などの扱いが異なることで、実質的な賃金格差は残る可能性があります。

◆大学の教員は高等遊民？

大学の教員にも、専任教員（正規雇用の教員）と非常勤教員（非正規雇用の教員で非常勤講師と総称されます）という区分があります。専任教員には、講師、助教授（最近はこれらを統合して准教授とするのが一般的です）、教授という階層があり、給与水準も職位・年齢に応じて異なります。大学により違

います が、教授になれば一般企業の部課長程度の年収は得られます。これに対して非常勤講師には、年齢や研究・社会実績等による差はあっても、大体2万5000円から3万5000円の賃金しか支払われません。しかもこの賃金は担当科目当たりの月額給与ですから、一つの授業科目だけを担当している非常勤講師の年収はせいぜい40万円前後と、生活保護の受給額よりも低いのです(7)。

もちろん、非常勤講師が授業だけすればよいのに比べると、専任教員には教育義務（授業などの学生指導）だけでなく、学内の雑務（大学には、教務委員会、学生委員会、入試委員会、……、など多くの委員会があり、専任教員は複数の委員会に所属しています）があり、教授会（月1回の定例教授会のほか、入試判定や卒業判定などの臨時教授会があります）へも出席しなければなりません（大学院で教えていれば研究科委員会という会議もあります）。近年ではこうした雑務の負担増加により、若手専任教員の間では研究の時間が確保できないという不満の声も大きくなっています。また、教員の定年も、昔は国公立大学が60～65歳、私立大学の多くは70歳というのが一般的でした。このため、国公立大学を定年になると、より給与水準の高い私立大学へ天下りするような道筋も用意されていました。いまでもその名残《なごり》は認められますが、最近では私立大学の多くが定年を65歳に引き下げる傾向を強めており、この面では官・民の平準化が進んでいます。

ところで、大学経営で最大の経常支出項目は、実は人件費なのです。そこで、特に私立大学ではトータルの人件費を抑えるために、専任教員の賃金カットや定年前倒しなどを実施するだけでなく、以前から非常勤講師への依存度を高める傾向にあります（文科省・大学設置審などの定めで限度はありますが）。こうした事情が、専任教員と非常勤教員との間の賃金格差を固定化しているのですが、A大学の専任教員がB大学の非常勤講師を勤め、B大学の専任教員がC大学の非常勤講師を……、というような大学社会全体としての花見酒的な相互依存関係の連鎖も一部で認められ、こうした場合には低賃金の不満は表面化しにくい構造にあります。大学での「同一労働＝同一賃金」の実現は、かなり難しい問題と言えましょう。

よくテレビドラマなどで、大学教授が豪邸に住み、高級車に乗り、別荘を持ち、美しい奥さんを娶《めと》って、……、というシーンを目にしますが、そうしたケースはおカネ持ちの家に生まれた一部の例外でしかなく、実際の大学教授の生活はそんなに優雅なものではありません。それでも、夏休みや春休みなどが長く、大学内では研究室という個室が与えられ、勤務形態は出講日や会議日を含めても拘束時間が短いですから、実労働時間は一般の実務家に比べれば半分以下といったところでしょうか（それ以外の時間は研究や社会貢献などを行うことになっています。これらをしない［できない？］専任教員も少なくありませんが……）。何より大学は最高学府ですから、社会的にはそこでの教師であることを理由に不当に蔑《さげす》まれることはありません。

このため昔の大学には、たしかに「高等遊民」のように浮世離れした人もいて、それを認める寛容さもありましたが、今日では次第に〝遊〟の部分が影を潜め、大学社会全体がサラリーマン化した印象はあります。でもまあ、〝専任〟の教員であれば「三日やったらやめられない」ほどでなくても、悪い商売ではないのかもしれません。

（7）ある有名人が大学から非常勤講師のオファーを受けた際、支払金額を聞かされ、1回の講義当たりと思ったら、話しているうちに月給ということがわかり、呆れたというエピソードがあります［このため大学では「特任教授」とか「客員教授」などのポストを作り、大物（?）の招聘に対応するケースが増えています］。一方、最近では講義1回当たりの賃金支給制度に変える大学もあり、その場合の非常勤講師の年収は15万円程度になります（講義のない月や週には支払われないためです）。なお、大学の専任教員には、給与とは別に年間数十万円の「研究費」が支給されますが、非常勤講師にはそうした特典は与えられません。

◆働き方が変化した背景

第二次世界大戦後の日本では、戦時体制（挙国一致・一億総動員令）の残滓《ざんし》として、全体への同化や貢献が求められる中、行為自体の責任を負う者がいない社会を構築してきました。経済面では、財閥解体により経営と資本の分離が進み、所得が平準化するなど、一種のネオ・キャピタリズム（新資本主義）が定着していきます。[8] そうした中で、戦後の日本型経営の代表例として、「終身雇用制度」と「年功序列型賃金制度」があげられます（ここでは触れませんが、ほかに「企業内労働組合」があります）。これらの制度は、それが持続可能であるなら、働く人にとっては居心地の良い面が少なくありませんでした。

図表7　経済主体のリスク負担構造

政府部門

↓　……（護送船団方式）

金融機関（銀行）

↓↓　……（メインバンクシステム）

一般企業

↓↓↓　……（終身雇用・年功序列）

従業員（個人・家計部門）

⇩　行き場のないリスク（アジールの喪失）

？？？？？

（出所）　髙橋作成

終身雇用では、ひとたび就職すれば定年まで勤務し続けられるのですから、いつリストラされるかとビクビクする必要がありません。そこに年功序列型の賃金制度が加わると、給料や会社での肩書は原則として年齢とともに上昇していきます。これには、ライフ・ステージに対応した青写真を描きやすいというメリットがあります。新入社員は平均的な先輩社員の後ろ姿を見ることで、そこに10年後、20年後の自らの姿を重ねることができるからです。定年を迎え、女子社員から花束を受け取り、会社を去っていく先輩の背中には、寂寥《せきりょう》感とともに何かホッとした雰囲気も感じられたものです。小市民的かもしれませんが、こうした時代のこうした人生が、安定したものであったことだけは間違いないでしょう。

しかし、これは、政府が護送船団方式[9]で銀行を守り、銀行はメインバンク・システムで企業を守り、企業は終身雇用などで従業員を守るという、上位の経済主体が各々下位の面倒を見る構図の上に成り立っていた姿です。バブル崩壊後は、自由化やグローバリゼーションの進展などに伴い、こうした構図の維持が困難になってきたのです。その結果、これらの階層の最下部に位置する個人（家計部門）に、上位主体が担っていたさまざまなリスクが降ってきたわけです。アジールの喪失と言ってもよいかもしれません。これが、私たち個人に「自己責任原則」が求められるようになった理由の一つです。

けれども、これは程度の差こそあれ、日本が資本主義社会体制を掲げる以上は、避けられない変化なのかもしれません。なぜなら、資本主義では資本がリスクを負担しますが、最終的な資本の担い手は個人（家計部門）だからです。

（8）イギリスの社会学者アンソニー・ギデンズ（Giddens, Anthony：1938-）は戦後の日本を、政治的には社会民主主義体制、経済的には政府主導の誘導的計画化を基調とする混合経済体制、と評しています。

（9）最も船足の遅い船に合わせて船団を組むことで、少ない数の軍艦で敵の潜水艦などからの攻撃を効率的に防ぐ、という戦争用語が基になっています。転じて、最も体力の弱い銀行が倒産しないような金融政策で、政府が銀行を保護することを言います。

2 人はなぜ働くのか？

◆働くことの意味

先に、働くのは本音を言えばおカネのため、と極端な言い方をしました。それは、もし働くことだけが目的なら、報酬の有無は働くことと論理的に無関係になるからです。つまりこの場合、働くという目的が果たされさえすれば、そこにおカネ（報酬）が入り込む余地はありません。ですから、労働におカネを受け取るという行為が付随することは、少なくともそれが目的の一つであることを物語っているのです。

一方、「働かざる者喰うべからず」と言うように、食べるための資格として働くことが唱えられます。これは、論理学における対偶論法を用いれば、「働けば喰える」ことを意味します。でも、現実社会では、それがどれほど崇高な目的に沿ったものでも、ただ働いているだけでは食べていけません。働くことは食べるための必要条件かもしれませんが、そこには働くことで応分の報酬が得られるという、食べるための十分条件が含意されているのです。つまり、ボランティアを除けば、働いた分

だけ報酬が支払われることで人々の生活が成り立つわけです。(1)

サラリーマンであれば、勤務する会社が世の中で役立つ製品やサービスを提供している限り、そこに働くことで間接的な社会貢献をしながら給料を得ることになります。(2) 製品やサービスが社会で受け入れられるほど会社の利益は増えますから、そこで働くサラリーマンの給料も増加します。会社のために働く姿勢も、会社の業績向上に連れて間接的な社会貢献度が高くなり、自らの収入増にも結びつくのですから、働くことへのインセンティブは高まることでしょう。

そして何よりも、好きな仕事であれば、おカネのためという意識は薄れ、働くこと自体を、誇りを持って楽しめることでしょう。この、「仕事が好き」というのは、働く上でとても大切なポイントだと思います。

（1）この点についてSmith [1776] は、「独り労働こそ、それ自体の価値が決して変わらないもので、ただ労働だけが、依って以てあらゆる財貨の価値をすべての時と所とにおいて、測定し比較しうる究極且つ真の標準である。労働はあらゆる財貨の真の価格である。貨幣は単にその名目価格にすぎない（p.43）」と述べています。

（2）今日では労働の対価はおカネで受け取ります（会社がおカネを払えない時に現物支給というケースもありますが……）。でも、日本には明治維新までは地方知行《じかたちぎょう》に加えて〝切米《きりまい》〟の制度があり、武士社会では米で支給されることも一般的でした。こうした例は英語のサラリー（salary）の語源が塩（salt）と言われるように、世界各地で認められます。また、近年では、功績のあった役員や従業員に、ストック・オプション（勤務する会社の株を取得する権利）を与えるケースもあります。

◆おカネ持ちは働かないか？

ところで、おカネ持ちは働かないのでしょうか？　おカネ持ちになれば、貧しい人に比べてハングリー精神はなくなると想像されます。でも、映画スターやタレントやプロのスポーツ選手たちは、もう一生遊んで暮らせるだけのおカネがあるはずなのに、働き続けています。ビジネスの世界でも、資産を十分過ぎるほどに築き上げた人が、働くことをやめないケースが目立ちます。むしろ、成功者ほど働くことに貪欲なようにも見えます。ここでも、働くことの目的から、おカネの存在は影が薄くなっているように思えます。

もちろん、おカネ持ちがさらにおカネを欲しがる（つまり、おカネ儲けが目的化している）ことは考えられますし、中にはそういう人がいるのも事実でしょう。でも、スティーブ・ジョブズ（Jobs. Steve：1955-2011、アップル社創立者のひとり）が〝ｉＰｈｏｎｅ〟を発表した際のプレゼンをYouTubeなどで見ると、彼は本当に〝仕事が好き〟だったのだと感じます。そうなのです。ジョブズに象徴されるように、お金持ちになっても働く人の多くは、働くこと（仕事）が好きなのだと思います。だからこそ成功したという側面もあるのでしょう。「好きこそものの上手なれ」で、自分がワクワクする好きな仕事を楽しみながら、一所懸命に続けていたら、そのワクワク感が社会に伝染・拡散し、おカネが後からついてきたのではないでしょうか。

◆時はカネなり

人は安定を求めます。多くの人が学校を出て会社勤めをするのは、安定した収入が得られるからです。でも、バブル崩壊後の日本では、首尾よく大企業に就職しても、その行く末は必ずしも安定しません。つまり、「サラリーマンは気楽な稼業ときたもんだ」という高度成長時代のパラダイムが通用しない時代に、われわれは生きているのです。

毎月30万円の給料をもらい、盆暮れに50万円ずつボーナスをもらうサラリーマンの年収は、４６０万円になります。これが持続する限り収入は安定していますが、持続するという保証はありません。そして４６０万円を稼ぐためには毎日満員電車に揺られ、平日は8時間の労働に従事しなければなりません。でも、４６０万円という金額を稼ぐ道筋は、サラリーマン以外にも存在します。自分でビジネスを行う自営業や株式投資などで生計を立てる人たちには、コンスタントな毎月30万円の収入はないかもしれません。ただ、極端に言えば年のうち11カ月は無収であっても、残りの１カ月で４６０万円稼げれば、年収としてはサラリーマンと同じ結果になります。

私はここで何も、サラリーマンになるなとか、株式投資をしろ、自分で事業を営めとお奨めするつもりはありません。ただ、おカネを得る手段として、〝安定〟だけでなく〝変動〟という選択肢もあり、収入と労働は時間との関係で考えるべきだ、ということを指摘しておきたいのです。何よりも、〝安定〟の将来的な持続性が保証されないことは、心に留めておくべきでしょう。

一方、サラリーマンが1日の3分の1の時間を切り売りしているのと同様、アルバイトやパートの人も1時間当たり900円などの〝時給〟で自分の時間を売っています(3)。自営業や投資家も1カ月だけ働いて残りを遊んでいるわけではありませんし、特に投資は将来と現在との時間差に伴いおカネが増減する行為です。つまり、私たちは時間と引き換えに、個々の能力や社会的(サラリーマンだと社内的?)評価などに応じておカネを得ているのです。

逆に言えば、おカネで時間を買うこともできます。先に見た、共働きの家庭が家政婦を雇ったり保育園に子供を預けたりするのは、家事や育児に充てる時間をおカネで買っているわけです。そうしたことを総合的に勘案して、人生という限られた枠の中で、時間という視点から安定や変動を含めた働き方を考えることは有意義と思います。金利が時間の関数であることを考えても、まさに「時はカネなり:Time is Money.」なのですから。

(3) その一方で、テレビに出ると、タレントなら時給は少なくても数十万円から人によっては100万円以上にもなります。同じ番組に出ても、学者などの立場だと〝文化人レート〟で数万円しかもらえません(それでもスゴイ額ですが……)。ただし、学者であってもプロダクションに所属すれば、にわかにタレントとして扱われるようです。

◆職業に貴賤なし

「職業に貴賤なし」と言われます。そのとおりだとは思うのですが、実際にはそうでないことがあるようです。僧侶、神主、牧師など、宗教関係の職業に就く人は〝聖職者〟として扱われます。医師、弁護士、教師などは〝先生〟と尊称されます[4]。

多くの場合、これらの職業に従事する人たちは、頭を下げることなく報酬を得られる点で共通しています。どのような商取引であっても、おカネを支払う側が顧客として大切にされ、モノやサービスを提供しておカネを受け取る側が、そのお礼の気持ちをこめて頭を下げるのが慣習なのにです。もっとも、医者が「毎度ありがとうございます。またお待ちしています」と言ったら、患者はかえって腰が引けてしまいそうですが……。これは、実態がどうかは別として、これらの職業は他に比べておカネの優先度が低い（つまり医療や教育行為などがおカネに優先する）という奉仕的な理念の存在が一般に期待されているからだと思います。

一方、多くの人にとって「人気のある仕事」もあれば、「やりたがる人が少ない仕事」もあります。ひと昔前に「３Ｋ」という、若者に忌避される仕事を表す言葉が流行りました。３Ｋとは〝きつい〟、〝汚い〟、〝危険〟のイニシャルをとった呼称です（最近では、ＩＴ企業などを中心に〝きつい〟、〝厳しい〟、〝帰れない〟という新３Ｋが社会問題化しています）。誰だって、同じ給料なら〝楽で〟、〝綺麗で〟、〝安全な（そして定時に帰れる）〟仕事の方が好ましいでしょう。でも、人気のある仕事の給料が低く、やりたがる人が少ない仕事が高給なら、３Ｋだっておカネのために従事する人が現れるかもしれません。ところが、実際はまったく逆で、３Ｋの多くは肉体労働やタイム・コンシューミングな単純労働が普通ですから、なかなか好条件の給与が提示されません。一方、３Ｋの対極にある職業には、特別な能力、技術、資格などを求められることが多く、それゆえに受け取る報酬も高くなりがちなのです。

江戸時代の「士農工商」は、職業による身分制度の固定化を図ったものでしたが、「四民平等」の世になってからも、さまざまな領域で身分制度は残っています。たとえば、大学では、教員、事務員など、病院では、医師、（レントゲンなどの）技師、看護士、事務員などのヒエラルキーが存在しています。もちろん、会社や軍隊などでも身分の差はありますが、これらの社会では努力次第である程度はラダーを上る道が開かれています。ヒラ社員だって、頑張れば社長になれるかもしれないのです。けれども、大学では事務員が教授になることはありませんし、病院でも事務員が医師になることはないのです。(5) つまり、これらの職場では仕事とそれに対応する組織が複線化しているのですが、社会的な地位（評価）や職場内での力関係は医師や教授の方が事務員よりも高くなる傾向があるのです。

そうした価値観を反映してか、大学では「先生」と呼ばないと返事をしなかったり、事務員が何か気に障ることを言うと「事務の分際で……」と怒る教員もいるようです。仕事と組織が複線化しているだけなのに、あたかも部下や使用人に対するような態度を示すのは、「職業の貴賤」という次元を逸脱した「優越的地位の濫用（パワハラ）」であり、当事者の人間としての〝貴賤〟が問われていると思うのですが……。

（4）ちなみに「先生と呼ばれるほどのバカでなし」は、元来〝先生〟とおだてる相手を制する言葉として用いられたものです。しかし今日では、専門以外の世事に疎いことを揶揄《やゆ》すると同時に、政治家が〝先生〟と呼ばれるようになったことで、額面通りの意味が現実味を帯びているようにも思えます（失礼。少し言葉が過ぎました）。

（5）事務員は、事務組織の中で、課長や事務局長などの上位ポストへ進む道があります。もちろん、博士号を取得したり、研究業績を上げれば大学教授に、医師免許を取得すれば医師へと、乗り換えの扉が狭いながらも開かれてはいます。

3 税金の話

◆公平と平等

ここで、「公平」と「平等」について、あらためて考えてみましょう。頑張って勉強した佐藤さんが試験で全問正解して100点を取り、なまけていた山川さんが白紙答案で0点なのはおかしいですか？　同じ成績でないのは平等ではありませんが、努力の差と試験結果が成績に反映されるのは公平ではないでしょうか？　佐藤さんにも山川さんにも同じ点数を与えれば平等ですが、この場合は不公平ということになりませんか？　試験に備えて勉強する自由は佐藤さんにも山川さんにも与えられていたはずですから、事前的には平等かつ公平です。でも、ここでの例のように、事後的には平等と公平の意味は異なるのです。

もしかしたら、山川さんだって一所懸命勉強したのに、たまたま試験問題が勉強した範囲と異なったのかもしれませんし、佐藤さんが一夜漬けだったのにヤマが当たった結果ということだってありえます。そうなると、結果を最後に決めるのは〝運〟ということになります。

おカネの世界でも同じです。おカネ持ちになった人は努力をし能力や運に恵まれていたのかもしれませんし、同じレベルの能力があり努力をしても運に見放されておカネに恵まれない人もいることでしょう。でも、試験で0点となった山川さんは、不運を嘆くことはあっても、その評価を甘受するのではないでしょうか。そして、次の試験に向けて捲土重来を期すことでしょう。その意味では、おカネの面でも、失敗した人が再チャレンジできるような社会システムを整えることが大切なのです。

公平と平等という点では、よく税金が話題になります。消費税は、買い物をすれば、おカネ持ちにも貧しい人にも一律に課せられますから、平等な税金です。一方、所得税などは、累進制（少ない所得の人には低率の、高所得者には高い税率が適用される制度）がとられているため、不平等ではありますが、そこには社会全体の公平性を保つという理念がこめられているのです。

◆自由財と経済財

よく用いられる言葉ですが、あらためて確認すると、モノのことを経済学では「財」と言います。世の中にはたくさんの財がありますが、概念上これらは大別して「自由財」と「経済財」とに区分されます。自由財とは、人間の欲求に対して、比較的豊富に存在している財のことです。空気や、日本における水などは自由財です。水には水道代がかかりますが、今でも〝湯水のように〟という言葉が通用していますし、食堂・喫茶店などでは何も言わなくても無償で提供されますから、意識の上では自由財と捉えられそうです。これに対して、私たちの身の回りで取り引きされるモノやサービスには、すべて値段がついています。これらのモノやサービスは経済財と呼ばれます。経済財に値段がつくのは、人間の欲求（需要）に比べてそれらが希少性を持っているからです。

資本主義経済の大きなテーマは、こうした希少な経済財を、どのように有効に配分するかということです。従来の日本では、政府部門が政策的に配分をリードしていましたが、さまざまな制度改革の結果、今日では「市場」の機能を通じた配分が求められています。新古典派経済学などの主張では、その方が合理的な配分ができると考えられているからです。

ただ、世界的な人口増加や環境破壊が進み、自由財が身の周りから減少しつつあること[(1)]は、将来へのさまざまな火種となっている点を忘れてはなりません。こうした面からも、今日の社会では、多くの分野や場面で、リスクが高まる傾向にあると思われます。そして、限られた財の配分を市場機能に委ねることは合理的ではありますが、市場には暴走の危険が付きまといます。それを監視し、公平性を担保するためにはやはり政府部門の役割が無視できません。そうした役割を支え、おカネの面から最適配分を促すシステムの一つが税金の存在です。

（1）たとえば、日本でもペットボトルの水が当然のように売られていますが、これは水道水が飲料水として当たり前に利用されていた時代には考えられない状況です。

◆税金はなぜとられるのか？

毎日の生活を考えてみましょう。学校や会社へ通う道路は舗装され、川には橋がかかっています。車の通行量が多く危険な交叉点には、信号機が付けられています。夜になれば街灯が点り、安心して家路を辿ることができます。町の中には警察署や消防署があり、私たちの生活を守ってくれます。私たちが、なに気なく利用しているこれらのサービスは、「公共サービス」と呼ばれます。

公共サービスには、電気、ガス、電話などのように、今日では民間企業が提供し、利用者が料金を直接支払うものもあります。しかし、公共サービスの多くは政府部門（国、都道府県、市町村）が担っています。そして、そのほとんどは、利用する際に直接料金を取られることがありません。それは、政府部門が提供する公共サービスは、政府自らがその費用を負担しているからです。

政府部門が公共サービスを提供するのに必要なおカネは、広く国民から税金を取ることで賄われます。政府は毎年、国民から支払われる税金を集めて予算を組み、公共サービスなどの支払いに充てます。一般に、景気が良いときは税金が多く集まり、不況になると納められる税金は少なくなります。けれども、予算が足りないからといって、警察や消防の仕事がストップすることは許されません。そんな時、政府は公共債（国債や地方債など）という債券を国民に買ってもらっておカネを集めたり、消費税引き上げのように税金をそれまでよりもたくさん取るようになります。買い物の時に消費税を取られるのは損をしたような気になるかもしれませんが、税金を払うのは国民の義務であり、結局は私たち自身のためでもあるのです。

◆税金の種類

税金は政府（国や地方公共団体）に納めますが、たくさんの税金の種類の中で、消費税、所得税、贈与税、相続税、そして企業が支払う法人税が一般に馴染みのある存在だと思います。政府の事業（公共サービスなど）がきちんと行われるためには、必要なおカネが税金として納められることが不可欠です。おカネが足りないからといって、火事や犯罪が発生して通報しても消防署や警察署がまったく動いてくれなければ、私たちは安心して生活することができないからです。ただ、税金を納める私たちには、おカネ持ちもいれば貧しい人もいますから、税率などによって納税に関する公平性が配慮されているのです。

消費税（夏期講習で見たように、多くの外国では「付加価値税（value-added tax：VAT）」と呼ばれます）は、私たちが買い物をする時に代金に添えて支払われます。

所得税は、収入に応じて税率が変化する累進制が採られています。たくさん稼いだ人ほど多額の税金を納めなければなりません。かつての最高税率は、93％（所得税率75％＋住民税率18％）と高く、これが日本でおカネ持ちが育たない一因とも指摘されていましたが、今日では55％（所得税率45％＋住民税率10％）になっています。

贈与税は、生前贈与によって相続税を免れるのを防ぐために設けられたもので、贈与を受けた人が支払義務を負います。贈与税の最高税率も55％です。

相続税は、亡くなった人の財産を相続した遺族が、その財産額に応じて支払う税金です。これも、最高税率は55％です。贈与税も相続税も、所得税と同様、昔に比べると大幅に低い水準になっています。また、これらの税には基礎控除額が設けられています。それでも、たとえば相続税の場合、10億円の財産を持っていた同居の父親が亡くなると、それを相続した子供には4億5820万円が課せられます。残った財産は5億4180万円と約半分になります。(2) これは、10億円の財産が自宅不動産しかない（相続人にも相続財産以外に固有の資産がない）場合を想定すると、生まれ育った思い出深い土地を、相続税を支払うために売却して引っ越さなければならないことを意味します。そうした感傷は別としても、高額な不動産を買える人ばかりではありませんから、不動産業者が高層マンションを建てたり、ミニ開発して小さな宅地にして分譲したりすることになります。いずれにしても、それまでの地域環境（景観）が大きく破壊される弊害があるのです。こうした弊害は、もう少し現実的な金額の場合であっても、程度の差こそあれ発生しうることです（もちろん、これは相続税の存在が悪いわけではありませんが……）。

なお、前述の各最高税率は、課税対象金額の細分化などと併せて、２０１５（平成27）年から５％ずつ引き上げられた数値です（ですから、改定前の最高税率は各々50％でした）。

一方、法人税は、会社などが事業所得に応じて納める税金です。この税率は次第に引き下げられ、現在の基本税率は23・４％です。

これらの税率の決定過程では、内閣府の税制調査会などで議論が重ねられますが、そこには公平性を念頭に置きながらも、政府のフトコロ具合や政策（たとえば日本企業の活力を高めるために法人税率を引き下げる動きなど）に左右される側面があります。このため、時として特定の層が不公平感を抱くことはありえますし、不満を持つ人の中には税を免れるために違法な行為（脱税など）へと走るケースもしばしば報道されます。

（２）ここでは相続人が１人しかいない前提で計算しています。また、小規模宅地等の特例（３３０平米まで80％減額）を考慮していません。

◆アングラ・マネー

アングラとはアンダーグラウンド（underground）、すなわち地下のことです。ここで言う地下は、法律に違反して存在する社会を意味します。アングラ・マネーとは、そうした非合法な集団が支配するおカネのことです。通常の合法的な経済活動による収入には税金が課せられます。けれども、地下に潜っている経済活動（地下経済と言います）は、文字通り表面に現れませんから、税金をかけることが難しいのです（もちろん、脱税は重大な犯罪ですから、見つかれば厳重に罰せられます）。

アングラ・マネーには、たとえば暴力団が覚せい剤を密輸し、国内で販売して得た利益などがあります。一つの国内でアングラ・マネーの規模が増えることは、治安が悪化するだけでなく、政府部門の税収が減り、一般社会に不公平感が広がり、次第に国全体を蝕むことにもなりかねません。ですから、アングラ・マネーが増えないように、彼らの活動を社会から締め出すことが重要なのです。

アングラ・マネーは、そのままでは裏の世界のおカネでしかなく、表の社会で堂々と預金したり使用したりすることが憚《はばか》られます（巨額のおカネが動けば、その出所が税務当局から追及されます）。そこで行われるのがマネー・ロンダリング（money laundering：資金洗浄）です。これは、たとえば不正取引とは無関係な第三者を通じて高額な商品を買い、それを転売するなどしておカネの出所を不明にし、合法的な資金にすることです。その際、スイスなど海外の秘匿性のある銀行が用いられるようです。こうした海外の銀行や、タックス・ヘイブン（tax haven）と呼ばれる非課税もしくは低税率の国や地域は、納税を回避したい一部の富裕層の間でも利用されています。

ただ、秘匿性の高い銀行やタックス・ヘイブンの存在は、国際的にも批判が高まっており、次第に透明性を求める方向でメスが入れられつつあります。２０１６（平成28）年春に公表された「パナマ文書」はこうした動きを加速しています。

納税は国民の義務ですが、そうは言っても少しでも節税したいのが人情です。ここで節税テクニックを議論するつもりはありませんが、どうせ税金を払うなら少しは楽しみながら納めたいものです。そうした意味では、応援したい地方自治体へ寄付を行うと２０００円の自己負担額を除いた残りの全額が所得税と住民税から控除され、寄付した自治体からお礼の名産品（そのほとんどに２０００円以上の価値があります）が送られてくる「ふるさと納税制度」の利用は一考の余地があるかもしれません（この制度での寄付金には上限があり、確定申告を行うなどの条件もありますが、被災地などを応援することは特に意義深いことだと思います）。

4 おカネの使い方

◆おカネ持ちは偉い？

『論語』には、「国に秩序（道）があるのに貧乏で身分が低いのは恥であるが、国に秩序（道）がないのに金持ちで身分が高いのも恥である」(1)という孔子の言葉が収められています。これに従うと、現在の日本では相応の秩序が保たれていますから、貧乏で社会的地位が低いのは恥ずかしいことになってしまいます。逆に、おカネ持ちで社会的地位が高い人は評価されることになります。つまり、「おカネ持ちは偉い」のです。本当でしょうか？　これには、いろいろな反論が予想されます。

まず、孔子の意見が必ずしも正しい考え方ではない、と全否定することが可能です。また、仮に孔子の考え方が正しいとしても、日本の現状が秩序（道）の面で不十分である、という意見もあるでしょう。ただ、それを貧しさや社会的な不遇の言い訳にするのは、あまり建設的な考え方ではないと思います。「自分が貧しく、社会的地位が低いのは、世の中が悪いからだ」というような主張は、それが事実であったとしても、他者からの共感は得られないでしょう（同情はされるかもしれませんが……）。そのような主張をする人にとっての「良い世の中」とは、自分に都合の良い（労せずしておカネも地位も得られるような）社会を意味するように感じられます。[2]『論語』では、先の言葉の前に「篤《あつ》く道を信じて学問を好み、死ぬまで善を守り抜いて道を磨く」[3]という言葉が述べられています。ここには「善をなして死んだとしても、悪をなして生きることはしない」という理念が込められています。ですから、孔子の言いたいことは、「富貴貧賤は環境によって必ずしも恥にはならない」という趣旨なのだと想像されます。

しかし、最初に掲げたような価値観が独り歩きすることで、おカネ持ちが傲慢になったり、貧しい人が卑屈になったりすることは問題です。これまでにも繰り返し述べてきましたが、おカネには力がありますから、おカネをたくさん持っている人にはそれだけ力が備わっています。ですから、おカネ持ちはおカネを持っているだけで、（尊敬されるかどうかはわかりませんが）少なくとも一目置かれる存在であることは間違いないのです。

『論語』や前に見た「報徳仕法」に従えば、そのおカネをどのように使うか（いかに善をなすか）で、おカネ持ちの価値が決まり、おカネ持ちが善をなせば、その分だけ貧しい人の卑屈な思いは中和されるのだと思います。

（1）邦有道、貧且賤焉恥也。邦無道、富且貴焉恥也。（泰伯第八）
（2）この点では、どこかの国が「正しい歴史認識」を主張している姿と重なります。彼らにとっての「正しい〜」

とは、「自分たちに都合の良い～」と同義語なのでしょう。

（3） 子曰、篤信好學、守死善道。（泰伯第八）

◆私立大学の多くはおカネ持ちが設立

「はじめに」でも触れましたが、アメリカの有名な私立大学には、ビジネスの世界で成功した人たちによって設立されたケースが目立ちます。

たとえば、コーネル大学（Cornell University）は、電信事業で成功し、ニューヨーク州の上院議員でもあったエズラ・コーネル（Cornell, Ezra）が1865年に設立したものです。また、スタンフォード大学（Stanford University）は、大陸横断鉄道の一つ、セントラル・パシフィック鉄道の経営で巨万の富を築き、後にカリフォルニア州知事を務めたリーランド・スタンフォード（Stanford, Leland）が、腸チフスで早逝した1人息子の名前（Stanford Jr. Leland）を後世に残したいと願い、妻とともに1891年に設立したものです。このため、同大学の正式名は、リーランド・スタンフォード・ジュニア大学（Leland Stanford Junior University）となっています。これだけだと、子供を溺愛する親バカな金持ちの道楽に見えるかもしれませんが、スタンフォードの存命中は学費を無料にしていたのです。カーネギーメロン大学（Carnegie Mellon Unversity）は、鉄鋼王アンドリュー・カーネギー（Carnegie, Andrew）が1900年に設立したカーネギー技術学校（後にカーネギー工科大学）

と、1913年に銀行家アンドリュー・メロン（Mellon, Andrew William）が設立したメロン工業研究所が合併して、1965年に今日の姿になりました。

日本においても、福澤諭吉の慶應義塾大学（福沢が1858年に開設した中津藩の蘭学塾を基盤に成立）、新島襄の同志社大学（新島が1875年に開校した同志社英学校が前身）、大隈重信の早稲田大学（1882年に大隈を中心に設立された東京専門学校が前身）など、個人の篤志による大学の設立例は少なくありません。そして、その来路も決してアメリカに引けをとりません。

国の基盤を支えるのは国民であり、その知的基盤を支える教育に資を投じるのは、おカネの使い方として意義あることだと思います。今日では大学全入時代を迎え、大学が飽和状態にありますから、大学を設立する社会的な意義は乏しいかもしれませんが……[4]。それでも、社会におカネを還元して役立てることは、意義深いことだと思います。

（4）今日の大学を巡る問題についてはさまざまな書物で議論されていますが、ここでは〝諸星裕［2010］『大学破綻』角川書店〟を紹介しておきます。

◆中之島公会堂は寄付で

現在、大阪市中央公会堂は、国の重要文化財として大阪のシンボルとなっています。大正時代のネオ・ルネッサンス様式の美しい建物は、最近では結婚式場としても人気があるようです。

大阪市中央公会堂は、以前は中之島公会堂と呼ばれ、今日でも通称として定着しています。この公会堂は、株式仲買人として財を成した岩本栄之助が、1911（明治44）年、当時のおカネで100万円を寄付したことにより建設されたものです。これは、岩本がアメリカへの視察団に参加した際、かの地では事業に成功した富豪が慈善事業などに財産を寄付や遺贈する実態に接し、感激したことが動機になったと伝えられています。

岩本栄之助は、1907（明治40）年の株価暴落時に全財産を投じて市場を買い支え、北浜の仲買人たちを救うなど義侠心に富んだ人物で、「北浜の風雲児」と称えられました。岩本はまた「学問せな、あかん」が口癖だったそうです。取引所で働く少年たちに学校へ行くことを奨め、自らも私財を投じて塾を作っています。

その後、第一次世界大戦による景気拡大を受けて、株式市場に一般大衆が殺到して買い一色になると、果敢に売りに回ります。ところが、株式相場は岩本の思惑通りには動かず、大きな損失を抱えてしまいます。その結果、岩本は陸軍将校時代に入手していたピストルで自殺を図ったのです。1916（大正5）年10月、享年39の若さでした(5)。

中之島公会堂が完成するのは、1918（大正7）年ですから、岩本は遂にその落成を見ることはありませんでした。このことは「相場師の末路」を戒めるエピソードとしても語り継がれていますが、私利私欲だけに走らなかった岩本栄之助の〝志〟の高さは、私たちも心に留めておくべきではないでしょうか。

（５）　自殺に際して、岩本は経営する会社の従業員と家族を宇治へ松茸狩りに送り出した上で決行したそうです。即死ではなく、亡くなったのは５日後で、辞世には「この秋を待たで散りゆく紅葉かな」の句が残されています。

◆〝成り金〟は侮蔑の対象か？

「成り金」という言葉は、日露戦争後の株価上昇局面で財を成した、埼玉出身の鈴木久五郎（通称、鈴久）に対して、元東株理事の福地源一郎が「株で儲けたと言っても将棋で言えば歩《ふ》で、歩が金将《きんしょう》になった、つまり成り金である」と評したことから用いられるようになったと言われます。この福地の物言いが、そもそも「成り上がり」でおカネ持ちになることを蔑視していますし、今でもにわかにおカネ持ちになった人に対する世間の評価は、これと大きくは変化していないように思われます。

では、「成り金」は本当に軽蔑される存在なのでしょうか？　戦前の華族の多くは明治維新で活躍した下級武士が成り上がって爵位を得たものですし、江戸時代の大名も多くは戦国時代に下克上で成り上がった存在でした。平安時代に摂関家として君臨した藤原家も乙巳《いっし》の変（大化の改新）で中臣鎌足が成り上がった結果です。さらに、畏れ多いことですが、万系一世の皇室は日本で最初に成り上がった存在と捉えることもできます。皇室は別格として、今日でも旧華族や大名家の子孫の方々に対して、われわれ庶民は尊崇の念とまでは言わないまでも、何か特別の意識（敬意の類い）を持っているのではないでしょうか。

それは、成り上がってから時間が経過することで（つまり、その後も子孫がその立場を維持し続けることで）次第に品格が備わり、文化面でも洗練された存在に進化していった結果なのだと思います。国際的にも、現存する王室などはもちろんのこと、すでに制度上は存在しない王侯貴族の子孫までもが相応に敬意を持って扱われているのは、それらの家系が長い歴史を経て成熟し、ノブレス・オブリージュ（noblesse oblige：高い地位は社会に対して義務を負う）を実践してきたからと推察されます。とすれば、成り上がること自体は決して恥ずべきものでありませんし、他人から侮蔑されるいわれもないことになります（第1学期の「おカネを汚くするのは……」に出てきた「～み」のような周りからのヤッカミはあるでしょうが……）。むしろ、成り上がった後の言動や、後継者の生き方などで評価が決まるのだと思います。

先年、小樽の鰊《にしん》御殿（旧青山別邸）を見学する機会がありました。その豪華さには目を奪われましたが、ガイドさんからは建て主が何らかの社会貢献をしたという事績を聞くことはありませんでした（実際にされていたなら、以下の批判的評価は撤回しお詫びします）。この御殿は現在、国の登録有形文化財に指定されていますが、青山家の最全盛期、１９２２（大正６）年から6年余の歳月と31万円の巨費（当時、新宿のデパートの建築費が50万円だったそうです）をかけて建てられました。その際、後に三代目となる娘が17歳の時、山形県酒田市の本間家別邸[(6)]に招かれた経験から、「それ以上のものを……」という希望が反映されたそうです。17歳の小娘の求めるままに巨額なおカネを投じた親ともども、本間家と張り合おうとする心根に卑しさを感じます。幸福を他人と相対的に比較する限り、どんなに恵まれていても、それ以上の存在が出現すれば不幸に感じてしまいかねないのですから……。

一方「成り金」を軽蔑する人の多くは、自分におカネのないことを清廉の証しとし、貧しさを正当化しようとしてはいないでしょうか？　そこには、やはりおカネに対する卑屈な思いが潜在しているように感じられるのです。

（6）江戸時代から戦後の農地解放まで日本最大の地主で、その豊かさは〝本間様には及びもないがせめてなりたや殿様に〟と詠われたほどでした。

◆創業は易く守成は難し

江戸時代の元禄期に一代で巨富を築いた豪商に、紀伊國屋文左衛門（本名は五十嵐文吉、通称：紀文）と奈良屋茂左衛門（通称：奈良茂）がいます。[(7)]

紀文は、大嵐の中、紀伊から命がけで特産品のミカンを江戸へ運んだことで知られますが、その後、材木商として財を成します。当時の江戸は人口が急増し、建設ラッシュで材木の需要が拡大したためです。ある時、紀文が吉原の遊郭で主人の重兵衛に「江戸で最初の鰹《かつお》を食べたい」と言ったところ、重兵衛は江戸中の鰹を買い占め、最高級の鰹を選んで紀文に提供します。初鰹は「舌の上 小判消えゆく鰹かな」という川柳にもあるように、高価な食材でした。食べ終えた紀文がお代わりを求めると、重兵衛は「初鰹は1本だけ」と応えます。これを気に入った紀文は、残りの鰹を周囲に振る舞い、重兵衛には褒美を与えます。こうした豪快さと気前の良さから江戸っ子の人気を集めますが、金遣いの荒さが祟り一代で没落してしまいます。

一方の奈良茂も、江戸で材木商として財を築きます。ただ、商売のやり方が狡猾ということで、紀文に比べると江戸っ子の人気はなかったようです。(8) しかし、奈良茂は豪遊することはなく、10万両(今日の100億円相当)以上の財産を残します。臨終に際しては跡取り息子に「質素な生活を送るように」と遺言します。ところが、この息子は吉原などで散財を繰り返し、1年も経たないうちに財産を使い果たして早逝してしまいます(以前、どこかの大企業の〝ボンボン〟が同じようなことをして話題になりましたね)。

こうしたエピソードは、唐の太宗の問いに魏徴《ぎちょう》が答えた「創業は易く守成は難し」という言葉を想起させます。もちろん、一代で成り金になる創業も至難ではありますが、ここでもその後の在り方が難しく、より大切であることがわかります。

(7) 以下のエピソードは、主に〝江戸人文研究会/編[2013]『絵でみる江戸の人物事典』廣済堂出版〟pp.234-235によります。

（8）　地震により被災した日光東照宮の修復工事の入札に際し、材木の高騰を見越してほかの業者が通常の倍近い値段を提示したのに対して、奈良茂は通常の値段で落札します。これを快く思わない業者は奈良茂に材木の提供を拒みますが、それを奈良茂が奉行所に訴えた結果それらの業者は流罪となり、奈良茂は彼らの材木をほとんどタダ同然で入手したそうです。

◆別荘は欲しいですか？

軽井沢などに行くと別荘がたくさん建っていて、そこではおカネ持ちが優雅に避暑生活を楽しんでいる姿が見られます。庶民にとって、別荘生活は憧れの一つかもしれません。あなたは、別荘が買えるくらいのおカネを持っていたら、別荘を買いますか？

実は、別荘生活にもピンからキリまであって、キリの方の別荘生活はそれほど優雅ではないようです。シーズン最初に別荘へ行くと、まずは掃除や草取りから始まります。それから食料品などの買い出しです。夕食は近くのレストランで外食するとしても、朝食は別荘で食べるでしょうし、飲み物や最低限の食材は必要です。もし、夕食も別荘で食べるとしたら料理しなければなりませんし、主婦は自宅にいる時と同様、洗濯もやらざるをえません。しかも、別荘を持てば利用しないのはもったいないですから、旅行先はどうしても別荘地になるでしょう。

ピンの別荘生活は優雅です。常駐の管理人や料理人がいて、身一つで別荘に行けば何もしないで〝上げ膳、据え膳〟です。でもこの場合も、日本の（あるいは世界の）各地に別荘を複数持っていなければ、旅行先は特定の別荘地に束縛されることでしょう。それに、管理人や料理人をそのためだけに雇うというのは、桁外れのおカネ持ちにしかできません。

もし別荘を買うだけの資力があれば、私なら旅行の都度、まだ行ったことのない地方や気に入りの土地に出かけ、そこの高級ホテルや料亭旅館に泊まる方を選択します。その方が家事から解放されて美味しいモノを食べられるのですから、奥さんに喜ばれること請け合いです（と思います）。もちろん、人の価値観はさまざまですし、作家のような職業の人が仕事場として別荘を使用するケースはあるでしょう。でも、見栄のためだけに別荘を持つとしたら、あまり賢いおカネの使い方とは思えません。不動産には、持っているだけで固定資産税もかかるのですから……。

◆2億円の赤ダイヤ

デパートには家庭外商という部門があります。われわれ庶民はデパートに出向いて買い物をしますが、おカネ持ちの顧客には家庭外商部門のスタッフが商品（購入候補の品を含む）を自宅まで届けてくれるのです。そうした富裕層がデパートに行くと、専用の立派なサロンがあり、そこで茶菓の接待を受けることもできるそうです。

ある時、それらの顧客層を招待する宝飾品などの展示即売会が都内のホテルで開催され、参加したことがありました（友人がデパートの社員だったため、特別に潜り込ませてもらったのです）。そこで見せられたのが直径5ミリ程度の赤いダイヤモンドでした。価格は何と2億円。直接手のひらに持たせてくれましたが、平静を装いながらも心の中では思わずそのまま走って逃げ去る誘惑と闘っていました。「赤いダイヤ」と言えば、ひと昔前は梶山季之の同名の小説[9]で扱われた、商品先物の〝小豆《あずき》〟がイメージされたものですが、本物の赤ダイヤの存在はそのとき初めて知りました。でも、よくよく眺めてみると、透明度は低く、もっと安い（と言っても程度問題ではありますが）ルビーの方が遥かに綺麗でした。仮にこの赤ダイヤを指輪やペンダント・トップに設《しつら》えても、観光地などで売っているまがい物の宝石かプラスチック製にしか見えず、少なくとも誰も2億円には見てくれないのではないかと感じました。こんなモノが売れたかどうかは知りませんが、これを買うとしたら所詮は自己満足や見栄の世界の話のように思えます。

（9）スポーツニッポンに連載され、１９６２年に集英社より出版。後にテレビドラマや映画にもなりました。

◆見栄も甲斐性のうち

見栄を張るヒトは、周りから疎まれがちです。それは、身の丈以上に自分を大きく見せようとする卑しさが、不快感を与えるからです。それに、第1学期の「おカネを汚くするのは……」で見たように、見栄を張っても上からは見透かされてしまいますし、自分より下位や同レベルの人からは自慢話ばかりする嫌なヤツと思われるだけです。せっかく自分を大きく見せようとしているのに、逆にしか評価されない滑稽さも感じます。ただ、身の丈を大きくする努力、つまり背伸びすること自体は、必ずしも悪いことではないと思います。背伸びは、言葉を変えれば向上心の表れでもあるからです。

今の自分に安住することなく、少し上を目指し、一歩ずつそれを実現していくことは、学問でもお稽古ごとでも、むしろ好ましい態度と言えるでしょう。ある分野で一家をなしてしまえば、自慢話をしても内容がその分野に留まる限り、それはもはや見栄とは言われません（もちろん、鼻持ちならない尊大さが疎まれる点では見栄と同次元ですが……）。

だからこそ、人間には「嗜《たしな》み」と「慎み」が必要なのだと思います。嗜みは、知識や技術などの能力のことです。慎みはその能力をひけらかさない自制の心です。嗜みがあっても慎みがなければ傲慢と見られますし、慎み深いだけでは謙虚な人という評価は得られても人間としての奥行きに欠けることとなります。

つまり、見栄は他人にではなく自分の心の中に張って、それが見栄ではなくなるよう努力すればよいのです。自分の心の中だけに限って言えば、「見栄も甲斐性のうち」なのです。これは、おカネとの付き合い方にも通じることだと思います。

◆クルーザーと自家用ジェット

おカネを使おうと思えばキリがありません。たとえば芸能界の大御所的な存在などには、クルーザーやヨット（ディンギーなどではなく帆船レベルの船）を所有している人も少なくないようです。モノにもよりますが、クルーザー1隻は数千万円し、係留コストなどの維持費もバカになりません。それらの所有者の多くが、それほど頻繁にクルージングやセイリングを楽しむ時間に恵まれているとは思えませんから、これはやはり〝自分を飾る道具〟なのかもしれません（同じようなものにサラブレッドの馬主もありますね）。

これとは少し次元の異なる話として、事業で成功した経営者の中には、自家用ジェット機を所有するケースがあるようです。彼らには、定期便のルートや運航時間に拘束されず、自由に世界中を飛び回ってビジネスを展開する、という大義名分がありますから本当に必要なモノなのでしょうし、それが採算に合うだけのビジネス機会にも恵まれているのでしょう。でも、それなりの自家用ジェットは50億円もするそうですし、整備・駐機費用などの維持費も年数億円は必要なのだそうです。アメリカForbes誌の〝長者番付〟では、常連のビル・ゲイツ（Gates, Bill [1955-]：マイクロソフト創業者）が２０１６年もトップとなり、その保有資産額は８１０億ドル（約8兆2千億円）と報じられました。こうした桁外れの大富豪なら、自家用ジェット機は私たちが自転車を買うよりも手軽な買い物だとは思いますが……。

クルーザーもジェット機も、レンタルやチャーターという手段があり、実際にそれらを利用している富豪もいるようです。でも人間には〝所有欲〟と〝使用欲〟があり、人によっては使用するだけでは飽き足らず、所有しなければ気がすまない、ということがあるのかもしれませんね。

◆ブランド品は好きですか?

あなたはブランド品が好きですか? 最近では、街を歩くと若い女性の多くがブランド物のバッグを手に颯爽《さっそう》と歩いています。

銀座の夜の世界ではホステスさんの誕生日に、ポルシェはともかくとして彼女が欲しいというハンド・バッグを贈るお客も少なくないそうです。ホステスさんの中には、同じバッグを複数もらうと一つだけ手許に置いて、残りはさっさと売り払ってしまうこともあるのだそうです。〝同伴(出勤前、客と食事してから一緒に店へ入ること)〟や〝アフター(閉店後、客とともに別の店へ流れること)〟でお客と一緒の折には、バッグを見せて「あなたからいただいたバッグ、大切に愛用しているわ」と言っていれば、まずバレることはありませんから、賢い対応なのかもしれません。だから、銀座などでも中古品ショップが成り立つのですね(実はお客も中古品ショップで買ったモノをプレゼントしていたりして……?)。

本当に欲しいモノであれば、それらのブランド品は質的にも機能的にも優れているのでしょうから、持つことはその人の勝手です。でも、何か一つブランド品を持つと、前にクルマの例で見たように贅沢がほかにも広がり、それが日常化する懸念もあります。私は貧しいからか、ブランド品にはあまり興味がありませんし、どちらかと言えば好きでもありません。それらのほとんどには、これ見よがしにロゴ・マークが入っているからです。高いおカネを払った上、商品を持ち歩くたびに宣伝させられることに、何か釈然としないものを感じるのです。それに、もし私が持っていても、周囲からは「どうせ偽物」と思われてしまうのがオチですから……。

◆本当に欲しいモノ

最近、若い人と話していると、よく「欲しいモノ、買いたいモノがない」という趣旨のことを言います。１９５０年代後半の日本では、（白黒）テレビ、洗濯機、冷蔵庫が〝三種の神器〟と呼ばれ憧れの対象でした。１９６０年代後半には、カラーテレビ、クーラー、カー（自動車）が〝新・三種の神器（各々のイニシャルから3Cとも）〟として豊かな暮しの象徴的存在でした。１９７０（昭和45）年に発売された自動車のＣＭで「隣のクルマが小さく見えます」というコピーが用いられたように、戦後の日本は〝隣〟と競うようにして豊かさと利便性を追い求めてきました。

それらが一巡したいま、周囲には「本当に欲しいモノ」が見当たらなくなったのかもしれません。これはイノベーションの停滞と捉えることもできますが、昔の人が〝三種の神器〟のような品物を苦労して手に入れた時の達成感や満足感を、私たちは味わうことができないことを意味します。その反動かどうかわかりませんが、ゆきずりに出会う必要ではない品物をつい衝動的に買い求め、小さな満足感に浸るケースが増えてきたようにも感じられます。

その昔、親しくしていたおカネ持ちのドイツ人から、おカネの使い方について教えられたことがあります。彼は「欲しいものに出会っても衝動買いはするな」と言います。彼によると、1日置いて商品を見て、まだ欲しいかどうかを自問自答し、3日目にやはり欲しいようなら、それは本当に欲しいのだから買ってもよろしい、と言うのです。たしかに、衝動買いには後悔させられることも少なくないでしょうから、3日間というのが適正かどうかはともかく、冷却期間を設けて判断するのは一つの知恵かもしれません。衝動の赴くままに生活水準の間口を広げていると、〝貧乏が追いかけてくる〟ことにもなりかねないからです。ただ、この方法は、旅先での買い物には適用できませんし、一点モノや期間限定品などの場合、考えている間に売り切れてしまい、買う決断をしてお店に行くと手に入らないようなリスクが伴います。

買い物も、深く考えると、とても難しいものですね。『徒然草』98段には「しやせまし、せずやあらましと思ふことは、おほやうはせぬはよきなり（しようかするまいかと思うことのほとんどはしない方が良い）」という含蓄に富んだ言葉がありますから、迷ったら買わない方が賢明な対応なのかもしれません。

ここでは、相場格言にも「売り買いは三日待て」があることを付言しておきます。

5 おカネに使われる？

◆昔には戻れない

江戸時代はリサイクルが徹底していて、エコ社会だったと言われます。一例として、尾籠《びろう》な話ですが、江戸城や大名屋敷の排泄物を江戸近在の農民がもらい受け、それを肥料にして農作物を作り、収穫物を貢納するシステムがあったようです（〝葛西の汚わい船〟が有名ですね）。大名家などでは食べ物が庶民より豪華ですから、排泄物の肥料としての価値も高かったようで、豪農が入札して汲み取り権を得るような競争も行われていました。

衣類も貴重品でしたから、古着屋が繁盛したようですし、庶民の夏冬の衣替えには、一部で質屋がトランク・ルームのような機能を果たしていたとも言われます。鎖国政策の下、限られた資源を有効に活用するための知恵ということができるでしょう。

さて、モノを大切にする「江戸に学べ」という理念はもっともだと思いますが、今日の私たちの生活を江戸時代に戻すことは現実的でありません（それに、江戸時代は決してユートピアではなく、飢饉が頻発して多くの餓死者を出した事実を忘れてはなりません）。私たちの生活環境が飛躍的に便利になったいま、それらを放棄するのは不可能です。バブル時代のグルメ・ブームは今日でも根強く残っていますし、当時建てた豪邸に住み続けているために、光熱費など公共料金の支払いに苦慮している人たちも少なくないと聞きます。人々の所得水準が低下しても、消費支出がそれほど低下しない現象（生活水準の不可逆性）を「ラチェット効果（ratchet effect）」と言いますが、バブル時代のような贅沢はともかく、私たちの多くは、いまだに右肩上がりの経済（収入）の余韻を引きずっている面がありそうです。

◆心理的家計簿

ギャンブル好きの人がエスカレートした賭けで財産を失ったり、過大な買い物で消費者金融から借金を重ねたりして、遂には自己破産する事例は少なくありません。そうした事態に陥らないために、人はどのような抑制機能を持っているのでしょうか？

この点について、サラーは「心理的家計簿：mental accounting」という考え方を提示しています[1]。人は、意識的であれ無意識的にであれ、自分の資産や所得金額の中で、資金使途に応じた心理的な勘定項目を設定し、あたかも家計簿をつけるように管理している、というものです。これにより、人々には、ほかの勘定項目に跨《また》がって、なし崩し的な支出をしないという、心理的抑制が課せられるのです。(2) 第1学期「恒産なければ……」で私が緊急用に仕訳《しわけ》した10万円は、まさしく心理的家計簿で管理されたものでした。

また、これに関連して、「ハウス・マネー効果：house money effect」の存在が指摘されています。(3) ここで言う「ハウス」とは、賭博場（カジノ）のことです。つまり、ギャンブルで儲けたような性格のおカネは、心理的家計簿でも特別な勘定に計上され、こうした〝あぶく銭〟のリスク許容度は高まる傾向にある、というのが「ハウス・マネー効果」です。これは、万一儲けたおカネを失っても元に戻るだけという安心感が作用していると考えられます。宝くじの高額当選者がかえって不幸になるという話も、「ハウス・マネー効果」なのかもしれませんね。株式投資で儲けたおカネも「ハウス・マネー（あぶく銭）」と言う人がいます。額に汗して稼ぐおカネは尊いですが、おカネを右から左に動かして利ざやを稼ぐ行為は軽視されがちなのです。でも、株式投資では付随するリスクを負担していますし、何よりも「脳味噌の汗」をかいていることは認識すべきでしょう。

それはともかく、心理的家計簿の設定により意思決定に伴う労力は省けるのですが、別勘定として心の中に分類されることで、かえって非合理的な判断が下されることもあります。ノフシンガーは、その点を次のように例示しています。(4)「コンサートの当日、持っていた1万円のチケットを会場近くで紛失した場合、同じ1万円の当日券があれば、あらためて買うかどうか」という設問に、大多数は「買わない」と回答します。これに対して、「前売り券を買いそびれたので当日券を買いに行き、会場近くで1万円を落とした場合、同じ1万円の当日券を買うかどうか」という設問には、大多数が「買う」と回答しているのです。これらは経済的には同額の支出ですが、心理的家計簿では前者がチケットに2万円払うことになるのに対して、後者では落とした1万円は別勘定に仕訳されている（まだチケットになっていない）ため、チケットに直接支出する金額は1万円であると解釈されるのです。こうした意思決定は、経済的な合理性という観点からは矛盾する、というのがノフシンガーによる指摘です。

ただ、そうした批判はあるとしても、意識的に心理的家計簿を設けることは、おカネを管理する（おカネに使われないようにする）ための一つの手段ではないでしょうか？

（1）Thaler, Richard [1985] "Mental Accounting and Consumer Choice," *Marketing Science*, Vol.4, Summer, pp.199-214

（2）Thaler, Richard, and Hersh Shefrin [1981] "An Economic Theory of Self-Control," *Journal of Political Economy*, Vol.89, April, pp.392-406. 彼らは、こうした考え方を、自己規制理論（theory of self-control）として論じています。

（3）Thaler, Richard, and Eric Jhonson [1990] "Gambling with the House Money and Trying to Break Even: The Effects of Prior Outcomes on Risky Choice," *Management Science*, Vol.36, June, pp.643-660

（4）Nofsinger, John R. [2001] *Investment Madness: How Psychology Affects Your Investing…and What to Do About It*, Pearson PTR

◆１０００円のコーヒーは高いですか？

最近はどこへ行っても昔ながらの喫茶店が姿を消し、代わってスターバックスやドトールやタリーズなどのチェーン店が増加しています。これらのお店では、一杯２５０円程度でコーヒーを飲むことができます。コーヒーを手軽に楽しむには便利ですが、セルフサービスが原則です。

これに対して、都心の高級ホテルのラウンジでは、一杯１０００円以上のコーヒーが提供されています。コーヒー豆の品質や淹《い》れ方にも違いがあるのかもしれませんが、最も大きな相違は雰囲気でしょう。客席の配置には余裕があり、ゆったりしたソファーに寛ぎ、美しいウェイトレスから洗練されたサービスで提供されたコーヒーを、高価な陶磁器のカップで味わうことができます（たぶん？）。でも、実はそうした雰囲気を何よりも高めているのは周囲の客層です。「店の格は客が作る」と言いますが、まずおカネの面ではコーヒー一杯に１０００円払うことに抵抗を感じないヒトだけが利用するわけです。心理的家計簿の上でコーヒー1杯に１０００円は高すぎると思うヒトやその雰囲気に物怖《ものお》じするヒトは、どれほどおカネを持っていても利用することはありません。そうした淘汰によって一定レベル以上の客層が残り、雰囲気が維持されるのです。そこにもし、無作法なヒトが紛れ込み、船を見送るような大声で携帯通話を始めたら……（直ちにスタッフからたしなめられるでしょうが、周囲に不快感は残ります）。１０００円なら私だって頑張れば払えますから、こうした場所に雰囲気を台無しにするヒトが入り込むリスクはあるわけです。そういうヒトに特有の〝鈍感さ〟は、おカネに使われる姿の典型の一つでしょう。

雰囲気の維持という点では、コーヒーラウンジは別として、一般に格式の高い場所ほどドレスコードが厳しくなり、中身はともかく、少なくとも服装だけはその場にふさわしい姿が求められます。でも、形だけ整えても、立ち居振る舞いが伴わなければ場の雰囲気を壊し、周りに不快感を与えてしまいます。映画『男はつらいよ』で、ホテルでのさくらの見合いに同席した寅さんの服装や言動は、滑稽ではありますが困ったものなのです。

◆グリーン車に乗るか否か？

新幹線のグリーン車は快適です（きっと。最近では、さらに上の「グランクラス」も出現しましたが……）。あなたは、おカネがあったらグリーン車を利用しますか？

戦前の鉄道は、いまのＪＲがまだ省線と呼ばれ、1等車、2等車、3等車に区分されていました。路線にもよりますが、この時代の1等車は現在のグランクラスよりもさらに上、2等車がグリーン車に比定されるようです。しかも、1等車に乗れるのは軍・政府要人や華族などに限られており、厳然とした身分格差が存在していました。当時の風潮として、どんなにおカネがあっても、若造が贅沢することは憚《はばか》られる雰囲気があったそうですから、老荘思想で言う「知足安分（足るを知り分に安んじる）」の価値観が社会に定着していたのかもしれません。ですから、2等車に乗るにも、おカネの有る無しだけでなく、自らの年齢、服装、社会的身分などを考慮して切符を買ったそうです。

現在では、そうした抑制が社会から喪失し、自由度が高まりました。その結果、社会的地位の高い人だけでなく、芸能人（歌舞伎役者も昔は〝河原乞食〟というひどい呼び方をされたそうです）はもちろんのこと、見るからにその筋のコワモテの人たちもグリーン車で見かけることがあるといいます。これも、個々の価値観の問題ですが、社会全般から「分をわきまえる」という思想が薄れ、「カネさえ出せば……」という風潮が定着していることは間違いないでしょう。こうした変化は、今日の日本が自由でフラットな社会になったという意味では好ましいことなのかもしれません。ただ、ホテルのラウンジもそうですが、自分がその場にいることでそれまで保たれていた雰囲気が壊れないか（自分がそこにいることが場違いではないか）ということを、常に意識していることは必要なように思います。

それに新幹線の場合、グリーン席も自由席も同じ速度で走り、目的地には同時に到着するのですから……。

◆お酒と雰囲気のどちらを選ぶ？

お酒を飲まない人には縁のない話ですが、お酒が人生の潤滑油として機能することは少なくありません。そして、お酒も酒場もピンからキリまであります。

たとえば、ワインは数百円の料理用（これだってワインの味がしますよ。飲み過ぎると後の頭痛が辛いですが……）から300万円以上もするロマネ・コンティまで多様ですし、酒場も学生がコンパで利用するようなチェーン店の居酒屋から、座っただけで数万円取られる銀座のクラブまで、さまざまです。お酒の値段の差は別として、酒場の値段の差は、先に触れたチェーン店とホテルのラウンジで飲むコーヒーの価格差と同次元の問題です。以前、酒飲みの友人とデパートの店内を歩いていたら、香水売場から良い香りが漂ってきました。友人は「銀座の匂いがする」と言います。そこで、地下の食料品売り場で缶ビールを買ってきて、目をつぶって香水売場で飲めば、安く銀座のクラブの雰囲気が味わえるだろう、と言って盛り上がったことがあります。

それは極端な話ですが、単にお酒を飲むだけなら、安売り店で買ってきて家で飲むのが最も効率的です。しかし、同じお酒を銀座のクラブでボトル・キープすると、安くても市価の3～5倍程度はかかります。その上、座っただけで数万円というのは法外と思われるかもしれません。でも、そこで働くホステスさんたちには、それに見合うリスクも支出もあるのです。

銀座のホステスさんは「売上げ（自分のお客を持ち、個人事業主の立場でお店を〝陣場借り〟している立場の女性）」と「ヘルプ（店に雇われてお賑やかしでお客の席に付く女性）」に大別されますが、売上げホステスさんの場合、自分のお客がツケで飲んだ代金を払わなければ、ホステスさん自身が支払義務を負うのです。そんなリスクを負いながら、彼女たちの取り分はお客が支払った代金の4割程度と言われます。その上、毎日美容院でセットしなければいけませんし、衣装も毎日替えなければなりません。お店によっては、定期的に〝新調の日（新しい衣装での出勤が求められる日）〟が定められていたりもします。ドレスならまだしも、和服ともなれば１００万円以上かかる場合があります。銀座のクラブの飲み代は、そんな女性たちにかしずかれてお酒を飲む雰囲気代、と言うこともできるのです。

ただ、そうしたクラブには、俗に〝黒服〟と呼ばれる男性従業員も多いそうで、彼らの給料まで払っていると思うと面白くないかもしれませんが……。

◆ボトル・キープとサンク・コスト

今日では、銀座の酒場でも場末の居酒屋でも、ボトル・キープが一般化しています。これは、好みのお酒だけと付き合う主義の人には便利なシステムかもしれませんが、その時の気分でいろいろな種類のお酒を楽しみたい人には向きません。昔は、銀座でも、ボトル・キープの制度は一部でしか行われていませんでした。

店によっては、キープしたボトルの有効期限が定められていて、それを過ぎると没収されてしまいます。折角キープしたボトルが没収されるのは忍びないので、期限が近付くとお店に通い、結局またニュー・ボトルをキープした経験はありませんか？　すでにキープしてあったボトルの費用は、もう支払済みですから、飲もうと飲むまいと帰ってくることはありません。こうした費用のことを「サンク・コスト（sunk cost：埋没費用）」と言います。それを回収しようとして、結局またボトルをキープするのは合理的な行動でしょうか？

前評判の高い映画を見に行ったのに、期待に反して面白くない時、あなたならどうしますか？　上映開始後10分でつまらないと判断して映画館を出れば、10分という時間のロスと映画代の１８００円はサンク・コストになりますが、２時間の映画であれば、残りの１時間50分は別の有意義なことに活用できるのです。でも、「元を取らなければ……」と思って映画を見続ければ、まるまる２時間と映画代を浪費することになります。仮に、終盤に面白くなったとしても映画代は回収不能ですから、１８００円がサンク・コストであることに変わりはありません。こうしたことは、ブッフェ形式の食事などでも起こりがちです。

その昔、都内某所のホテルで「１枚２５０ｇのステーキが４５００円で食べ放題！」というイベントがあり、会社の同僚たちと出向いたことがありました。よせばいいのに、同僚からけしかけられるままに、私は何と５枚（つまり１２５０ｇ）のステーキを胃袋に流し込みました。４枚目くらいからは少しも美味しいとは感じず、５枚目はもう苦行のレベルでした。同僚たちも３～４枚は食べていたようです。２次会を予定していたのですが、皆それどころではなく、〝子供が産まれそう（？）〟な腹を撫でながら、ほうほうの体で帰途につきました。その後数日間は体調がすぐれず、反省しきりでした。本来なら美味しいはずのステーキを辛そうに食べている姿は、店に対してもほかのお客に対しても失礼ですし、その場の雰囲気を著しく壊していたに相違ありません。

元を取ろうという行動は、行き過ぎるとかえってマイナスの結果をもたらすのです。払ったものはサンク・コストで帰ってこないのですから、事後的には割り切りが必要です。だからこそ、事前的には、おカネの使い方を吟味することが大切なのです。

◆ちやほやされたいですか？

「楽しみは　背中に柱　前に酒　左右に女　懐《ふところ》にカネ」という歌があります。床柱を背負って（上座に座って）、目の前には美味しい料理とお酒があり、左右に美女を侍らせ、フトコロは温かいとなれば、それは楽しいだろうと思います。

でも、これは想像ですが、そうした生活を毎日送っていたら、本当に楽しいでしょうか？　誰だって、酒池肉林と美女に囲まれ、他人からちやほやされれば悪い気はしないでしょうが、それが日常的になると贅沢やお世辞に飽きるのではないかと思います（健康にも悪そうですし）。少なくとも、そうした生活には、対等な友人という存在が欠落しそうです。

どうも、冒頭の歌は、余裕のある人がたまたま非日常の世界を楽しむ姿を詠んだもので、だからこそ「楽しみは……」なのではないでしょうか。銀座のクラブなどは、その疑似体験の場として機能しているのかもしれません。しかし、そうした場でちやほやされるためには、相応のおカネが必要です。そして、ちやほやされるのはおカネ、と言ってしまうと身もふたもありませんが、少なくとも

〝おカネを持っているヒト〟であることは間違いないでしょう。

おカネがないのにちやほやされるとしたら、よほどの人格者か、きっと別の魅力が備わっているのでしょう。でも、一般的には、ちやほやする側に何か下心や企みがあると考えた方がよいのかもしれません。「巧言令色鮮《すくな》し仁」です。ご用心、ご用心。

◆おカネ持ちは孤独？

われわれから見ると、おカネ持ちは、周りからちやほやされ、常に取り巻きに囲まれて賑やかなように想像されます。でも、実際のところ、おカネ持ちは孤独であるケースが少なくないようです。

代々おカネ持ちの人は、同じ階層のネットワークが構築されていますから、孤独ではないと思います。問題は〝成り金〟でにわかにおカネ持ちになった場合です。それまで年収400万円だった人が、何かの拍子に年収1億円になったとしたらどうでしょうか？　これは想像でしかないのですが、1億円の年収の人は、生活水準もそれに応じて向上することが自然です。たとえば、会食でも飲み会でも旅行でも、おカネ持ちがそれにふさわしいレベルで行動しようとすると、それまで親しくしていた友人には割り勘で同行することは困難になります。オゴるという手もありますが、それはそれで後に「恩は着るもの」で見るような問題が生じます。対等な友人関係の維持はなかなか難しくなり、さりとて〝成り金〟には昔からのおカネ持ちの友人は少ないでしょうから、結果として孤独に陥ることが推察されるのです。

そんなおカネ持ちのためには、「ＹＵＣＡＳＥＥ（ゆかし）」というオンライン上のプライベート・クラブがあるそうです。これは、純金融資産１億円以上の富裕層で、審査を通過した人だけが入会でき、サイト内で情報交換や交流機会が提供されるシステムです。こうしたバーチャルなクラブが存在すること自体、おカネ持ちが孤独であることの証左ではないでしょうか。

◆おカネは欲しいですか？

これは愚問ですよね。おカネが、豊かな生活を送る上で便利な存在である以上、それを欲しがらない人はいないと思います。それでは、あなたはいくらのおカネが欲しいですか？

この問いは、どのくらいの時間軸を考えるかによって、さまざまな回答が考えられます。今日飲み会が予定されている人にとっては、数万円あればとてもリッチな気分になることでしょう。しかし、残りの人生を遊んで暮らすだけのおカネが欲しいとなれば、莫大な金額が必要になります。そして、その人の年齢（残された寿命）によっても、また目指す生活レベルによっても、必要なおカネの額は異なると思います。

その意味で、いくらのおカネが欲しいかというのは、答えにくい問いなのかもしれません。それなら、あなたはいくらのおカネならイメージできますか？　普通の人にとっては、自らの年収や保有資産などが基準になると思われます。それとは別に一つの基準を示すと、「５００万円あれば生活を変えることができる。５０００万円あれば環境を変えることができる。５億円あれば人生を変えることができる」と言われます。これは、５００万円あれば高級なクルマを買うことができ、それまで公共交通機関を利用していた人は、終電や路線網などを意識することなく、大量のあるいは重い荷物を持っている場合でも、自由に行動する生活を手に入れられることを意味します。５０００万円あれば一戸建て住宅や立地も良く比較的広いマンションを買えますから、快適な住環境に変えることができます。さらに、５億円あれば、贅沢や浪費をしない限りもう資産は減りません。１％の利回りで運用しても年間５００万円の不労所得が得られますし、賃貸マンションを建てるなど、もう少し積極的な投資を行えば、資産を減らすことなくさらに年収はアップします。文字通り、人生が変わるのです。

さて、ここでは５億円まで何とかイメージすることができました。それでは、１００億円あったらどうでしょう？　何か具体的なイメージが浮かびますか？　もし、５億円までの例のようなイメージを持てるとしたら、あなたには１００億円を管理する資質が備わっているのかもしれません。このように、イメージできる金額は、その人のおカネに関する〝器の大きさ〟と見ることができそうです。このことは視点を変えると、自分の〝器〟以上のおカネが入ってもおカネとの主客が逆転して（おカネに振り回されることになり）幸福にはなれない懸念がある、ということなのです。

その一方で、期待ばかりが先行し、現実の収入との乖離が拡大すると、不幸を呼び寄せかねません。「今日は昨日より豊かになったから、明日も今日より豊かになるだろう」というような根拠のない思いが社会に蔓延すれば、バブルが生まれる素地にもなるのです。

6 貸して不仲になるよりも……

◆難しいおカネの貸し借り

ある日、友人が借金のお願いに来たら、あなたはどう対応しますか？　ここでは、会食後の支払いの際に、財布を忘れた相手が当座の立替えを求めるようなケースではなく、深刻な立場にある友人がもっと大きな金額を頼みにきた場面を想定しています。もちろん、友人との関係の深浅やおカネの額によって対応は異なるでしょうが……。

先人たちは「貸すくらいならくれてやれ」という言い方をします。友人に借金を申し込むような状態まで追い込まれている人が、返済できる保証はありません。ですから、仮に１００万円の借金申込みであれば「いま、手許にはこれだけしかないから……」と、たとえば10万円を渡し「返すには及ばないから頑張れ！」というような形でその場を収めるわけです。

これも一つの対応の知恵だと思います。その後の人間関係を考えれば無下《むげ》にも断れないし、さりとて100万円もの大金を急に（借金の申し込みはたいてい、突然に行われます）、しかも返してくれるかどうかわからない相手に貸すことはためらわれます。そこで、10万円は痛いですが、この程度なら我慢できる額と考えて妥協することになるのです。

借金をお願いに来た友人の立場で考えてみましょう。100万円を借りに来た人が、本当に100万円で救われるケースはまずないと思われます。実際にはその数倍以上が必要であっても、相手のフトコロ具合を忖度《そんたく》し社会的な常識を勘案すると、100万円が落とし所と思って頼みに来るのでしょう。その場合、そこで手渡される10万円は、とても嬉しいとは思いますが、所詮は焼け石に水です。友人は「ありがとう。これでも助かるよ」と言うかもしれません。けれども、友人はあなたが100万円を貸す資力があることを先刻承知でしょうから、体《てい》よく10万円で断られたという印象を持つのではないでしょうか。ピシャリと断られたよりは、あなたへの印象は悪くないでしょうが、おカネを渡して必ずしも本当の意味での好意や感謝の念を持たれないとしたら、どちらも大きな違いはないと思いませんか？

◆「貸すくらいならくれてやれ」への疑問

前の例で、返ってこないことを前提に10万円を友人に渡す場合、決して喜んで差し出している人はいないと思います。１００万円は論外としても、10万円だって大切な財産の一部です。本当は断りたいのが本音ではないでしょうか？

それを嫌々ながらも10万円差し出すのは、①少しでも友人の助けになりたい、②対等なはずの友人が頭を下げて頼む姿への同情、③自分を見込んで来たのだからできる範囲でそれに応えたいという男気、④手ぶらで返した場合に後で「あいつはケチだ」と思われたくない、⑤友人との友情にヒビが入るのを避けたい、などの理由が考えられます。

でも、①の場合、10万円では大した救いにならないのは既述のとおりです。②〜④は、一種の〝見栄〟もしくは〝自己満足〟でしかありません。⑤は、そもそも銀行や親戚ではなく、友人とはいえ赤の他人に借金を申し込むのは、相手にとっての自分という存在がすでに友人ではなく、悪く言えば〝金づる〟でしかない、と捉えることもできます。親しければ親しいほど、相手には迷惑をかけたくないというのが本当の友情でしょう。ですから、借金を頼みにきた段階で彼はもはや友人ではない、と突き放して考えることもできます。

居酒屋などで「貸して不仲になるよりも」という貼紙を目にします。その後には「いつもニコニコ現金払い」と続くのが定番です。これをもじって言えば、貸して表面的な人間関係を繕うよりは、

「貸さずに不仲になればよい」という考え方もできるのではないでしょうか？

　考えてもみてください。仮に10万円をくれてやったとして、その後の友人との付き合いがそれ以前と同じように続けられるでしょうか？　友人も気まずいでしょうから、自然と交流が疎遠になることは容易に想像できます。つまり、いずれにしても10万円は〝死に金〟になるのです。

◆情けは人の為ならず

「情けは人の為ならず」という諺は、本来は「他人に親切にしておけば、それが巡り巡って自分にも良い報いがくる」という意味です。でも、最近では「人に情けをかけるのは、かえってその人のためにならないからやめた方がよい」という趣旨で用いられるケースがあるようです。この解釈にはそれなりの説得力があると思います。借金を申し込む友人の窮状は理解できますが、そうした状況に陥ったのは冷たい言い方をすれば自己責任だからです。それに対して、安易な同情や見栄で手を差し伸べても、それだけで友人が立ち直ることは難しいでしょう。そんな状態に追い詰められた人には、いろいろな事情はあるにせよ、それだけ脇の甘さがあったのでしょうから……。そもそも、金融機関でもなく、親戚でもなく、友人に借金を頼むこと自体が〝甘え〟を象徴しています。

　事業で失敗した場合、個人経営などでは、会社の銀行借り入れに際して経営者が個人保証を求められるケースが多いようですから、株式会社であっても実質的には無限責任社員(1)と同様の返済義務が生じることがあります。しかし、そうした規模の負債であれば、個人として可能な援助の額には、おのずから限界があります。そのような場合には、事業再生などの公的スキームに委ねるべきでしょう。派手な生活をしたり、ギャンブルなどが理由で負債を抱えたのだとしたら、これは論外です。第1学期「アリとキリギリス」に出てきたキリギリスと比べても、いっそうタチが悪いのですから……。でも、そんな場合でも、これまでお世話になったような人からの頼みであれば、断るのは辛いことでしょう。

（1）　株式会社や無限責任社員などについては、冬期講習で学習します。

◆手を差し伸べるなら安全地帯から

また、相手が親戚や兄弟など、どうしても助けてやりたいケースもあることでしょう。ただ、その場合でも自分の身は〝安全地帯〟に置いて、その上で可能な範囲の援助をするべきです。

題名は忘れましたが、昔読んだ本か何かの中に、男女が互いの愛の深さを確かめ合うため、自分の大切なモノを捨て合う場面がありました。男は「君のためならこれも捨てられる」と言い、女も「あなたのためならこれもいらないわ」と言って、次第に捨てるものがエスカレートしていき、最後はお互い何もなくなってしまうのです。これは、前に見た『賢者の贈り物』の極端なケースですが、ここまでくると微笑ましさよりも愚かさに呆れるばかりでしょう。

よく「借金の連帯保証人にだけはなるな」と言われます。これは、おカネを借りた人と同じ責任を負わされるからです。もし、保証人になった相手が蒸発してしまえば、連帯保証人には全額返済の義務が生じます。この義務は、連帯保証人が亡くなった場合でも消えることなく、相続人にまで引き継がれます。連帯保証人になることは、安全地帯から踏み出て、末代までも家族ぐるみで〝危険の海〟に飛び込む行為なのです。

ですから、前で見た男女が愛の深さを確認し合うような愚は、相手が誰であっても犯すべきではありません。自分の資力の余裕の範囲内で（自分は安全地帯から出ることなく）、それを超えることのない対応が望まれます。もし、相手がそれを詰《なじ》るようなら、それこそ友人ではありませんし、恩人や親戚・兄弟であっても〝危険の海〟で一緒に溺れるのは避けるべきです。債務者と一緒に溺れるのは感情論としては美徳かもしれませんが、あなたにはあなたの人生や家族があるのですから……。その結果、万一、周囲から非難されたとしても、当事者でない人々の無責任な反応にいちいち耳を貸す必要はありません。

それでなくても最近は、他人のおカネを騙し盗ろうとする事件が後を絶ちません。「オレオレ詐欺」から「振り込め詐欺」を経て、最近では「母さん助けて詐欺」と呼ばれるような犯罪も増加しています。年金や生活保護費を目当てに、巧妙に巻き上げる手口もあるようです。(2) これらの悪質なところは、必ずしもおカネ持ちでない人や老人など、社会的な弱者であっても見境なくターゲットにするところです。池波正太郎の『鬼平犯科帳』では、「犯さず、殺さず、貧しき者からは奪わず」という〝お盗《つと》め3箇条〟がしばしば出てきますが、「渡る世間に鬼はなし」という時代は遠い昔の話になってしまったようです。いまの時代は、「人を見たら泥棒と思え」という基本スタンスで臨み、いくら用心しても用心しすぎることはないのです（ホントです）。

（2）　一連の詐欺の手口については、原案・夏原武、黒丸の漫画『クロサギ』シリーズが参考になります。

◆恩は着るもの

あなたは〝ただ飯〟は好きですか？　それとも人にご馳走する方が好きですか？　私たちの周りには、会食の度に「ここは私が……」と言って譲らず、結果的にご馳走してくれる人がひとりやふたりはいるものです（たくさんいると嬉しいのですが……）。

でも、あなたが人にご馳走することが好きな性格だとしたら、ぜひ気を付けて欲しいことがあります。ご馳走した相手が、後で自分の意に沿わないような言動を示した時に、「あの時さんざんご馳走してやったのに……」といったことを、本人や第三者に喋ることです。この瞬間に、ご馳走したという好意が好意ではなくなるのです。ご馳走することを「おごる」とも言いますが、これを漢字で書くと「奢る（ぜいたくをする）」とか「驕る（思い上がる）」となります。どちらもあまり良い意味には使われないですよね。ましてや「〜してやったのに」という恩着せがましい物言いは、自身を卑しめることにもなります。ご馳走する時、「あなたのお蔭で楽しいひと時を過ごせたのだから、このくらいの金額の支払いは当然だ」という気持ちでいられれば、後になって「〜してやったのに」という言葉は出てきにくいのではないでしょうか？　後で相手と不和になったとしても、一緒に会食した時が楽しかったのであれば、その楽しかった記憶まで否定するのは、自分の人生の一部を否定することにもなってしまいます。

恩は「着せるもの」ではなくて、「着るもの」だと思います。一度でもご馳走になった人は、よほど図々しい人は別ですが、いつまでも感謝の気持ちを持っている（恩に着ている）ものです。少なくとも、ご馳走してくれた人に対しては、とりあえずの好意は持つはずですから、時間が経ってそれが何に由来するのかは忘れてしまっても、相手への好意は好意として残っているものだと思います。それを、「〜してやったのに」と言われれば、その瞬間にご馳走してくれた人に対する好意は大きく損なわれてしまいます。映画『男はつらいよ』の寅さん流に言えば、「それを言っちゃあ、おしまいよ」ということです。(3)

田中角栄は、よく「借りた金は忘れるな。貸した金は忘れろ」と言っていたそうです。これも、おカネを巡るダンディズムに関する教訓と言うことができるでしょう。

（3）「とらや」のオイちゃんもオバちゃんも、さくらも博も、決して恩を着せるような発言はしなかったと思います。そして寅さんは、どこかで恩に着ていたようにも見えます。これが、さまざまなトラブルがあっても、この一族が温かい絆で結ばれている理由の一つなのかもしれません。

◆割り勘は人生の知恵

「アローの不可能性定理（Arrow's impossibility theorem）[4]」という考え方があります。これは、多数決による意思決定プロセスが必ずしも公平な結果をもたらさないことを唱えたものです。[5]

たとえば、職場の同僚、山川さんと佐藤さんと中村さんが3人で一杯やった後、誰が勘定を払うか決める場面を考えてみましょう。この時、その後の人間関係がどうなるかは無視して、多数決で支払う1名を決めようとすると、山川さんと佐藤さんが結託して、中村さんに勘定を押し付けるようなことが起こるかもしれません。そうすると、中村さんは山川さんに、何がしかの有利な条件を示して仲間に引き入れ、佐藤さんに全額支払わせようとします。そこで、佐藤さんは……と、こうした交渉が際限なく繰り返されることになります。この交渉の決着点は、おそらく提示する条件が、1人分の勘定（＝合計金額の3分の1＝割り勘）に達する段階ということになるのでしょう。

このことは、利害が絡むような案件について、多数決が必ずしも公平かつ合理的な解決方法ではないという、民主主義における意思決定の限界を示しています。と同時に、〝割り勘〟の合理性を表しているとも言えそうです。割り勘なら、おカネに細かい人も、太っ腹な人も、おカネにルーズな人も、大きな不満は持たないと推察されるからです。もっとも、単純な割り勘の場合、「あいつの方がツマミの刺身を一切れ余分に食べた」と考える人には不満が残るかもしれませんが……。

（4） 1972年にノーベル経済学賞を受賞したケネス・アロー（Arrow, Kenneth Joseph：1921-）が，博士論文の中で提示したものです。

（5） 多数決に関して社会選択理論の立場から書かれた書物には，〝坂井豊貴［2015］『多数決を疑う』岩波書店〟があります。

◆割り勘を円滑に……

複数の友人と旅行に出かけた場合などで，場面に応じて誰かが場当たり的に支払っていると，あとで精算の際に何が何だかわからなくなることがあります。こんなことで揉めるのは愚かしいことです。(6) こういう場合は，あらかじめ会計係を決め，初めに皆で一定のおカネを出し合って封筒に入れ，(7) 共通の費用はそこから支払う（足りなくなったら，また一定額を徴収する。最終的に余った場合は頭数で割った額を返金する。端数が生じたら，会計係にお礼として渡す）方式をとれば，トラブルを予防できるように思います。これは，会計係が全額を立て替え，後で個々の分を徴収する方式と実質的には同じです。

けれども，初めにおカネを出して，旅行中はその都度おカネを払うことなく乗り物に乗り飲食できるのは安心ですし，余ったお金が返金されれば何か得したような気分にもなります。それに対して，楽しんだ後でおカネを徴収されるのは，それが当然の支払いではあっても，最後にまとまった額の支払いというおカネに関する負の記憶が残ってしまい、旅行の楽しさに水を注《さ》すことにもなりかねません。

この方式は、旅行に限らず、飲み会など多くの場面に応用できると思いますし、現に実践している人も多いことでしょう。

（6）「恩は着るもの」で見た田中角栄の言葉とは逆に、おカネを多く出した人は出された人よりもそのことをしっかり記憶している傾向があるようです。それに、トラブルにまで至らなくても、何か気まずい記憶が残るのは避けたいものです。

（7）銀行のＡＴＭの横に備え付けられている封筒が便利ですよ（銀行には内緒ですが）。

7　バブルの発生と崩壊

◆オランダのチューリップ騒動

17世紀のオランダは東インド会社による香料貿易を中核に、世界的な商業の覇権を掌握していました。この時期はレンブラントが画筆を奮うなど、オランダは文化的にも栄華を極めていました。その時代に、今日では風車と並んでオランダの代名詞ともなっているチューリップを対象とした、歴史的なバブル現象が発生します。

チューリップの原産地はパミール高原で、天山山脈の山麓にかけて群生していたと言われます。原種のチューリップは赤が主流ですが、その花弁の色合いや形状は固体ごとに微妙に異なっていたようです。(1)原種のチューリップはその生命力の強さから次第に西方へと繁殖地を広げますが、まず中央アジアに進出して侵略や交易を行ったトルコ系の遊牧民によって持ち帰られ、観賞用として栽培されます。オスマン帝国では、チューリップが宗教上の「神の花」として特別視され、改良された品種はイスタンブール・チューリップと呼ばれました。オスマン帝国の隆盛とともに、彼らが特別視するチューリップがヨーロッパでも注目されるようになり、1559年にはバイエルンでヨーロッパ初のチューリップの存在が確認されています。そして、オランダにチューリップが辿り着いたのは1593年とする説が有力です。(2)チューリップは、1600年までには全ヨーロッパに広がり、1630年代には約1000種類まで交配品種が拡大しますが、その半数がオランダ産でした。オランダのハールレムはその土壌がこのユリ科の球根草の栽培に適していたこともあり、多くの栽培家が集まって一大供給地となります。

国としての経済的な豊かさを獲得した当時のオランダでは、東洋から渡来したエキゾチックな花であるチューリップに対する需要が高まり、愛好家はより美しく、より希少な品種を買い漁りました。(3)

そして、栽培家の手許に残った不人気品種は、チューリップ人気につられた一般大衆に安い値段で売り捌かれ、チューリップは地理的にも、社会階層的にも広く普及していきます。ここに至ってオランダのチューリップ取引は、その美しさに対する実需から、次第に投機的な取引対象としての意味合いが強まります。チューリップ需要が高まるに伴い、特定品種の球根価格が高騰し、投機で利益を上げる事例も目立ち始めます。それに触発されて、１６３０年代に入ると一攫千金を目論む投機的な売買が大衆にも広まります。これは、地道に働いて得る報酬よりも、チューリップ取引で遥かに大金を手にする投機家の姿を目の当たりにした人々の参入を意味します。ちなみに、オランダ人は、英語で「割り勘」をDutch treatと言うように、この時代からヨーロッパでは金銭感覚の渋い倹約家というイメージが定着していました。と同時に、一部の投機家には全財産をチューリップ取引に賭けるような大胆さも認められるなど、ギャンブル好きな一面も広く知られていました。この点は、当時のオランダ社会で貧富格差が拡大し、富裕層はオランダ東インド会社などに投資してさらに富を拡大する一方、それ程の財力のない層は逼塞感の中、投機取引に活路を求めた面があったと思われます。

１６３３年には、ホールンの城郭内にある館（後に教会として利用された記録からその大きさが想像されます）がチューリップの球根３個と交換され、さらにはフリースラントの農園が１包みの球根と交換されています。人気品種のチューリップ球根の価格は、翌１６３４年以降もさらに騰勢を強めます。加速度的な高騰が続き、１６３６年の冬には一週間あまりで価格が２倍になる球根も現れたそうです。(4) この時期のエピソードを二つ掲げましょう。一つは、アムステルダムの商人が貴重なチューリップ球根を倉庫のカウンターに置き、一瞬、目を離した隙に球根が消え去ったというものです。犯人は商人に有用な商業情報をもたらし、それまで倉庫にいた船乗りとされ、探したところ件《くだん》の船乗りは船着場で、商人から褒美にもらった上等な鰊の燻製とともに、玉葱のつもりで球根を齧《かじ》っていたといいます。二つ目は、イギリス人旅行者が裕福なオランダ人宅に招かれた際、温室に転がっていた球根を好奇心からナイフで切り裂いたものです。この2例とも、当事者は逮捕されたり裁判にかけられたりしていますが、問題は彼らがチューリップ投機の存在に無知であった点でしょう。このことは、チューリップ取引が広く普及しているとは言っても、国民が挙《こぞ》ってこの投機に熱を上げたわけではなく、そのブームの存在が遍《あまね》く知られていたわけでもないことを物語っています。一部では、チューリップ取引が反宗教的で不道徳な行為であるという批判も見られたようです。

高値圏の1637年1月に、珍種の球根価格は1万1000ギルダーを記録しましたが、これは当時のオランダにおける中産階級の年収に対して10~20倍の金額でした。(5)

(1) 今日、チューリップは約120種類あるとされますが、その半数近くが現在もこの原産地域に自生しているそうです。

(2) 植物学者カロルス・クルシウス (Clusius, Carolus : 1526-1609 : フランス生まれで本名はシャルル・ドゥ・レクリューズですが、宗教上・政治上の理由から改名) が、オランダのライデン大学に招聘された時、チューリップ球根が携えられたとされます。

（3）希少な球根は、ウイルスに冒されたことを契機に、微妙な斑点が花弁を彩ったとされます。

（4）"Dash, Mike [1999] *TULIPOMANIA*（邦訳：明石三世「2000」「チューリップ・バブル」文芸春秋）"によります。また、次に紹介するエピソードも同書で語られているものです。

（5）この時代の事務職や商店主の平均的な年収は、およそ500〜1000ギルダーでした。

◆破局はある日突然に……

チューリップの投機熱が高まるに連れ、まだ地中に埋まっているチューリップ球根が手形取引で売買されるようになりましたが、これは政府により禁止令が出されていた先物取引の横行とも一脈通じます[6]。地中にある球根は、保管上のメリットも提供しましたが、半面で品質の保証や球根の実在などに曖昧さが残り、先物取引の利用は一段と投機色を強めました。

しかも、チューリップの球根はアムステルダム証券取引所では取引対象とされず、各地の居酒屋などで取引所の仕組みを模倣して売買されたことから、取引単位の規格化（品質に応じた等級化や球根の重さによる識別管理など）が図られはしたものの、規制対応は不十分で、詐欺行為も目立ちました。

そして、1637年1月最終週から2月第1週にかけて、オランダのチューリップ投機取引は頂点に達し、突如バブルの崩壊を迎えるのです。急騰が続き、その上昇ピッチが著しく早くなったことで、一部の投資家の間では高値警戒感が芽生えます。利食い売りで実現益を手中に収めた投資家の中には、チューリップ投資を手仕舞う（利益を確定して取引から足を洗う）動きも見られるようになりました。

１６３７年2月第1週の火曜日に、ハールレムの居酒屋で、ある投資家が保有するチューリップ球根を１２５０ギルダーで売りに出しました。この価格は、同種の球根に関するそれまでの市場の地合からは適正な価格でした。しかし、買い物は入らず、売値を１１００ギルダーに下げても、１０００ギルダーに下げても、遂に買い手は現れませんでした。この事実はたちまち各地に伝わり、これを契機にチューリップ保有者はパニックに陥ります。元来、チューリップの球根には組織化された市場がなく、既述のように居酒屋での取引が主流だったこともあり、売り筋が大勢を占める中で、チューリップの取引市場自体が崩壊していきます。売買が成立したケースでも、取引価格は買値の5％や、場合によっては1％以下という水準でした。こうした現象は明らかにバブル崩壊であり、わずかな家財道具を担保に借金して球根を購入した投資家や、先物取引を利用していた投資家は巨額の損失を被り、破産に追い込まれる者も出現したのでした。

このバブル崩壊は、投資家とチューリップ栽培業者の双方に打撃を与えましたが、ハールレムの市議会は、１６３８年、買い手が買値の３・５％を支払えば解約を認め、球根の所有権は栽培業者に帰属するという、投資家と栽培業者の双方に対する妥協策を定め、巨額の負債を負った債務者の救済が図られています。

（6）　オランダにおける先物取引は１６０８年に導入されました。しかし、１６３６年までに６度の禁止令が発せられており、これはこの種の規制がほとんど効力のなかったことを示しています。

◆日本のバブル経済と後遺症

バブルはシャボン玉のようなものです。童謡「シャボン玉」では、シャボン玉が屋根まで飛んで、壊れて消えていきました。１９８０年代中葉以降、日本でバブル経済が大きく膨らむ過程では、地価や株価がそれこそ屋根よりも高く上がりました。そして、バブルが壊れて消えたことで、土地も株もピークの半分以下にまで値下がりしてしまったのです。

バブル期には、持っている株や土地の値段が上がることで、人々はにわかにおカネ持ちになった（ような気がした）のです。でも、自分の住む家が建っている土地は、広大な庭があればともかく、値上がりしたから売るというわけにはいきません（売った後に、あらためて住む場所を確保しなければならないのですから……）。だから、この時期の日本人がおカネ持ちになったとは言っても、それほど余裕のあるレベルではなかったのです。

それでも、毎日のように株価や地価が上昇を続けた結果、一億総中流意識と呼ばれるように国民のほとんどがそこそこのカネ持ち意識を持ち、大型のテレビや自動車を買い漁る現象が目立ちました。グルメ・ブームやクリスマスのホテルの予約騒ぎなど、日本中が浮かれ消費に踊ったのです。

バブルに踊ったのは、個人だけではありません。企業は低金利の下、活発にエクイティ・ファイナンス（equity finance：新株発行を伴う資金調達）を実施しました。これら見せかけの低コストで集められたおカネは、設備投資や研究開発投資などにも投入されましたが、ホテル並みに豪華な保養所や社員寮など、意味の薄い福利厚生にも充てられました。何よりも、折からの株価上昇を背景に、証券市場で調達したおカネを証券市場（株式市場）で運用する花見酒的な行動は、バブル的な株価上昇を助長しました。企業はまた、将来への布石として人事採用枠を拡大し、足元のニーズとは無関係に優秀な人材を大量確保する姿勢を強めました。

一方、銀行等の金融機関は、企業の資金調達の多様化に対抗して貸出先を確保するため、不動産向けの融資を積極的に行いました。不動産は〝土地神話（土地は絶対に値下がりしない）〟に支えられた高い担保能力が評価されたのです。不動産業者は土地を買い漁り、〝地上げ〟が社会問題になりました。

このように、バブル形成期には、過剰な消費、過剰なファイナンス（資金調達）、過剰な投資、過剰な雇用、過剰な融資など、いくつもの〝過剰〟が認められ、それらはバブル崩壊後に負の遺産として失われた20年を招く一因となったのでした。

◆バブルは何にでも発生するか？

バブルは一種のユーフォリア（euphoria：多幸感）です。人々の投機的な心理が刺激されれば、いつでもどこでも発生します。そして、ひとたびバブルが弾けると、その後始末には無駄な時間とエネルギーがかかるのです。

ただ、バブルには発生しやすい財とそれにくい財とがあります。たとえば、日本のバブルは土地と株価については顕著でしたが、債券価格は株価に比べると落ち着いていました。その理由は、債券には満期があり、満期には額面での償還が約束されているからです。100円で償還されることがわかっている債券が、その水準から大きく乖離《かいり》して値上がりするのは、残存期間がある程度長い場合であっても限度がある、ということなのです（このメカニズムについては、第3学期の「債券」で学習します）。

このことは、満期（耐用年数と言ってもよいでしょう）のあるもの、あるいはもう少しこの考えを拡張すると、価値が明らかなものには、バブルが発生しにくいと考えられます。反対に、期限がなく価値が曖昧なものには、バブル発生の可能性があるのです。

バブル形成期における経済主体各々のとった行動は、その時点では合理的と思われていました。しかし、事後的に見ると、合成の誤謬《ごびゅう》とも言えるような禍根を将来へ残す結果となったのでした。

◆金融ビッグバンってどんなもの？

ビッグバンとは、１３７億年前に起こった宇宙の始まりの大爆発のことです。金融ビッグバンは、その変化や影響の大きさを宇宙のビッグバンになぞらえて命名された改革のことです。元祖は１９８６年、サッチャー政権下のイギリスで実施された金融改革です。

日本の金融ビッグバンは、イギリスで行われた改革と比べても、より幅広く大規模な構造改革の一部を構成しています。構造改革は、１９９６（平成８）年11月、行政改革、財政構造改革、経済構造改革、社会保障改革、教育改革、金融システム改革、という「六つの改革と目標」について、当時の橋本龍太郎首相により手がけられたものです。構造改革が必要となった背景は、戦後の高度成長を支えたシステムが制度疲労に陥り、新たな成長戦略を模索する必要が生じたことも一因でした。六つの改革メニューのうち、最後の金融システム改革が俗に「日本版金融ビッグバン」と呼ばれるものです。

金融ビッグバンの目的は、バブル崩壊後に沈滞していた日本の金融資本市場を再生し、国際的な競争力を回復させることにありました。その基本理念は、フリー（free：自由）、フェア（fair：公正）、グローバル（global：国際化）の三つから成り、そのイニシャルをとってＦＦＧ三原則と呼ばれます。金融ビッグバンにより便利になった面もありますが、社会全体にリスクが拡散した側面もあり、自分を守るための知恵を磨くことがそれまで以上に求められるようになったのです。

◆国際化の意味

ＦＦＧ三原則では、フリー（それまでの規制を緩和もしくは撤廃して自由度を高める）とフェア（自由化で無秩序状態になるのを抑止し公正な社会を維持する）を通じて、グローバル（国際的に通用する体制を構築して競争力を高める）なパラダイムを構築することが目標とされました。

ところで、国際化という言葉は日常的に用いられていますが、その意味内容は微妙に変化しています。昔は貿易を通じた「モノ」の移動（輸出入）が中心でしたが、最近では資本（おカネ）や労働力（ヒト）の移動も盛んに行われるようになりました。つまり、国境を越えた交流が多面的になったのです。

国際化にはまた、「内から外へ」と「外から内へ」という二つの動きがあります。以前は原材料輸入・製品輸出という単純な関係が主流でしたが、この面でも内外移動の領域は広がり、かつ双方向性が強まりつつあります。

これら一連の変化は、国際化という意味が「インターナショナル：international」から「グローバル：global」へと変質していることを示しています。つまり、それまで〝線〟で結ばれていた国と国との関係が〝面〟での交流に広がり、内外の同質性を高めているのです。その結果、日本の伝統的な慣習や文化についても、さまざまな面で「国際標準（グローバル・スタンダード）」へのシフトが求められるようになりました。そうした変化の中で浮上してきた理念の一つが「自己責任原則」です。

8 自己責任原則を考える

◆自己責任原則の意味

自己責任原則とは、投資に関して投資家が結果責任を負う、という原則のことです。ただし、この原則は、投資判断を投資家自らが行い自らの意思で売買したことが前提になります。その前提が満たされている限り、投資で儲かれば投資家自身の手柄（?）になりますし、損をした場合もそれを甘受しなければならないのです。

今日では、投資の世界以外でも、また個人以外の主体でも、〝自己責任〟が問われる傾向にあります。たとえば、消費期限の切れた食品を食べてお腹を壊すのは自己責任ですし、海辺で使っていた防水機能のない電子機器が波を浴びて壊れるのも自己責任です。これらの行為の結果については、クレーマーと呼ばれる人たちであっても決してそれを企業の責任として文句をつけることはないでしょう。

それでも、企業はその種のトラブルを未然に防ぐため、食品には賞味期限・消費期限や産地・原材料などが記載され、製品説明書には詳細な「警告」や「注意」が記されています。いま、私の手許には、ある商品の説明書（マニュアル）があるのですが、そこには次のような「注意」が書かれています。

- 幼児を抱くときなどは、幼児のけがや事故防止のため、あらかじめ外すなど充分ご注意ください。
- 激しい運動や作業などを行うときは、ご自身や第三者へのけがや事故防止のため、充分ご注意ください。

ほかにもいろいろ書かれていますが、これは一体何の商品の説明だと思いますか？　正解は、何と「腕時計」なのです。それも００７の映画でジェームズ・ボンドが使用するようなものではなく、ごく普通の時計なのですよ。こうした注意書きは消費者や周囲の安全を守るために本当に必要なのでしょうか？　どうも私には、メーカーが訴訟問題になるのを嫌がり、自らの負担責任を回避するために書かれた〝保険〟に見えて仕方ないのですが……。

こうした例は、医療行為（手術など）における「同意書」の提出や、誰も読まない（わざと読みにくくしている？）保険の約款など、昔から類似したものはありました。しかし、最近では、腕時計の例のように、いささか行き過ぎた表示も目立ちます。

これらは、アメリカでは古くから行われていたようで、日本でもグローバリゼーションの進捗（実はアメリカ化?）に伴い普及してきたように思われます。

◆自己責任は冷たい?

自己責任原則が問われるようになった背景は、「働き方が変化したことによる歪み」でも見ました。誰かが自分の責任を肩代わりして守ってくれるなら、それは居心地の良い社会と言えるでしょう。しかし、今日の日本では社会全体からそうした余裕が失われ、自分の身は自分で守らなければならない時代を迎えているのです。地域社会の連携が崩れ、会社と従業員との関係が昔に比べて無機的になり、核家族化の進展が個食に象徴されるように家庭内での結び付きをも希薄化しているように思えます。おカネ持ちも、われわれ庶民も、相互に分断された状況の中で、自己責任という刃が突きつけられているようにも感じられるのです。

田中優子は「自己責任という言葉は、自分の責任についての言葉ではなくて、他人を突き放すときに使う言葉に聞こえる」と指摘しています。(1) たしかに、自己責任という言葉が用いられる時、責任を負うべき人が自ら使用するよりは、他人の行為を論評する場面で多く使われるような気もします。何かの負の結果に対して、他人から「それは自己責任だよ」と言われてしまえば、そこですべては終わってしまいます。その意味で、自己責任という言葉が無秩序に躍る社会には、冷たい印象を禁じえないのです。

（1）　佐高信・田中優子［２０１２］『池波正太郎「自前」の思想』集英社、p.51

◆求められる適合性原則

投資において自己責任原則が問われるためには、金融業者に「適合性原則（投資勧誘に際して、顧客の知識、経験、財産の状況など、属性に見合った対応をすること）」を貫徹していることが条件となります（『金融商品取引法』第40条）。

たとえば、いくら長期投資が有効だとしても、高齢者に10年、20年先の投資成果を謳《うた》うのは、子や孫のために〝美田を買う〟目的（第３学期で見るジュニアＮＩＳＡの利用など）以外には現実的でないでしょう。知識や投資経験の乏しい人に、リスクが大きく複雑なデリバティブ商品を勧めるのも問題です。このような不適切な勧誘を自制し、金融業者が適合性原則を徹底することで、投資家ははじめて自己責任を負担しうるのです。

よく「若者にはリスクの高い資産構成も許されるが、高齢者は安全性重視で」と言われます。(2) たしかに、残された時間の長さから見れば、そのとおりなのですが……。問題は、若者は総じて保有資産が少なく（それゆえリスクを取りにくく）、高齢者は相対的に保有資産が多いためリスク負担に耐えられる場合もある、ということです。つまり、年齢などで画一的に捉えるのではなく、適合性の判断にはきめ細やかな配慮が必要なのです。

ただ、われわれ個人が金融業者の良心に全面的に依存しているだけでは、あまりにも無防備過ぎると思われます。やはり、わからないものはわかるまで勉強するか、はじめから手を出さないことが重要です。そもそも、わからないものに責任は持てませんから、「わからないものに手を出さない」ことこそがおカネに関する自己責任の出発点であり、自分の身を守る基本にもなるのです。

（2） こうした視点から、株式と債券の構成比率をライフサイクルに合わせて変更する仕組みの商品に「ライフサイクルファンド」があり、確定拠出年金などでも利用されています。これには、投資期間内で徐々に債券比率を高めていく「ターゲットイヤー型」と、投資家自らが判断してファンド内でスイッチングする「ターゲットリスク型」とがあります。

◆知らないことは罪？

自己責任原則を声高に叫ぶ人の多くは、日本人の金融リテラシーの欠如を嘆き、金融教育や投資教育の必要性を主張します。たしかに、欧米に比べて日本人の金融リテラシーは低いかもしれませんし、金融リテラシーの向上はおカネと付き合う上でとても大切です。それにもちろん、何でも知らないよりは知っていた方がよいに決まっています。でも、それを強調するあまり、上から目線で無理やり教え込もうとする姿勢は傲慢ですし、興味のない人に押しつけても大きな教育効果は得られないでしょう。それに、国民が挙《こぞ》って投資やおカネ儲けに血道をあげる社会を想像すると、不気味に感じませんか？

「はじめに」でも述べたように、金融リテラシーには「攻め」と「守り」という二つの面があると思います。積極的に投資を行おうとする人には相応の知識も必要でしょうが、関心のない人は常識的な知識の範囲で自分の身を守れればよいと思います。治安が悪化しているからと言って、皆が格闘技の達人を目指す必要はないのです。その意味で、無知は必ずしも罪ではないと思います。声高に金融リテラシー向上の必要性を叫ぶのは、無理やり「空手を習え、合気道を学べ」と言っているようにも聞こえるのです。

もちろん、「守り」の金融リテラシーについても、トラブルを回避するために必要最低限の知識習得は必要です。でもそれは、画一的かつ一方的に教えるのではなく、学びたい人にそのレベルや関心に応じた教育（この学校で言えば、難しく感じたり興味の乏しい部分を読み飛ばすような学び方）が提供されるべきだと思います。また、社会的には自己責任原則で分断された個人が連携し、相互扶助を可能とするようなネットワークを作ることも有効と思われます。金融に興味も知識もない人たちであっても、慎ましく安心して暮らせる（不当に自己責任を押しつけられない）安全・公平な社会構築を目指すべきではないでしょうか？

冬期講習「株式会社を知ろう」

◆会社の種類

株式は、株式会社だけに発行が許される証券です。そこで、ここでは株式会社について、少し詳しく眺めることにしましょう。まずは株式会社へとつながる会社の種類（企業形態）を辿ることにします。

事業を営む姿としては、自然発生的な分業体制である個人事業を経て、次第に組織的な姿へと移行しますが、その典型的な形態が会社組織です。字義としての「会」は「あう・あつまる」ですが、「社」も土地を祀《まつ》る「やしろ」であり、神社のように人々が集う場という意味があります。つまり、「会社」とは〝人々が（ある目的の下に）集まる場所〟とするのが辞書的な意味です。

「会社」は英語でカンパニー（company）と表されますが、これはラテン語のcompanio《コムパニオ》（＝〝ともに[com]〟＋〝パンを[panio]〟）やフランス古語のcompānis《コムパニ》（構造と意味はラテン語と同じ）が原義であり、今日では「仲間」という意味でも用いられています。つまり、「同じ釜の飯を食った仲間」の集合体が「会社」なのです。なお、この学校では、「会社」と「企業」という語を混在して用いていますが、基本的に「会社」は具体的な実在組織形態もしくは法概念として、「企業」は抽象性を帯びたより広い概念として使い分けるよう意識しています。

会社の組織形成は、福澤諭吉が『西洋事情』で指摘するように、個人資本では営めない規模の事業を効率的に行うため、資本集中する機能を求めたものです。(1) 会社形成のための企業資本（おカネ）は複数の資本供給者が担いますが、とりわけ自己資本提供者の相違で企業の性格が規定されます。そうした視点から会社の種類を区分すると、「合名会社」、「合資会社」、「株式会社」の三つが主たる存在で、大きな流れで見ればこの順に発展過程を歩んできました。

まず、「合名会社：unlimited partnership」は、出資者全員が経営意思決定に参加し、会社債権者に対しては社員全員（ここで言う「社員」は従業員ではなく、出資者を意味します）が無限責任（会社が債務を支払うことができなくなった場合、すべてを個人財産で支払う責任）を負う形態です。

次に、「合資会社：limited partnership」は、合名会社における無限責任社員を中核としつつ、それに従属する地位の有限責任（会社が債務を支払うことができなくなった場合でも、出資金を超えて支払いを求められない有限の責任）の出資者が加わった会社形態です。

合名会社と合資会社はいずれも緊密な人的結合関係を基盤とし、会社の存亡もそれに依存するため、「人的会社：Personalgesellschaft《ペルゾナルゲゼルシャフト》」と総称されます。人的会社は、代替わりの繰り返しで当初の濃密な人間関係が薄れたり、能力が著しく劣る後継者が出現したりと、時間経過とともに会社の運営基盤が弱まる懸念が付きまといます。

これに対して、「株式会社：public limited company; joint stock company」[2]は有限責任社員だけから構成され、人的結合が希薄で会社の財産が成立の基盤となることから「物的会社：Realgesellschaft《レアルゲゼルシャフト》」と呼ばれます。株式会社の原型は1602年設立のオランダ東インド会社まで遡りますが、近代的な株式会社制度はイギリスの「産業革命：industrial revolution」を契機に整えられました。運河や鉄道などのインフラ整備が需要される中で、これらの工事を行うには大量の資本を長期に固定しなければならず、人的会社の枠組みでは対応が困難だったからです。その点、有限責任の出資者から成る株式会社の形態は資本集積が容易で、法的な整備（たとえば、後述する株式会社設立の特許主義から準則主義への移行など）とともにその制度は急速に普及しました。

今日では、世界的にも企業のほとんどが株式会社の形態で占められていますが、それはこの制度が優れて合理的だからです。アンブローズ・ビアス（Bierce, Ambrose: 1842-?）は、会社を「個人的責任を負わずに個人的利益を獲得できるようにするための巧妙な仕掛け」[3]と記述しています。ビアスの真意はともかく、ここには彼らしい諧謔や冷笑的なニュアンスは乏しく、期せずして株式会社の合理的な側面を示しているようにも読み取れます。

（1）福澤［1866］は、「西洋の風俗にて大商売を為すに、一商人の力に及ばざれば、五人或は十人、仲間を結てその事を共にす（初編巻之二）」と記しています。

（２）joint-stock companyの原義は合本会社（株式会社に酷似していますが、会社に法人格がなく無限責任が残るなどの相違があります）であり、アメリカ英語には合資会社の意味もあります。

（３）〝奥田俊介・倉本護・猪狩博／訳［１９７４］第8版『悪魔の辞典』〟p.93

◆株式会社の成立

世界初の株式会社は、１６０２年3月に成立したオランダの「連合東インド会社：ＶＯＣ」(4)とするのが定説です。ここではまず、その設立に至る歴史的な経緯を辿ってみましょう。

10世紀の後半以降、ヨーロッパでは十字軍遠征などを契機にベネチア共和国がアラブとの地中海貿易を拡大し、14世紀に入るとアラブからベネチアへの交易品はハンザ同盟(5)の商人を通じて内陸部へ運ばれるルートが確立していました。そうした中、バスコ・ダ・ガマが１４９８年に喜望峰経由のインド航路を開いたことで、ポルトガルが東西貿易の主導権を握り、交易拠点はベネチアからリスボンへと移行します。この時期は、スペインも南アメリカとの貿易を活発に行っており、メキシコからは銀がヨーロッパへと運ばれました。それらの中継貿易地として栄えたのがアントワープでした（アントワープは１３１５年からハンザ同盟に加入しています）。アントワープは、１５３１年に世界初の証券取引所が設立されるなど、国際的な金融市場として成長していきます。

当時はハプスブルク家の隆盛期に当たり、血縁による王室支配などによりヨーロッパ大陸のほとんどをその統治下に収めていました。それは、ネーデルラント（現在のオランダ、ベルギー、ルクセンブルクとフランス北部を合わせた地域）も同様でしたが、ハプスブルク系スペイン王のフェリペ2世の圧政に反抗して、1568年にオランダ独立戦争が勃発し、1581年に独立宣言が発せられます。この結果、「ネーデルラント連邦共和国」が発足しました。(6) この独立戦争では、アントワープがスペイン軍の攻撃により破壊されたため、北方のアムステルダムがアントワープに代わってヨーロッパの貿易・金融の中心地として機能したのでした。

「オランダ東インド会社」はこうした激動の中で成立します。当初の東インド会社は、アントワープからアムステルダムへ移住した9人の商人により1594年に発足しています。当時は「ポルトガル王立商業組織」が東インド貿易を独占していましたが、9人の商人はポルトガル王からインドの胡椒《こしょう》を扱う認可を得ていました。そこで、彼らは1航海限りで解散する当座会社を立ち上げ、1595年に4隻の船団を仕立てて、喜望峰経由で胡椒の貿易に乗り出したのです。しかし、結果は旗艦アムステルダム号と乗組員240人の6割以上を失い、収支面では航海費用を賄う程度の利益しか上げられませんでした。ただ、この航海に刺激され、1595年から1602年までに14もの東インド会社が設立されています。

ところが、会社間の競争激化により、胡椒などの買値の上昇と売値の低下に見舞われたため、それらを連合した「オランダ東インド会社」の設立が模索されたのでした。ここでは、出資者に有限責任制が採られたほか、１航海ごとに清算しない永続事業として営まれたことから、株式会社の原型と評価されます。ただし、「オランダ東インド会社」は政府の特許状により設立され、その事業分野に独占権が付与されるなど、今日の株式会社形態と異なり公的な色彩の強い存在でした。さらに、株主は10年間出資が固定され、その間の退社（換金）は許されませんでした。10年後に一般清算を行い、そこで漸く入退社が可能になるなど、多くの点で今日の株式会社とは異なっていました。

（４）Vereenigde《フェアアイニヒテ》 Oost-Indische《オストインディシェ》 Compagnie《カンパニー》のイニシャルを取って、ＶＯＣと略称されます。ここで、「連合」と言うのは、「連合東インド会社」がオランダの６都市（アムステルダム、ロッテルダム、ホールン、エンクハイゼン、ゼーランド［ミデルブルグ］、デルフト）による共同出資で設立されたからです。以下「オランダ東インド会社」と言うことにします。

（５）Hanzeとは、元来「商人仲間」を意味し、一般には中世ドイツの都市同盟を指します。13～17世紀にかけて、リューベックを盟主に北海・バルト海沿岸の諸都市が結成し、協同して海上交通の安全保障、共同防衛、商圏拡大などに当たりました。

（６）事実上の独立は１６０９年におけるスペインとの休戦条約成立であり、さらに１６４８年の『ウェストファリア条約』により正式に独立が承認されています。

◆各国の東インド会社

15～16世紀のヨーロッパでは、料理の発達に香辛料（スパイス）が大きな役割を演じました。この時代の香辛料と言えば胡椒《こしょう》がイメージされますが、ほかにもクローブ（丁子）、カルダモン（小豆蔻）、シナモン（肉桂）、ナツメグ（肉豆蔻）などがあげられます。これらの香辛料貿易の独占により、莫大な利益獲得を目指したのが東インド会社の設立動機です。とりわけ、インドネシア東部のモルッカ諸島に産地の限られていたクローブや、同じくバンダ諸島に限定して産出されたナツメグは、産地が比較的広範囲にわたる胡椒と比べて高額で取引されたため、その利権確保が国策的にも重要課題となったのでした。

そこで、主要国は競って東インド会社を設立しました。先鞭を付けたのはイギリスで、１６００年にエリザベス１世から特許状を得て「イギリス東インド会社」を設立しています。ただ、この会社は個別航海ごとに資金を集め、帰国後清算する仕組みでした。当時のイギリスには、永続的な事業を営むだけの資本蓄積がなかったからです。その改善策として、１６１３年から１６４２年まで３次に及ぶ合本会社が設立され、１次当たり数航海を営む方法が採られました。その後１６５７年、チャールズ2世の時代に新たな特許状が下付され、近代的な株式会社形態に移行したことで、漸く永続的な企業としてオランダとの対抗要件を備えました。これは、ピューリタン革命下で政権を掌握していたオリバー・クロムウェル（Cromwell, Oliver：1599-1658）の主導で行われたことから「クロムウェルの改組」と呼ばれます。

一方、フランスも、アンリ4世の認可により、１６０４年に「フランス東インド会社」を設立しますが、同社は一度も航海することなく消滅し、１６６４年にルイ14世の特許状を得て再出発しています。しかし、先駆者であるオランダやイギリスによる妨害活動などもあって、目立った成果を収めることはできませんでした。

このほか、デンマーク（１６１６年）、スコットランド（１６９５年）、ドイツ（１７２２年）、スウェーデン（１７３１年）、プロイセン（１７５４年）などで東インド会社が設立されますが、これらの多くは、オランダやイギリスの商人が非公式に香料貿易を行うために、各国政府の認可を受けて設立したダミー会社でした。

結局、東インド会社としては、オランダとイギリスが有力企業として活動し、香料貿易を基盤に植民活動を積極的に展開していきます。ただし、オランダの東インド会社は、次第に勢力を強めたイギリスの圧迫などから、植民地経営を政府に移譲する形で１７９９年に解散します。イギリス東インド会社も、植民地経営に軸足を移す中、自由貿易への要求の高まりを背景に１８３３年にまず貿易活動が停止され、インド反乱を経た１８５８年に統治権を政府に移す形ですべての活動を停止しました。

◆南海泡沫事件

オランダに代表される各国の東インド会社は、株式会社の原始的な形態を示してはいても、特許主義（会社の設立に際して議会や国王の許可を要する形態）により設立されるなど、今日の株式会社制度とは大きく異なっていました。それは、東インド会社のように利権が大きくかつ大規模な事業会社の存在は、極論すればその成否が一国の命運を左右するからでした。

そうした中、特許主義によらない今日的な株式会社はイギリスで普及していきます。従来の「特許会社：incorporated company」に対抗する形で発生した無許可の会社は、「法人格なき会社：unincorporated company」であり、「泡沫会社（bubbles）」とも呼ばれました。1690年代以降のイギリスでは無許可会社の設立が相次ぎ、それらの株式は活発に売買されましたが、特許会社も並存していました。その特許会社を舞台に発生したのが「南海泡沫事件：South Sea Bubble」です。

1711年、特許を得て「南海会社：The South Sea Company」が設立されます。同社は、当時スペイン領であった南アメリカとの貿易（主要な取引商品には鉱物資源のほか、奴隷も含まれていました）を独占する権利を付与された会社でしたが、イギリス政府はこの会社をスペイン継承戦争[(7)]により累積した国債を整理するための手段として利用しました。すなわち、イギリス政府が国債を南海会社への払込金として認めたため、南海会社の株価が上昇すれば買い人気が高まり、国債の整理が進捗するという仕組みでした。南海会社は積極的に南アメリカとの貿易を行うこともなく、イギリス政府の国債整理政策に沿って自社の株価操縦を行いました。

南海会社は、南アメリカの貿易権独占に加えて、活動地域における立法権、司法権、軍事権などの強力な権限を与えられていましたが、スペインの支配下にある南アメリカとの交易は現実的でありませんでした。両国間で協定交渉は行われており、現に1度だけ貿易活動が実施されましたが、その利潤の一部はスペインに譲る条件が課せられていました。その後の交渉が不調に終わったことで、南海会社の本来の事業目的は遂行困難な状況に陥っていたのです。

１７２０年1月に１２８ポンドだった南海会社の株価は、同年6月に１０５０ポンドまで高騰し、この過程で株式投資ブームが発生します。同時に、南海会社の株価上昇は、無許可会社の設立を加速化しました。この時期に設立された会社の中には、「塩水を甘くする会社」、「馬に保険をつける会社」、「毛髪取引の会社」、「海水から金を採取する会社」、「水銀を可搬性ある純金属に変える会社」、「永久機関の開発会社」、「大儲けする事業を営むがその事業が何かは誰も知らない会社」など、いかがわしいものが多く含まれていました。

そこで、１７２０年7月にイギリス政府は『泡沫会社禁止条例：Bubble Act』を制定し、無許可会社の禁止措置を打ち出しますが、(8)結果的には同法制定を契機に南海会社の株価は下落に転じ、同年末には１２４ポンドまでの急落場面を演じました。この暴落過程では、万有引力の発見で有名なニュートンも約2万ポンドの損失を被ったと伝えられています。こうした一連の動きは、バブルの発生と崩壊と評価されます。

南海会社の設立には、オックスフォード伯爵のハーレー（Harley, Robert）と、ブラント（Blunt, John：元はロンドンの代書屋〔公証人〕で、後に株式仲買人）が深く関わり、その後の会社運営でも重要な地位を占めていましたが、株価暴落を機にその責任を厳しく追及されることとなりました。ハーレーは大陸に逃亡し、21年間の亡命生活を送りました。一方、貴族に叙されていたブラントは、ロンドンの路上で狙撃され、一命こそ取り留めたものの、彼を含めた南海会社の幹部は身分を剥奪された上、私財を没収され、それらは一般投資家への損失補填に充てられました。

南海会社自体は特許会社であったため、『泡沫会社禁止条例』制定後も存続し、イングランド銀行などの支援も仰ぎましたが、結局1721年に事実上の破産を余儀なくされます。

その後のイギリスでは、新たな労働力の出現（農業革命による〝囲い込み［enclosure］〟で土地を失った農民が賃金労働者として機能）や商業革命による資本蓄積の高まり（より直接的な資本蓄積は、植民地拡大や世界貿易の独占によってもたらされました）などとともに、技術革新を背景とした産業革命[9]が急速に進展し、原料・製品輸送のための道路や運河の建設が需要されました。これら、工業化による産業規模の拡大や、交通革命に関わるインフラ整備の進捗に伴う産業組織としては、株式会社形態が合理的なのですが、制度上は1825年まで特許会社のみが株式会社として設立可能な時代が続きます。

（7） 1700年のハプスブルク家断絶に伴うスペイン王位継承を巡る戦争。新王にルイ14世の孫のフェリペ5世が即位したことを契機に、イギリス、オランダ、オーストリアがフランスのブルボン王朝の拡大に対抗して同盟し、フランス・スペインに宣戦しました。1713年のユトレヒト条約でフェリペ5世の王位継承は認められましたが、フランス・スペインは合併を禁じられ、植民地や領土の多くを失いました。

（8）　その真意は、Galbraith [1990]によれば、いかがわしい会社の締め出しよりも、南海会社の株価維持策であったとされます。

（9）　ニューコメン（Newcomen, Thomas）が1705年に発明した気圧機関を、1769年にワット（Watt, James）が改良した蒸気機関が象徴的存在です。

◆準則主義への移行

1825年、イギリスで『泡沫会社禁止条例』が廃止され、特許主義は終焉を迎えます。これは、運河建設などのインフラ整備に必要な資本調達スキームとして株式会社の制度が導入されたことに加えて、無許可会社を違法とし続けるのが無意味なほど株式会社形態が経済社会に浸透したことが背景です。また、国際的な環境変化も、『泡沫会社禁止条例』の廃止に反映されたと考えられます。

ヨーロッパでは、フランス革命（1789年）に伴い1807年に『フランス商法典：Code《コード》 de《ドゥ》 Commerce《コマース》』が制定され、免許制度の下ではありますが株式会社の設立と株主の有限責任の原則が明示されています。こうした流れは、産業革命の進展や自由主義思想の拡大に支えられ、特許主義に代わって一般法に準拠して自由な株式会社の設立を可能とする、「準則主義」を普及させました。先鞭をつけたのはアメリカで、1811年の『ニューヨーク州会社法：The New York Business[10] Corporation Law』が他国に先駆けて準則主義を唱えています。イギリスでは、鉄道会社ブームを背景とした1844年の『会社登記法：The Joint Stock Companies Registration and Regulation Act』を経て、それまでの個別立法をまとめる形で1862年に『会社法：Companies Act』が成立し、準則主義が確立しています。

その他の主要国では、フランスが1867年の『会社法：Loi sur les sociétés《ロアシュールレソシエテ》』で、ドイツが『商法：Handelsrecht《ハンデルスレヒト》』の第一次改正法（1870年）や第二次改正法（1884年）で、各々準則主義を採用しています。

このように、企業形態としての株式会社は、特許主義から準則主義への移行を通じてその地盤を固めますが、その経過は各国の事情により一様ではありません。各々の社会・経済の発展段階に応じて試行が重ねられながら、次第に今日的な形態としての株式会社組織に収斂《しゅうれん》していったのでした。

（10）イギリスの鉄道は1830年にリバプールとマンチェスター間で開通し、その後20～30年間で全国的な線路網が整備されています。

◆日本の株式会社

日本の企業組織は伝統的に個人商店の形態で一貫し、規模が拡大してもその枠組みが崩れることはありませんでした。会社成立は資本の結合や共同事業が要件ですが、江戸時代には少数の匿名組合組織の例しか認められません。(11) そうした時代の日本で初めて会社概念を明示したのは、1860（万延元）年に「日米修好通商条約」批准交換使節の新見正興に随行した小栗上野介でした。彼は帰国後に西欧社会にならった商社設立を主張しました。[12] さらに、より体系的な会社概念を示したのが、小栗たちの使節団を護衛する軍艦「咸臨丸」に乗船していた福澤諭吉でした。帰朝後に著した『西洋事情』では、欧米諸国の企業形態を「商人会社（商社）」として紹介しています。[13] 福澤は株式を手形と訳していますが、これは、一般に周知されていた江戸時代の手形に、有価証券概念を置き換えることで理解を促したものと捉えられます。また、商人会社を商社とも表現しており、小栗の表現と重なります。小林［1995］によれば、1867（慶應3）年の神田孝平訳『経済小学』、1868（明治元）年の加藤祐一『交易心得草前篇』でも商社の必要が説かれているとされます。さらに、会社設立に官許を要するとしている点は、この時点での福澤の株式会社に対する認識が特許主義であったことを示唆しています。

さらに、福澤の理念を現実の会社設立に結びつけたのが早矢仕有的《はやしゆうてき》です。[14] 早矢仕は美濃笹賀村出身の医師で、1867（慶應3）年に慶應義塾で2歳年長の福澤の教えを受けることとなりました。早矢仕はすでに医師として一家を成しており、福澤とは師弟関係を越えた同志的な存在として信認も厚く、福澤はかねて志していた西洋文物の輸入を早矢仕に託したのでした。早矢仕は明治政府から大学小助教の資格を得て、横浜黴毒《ばいどく》病院の院長の職にありましたが、その横浜の居宅で1869（明治2）年元旦に書店として創業したのが丸屋商社です。

開店に際しては、福澤の紹介により『西洋事情』の発売元である書肆《しょし》（書籍業）岡田屋嘉七に、福澤の著書などの委託販売を請うなどし、20両の借入資金等を元手に、実質的には1868（明治元）年11月に開業したと伝えられます。また、丸屋の店名は、丸に金銭の意味があり、江戸時代の一般的な商号であることに加えて、福澤との協議で世界（地球）を相手に商売するという趣旨から、当初は球屋と書いて「まるや」と呼んだそうです。しかし、誤読されることが多く（「まりや」や「たまや」など）、丸屋に改めたと言われます。

丸屋には江戸時代からの慣行に従い、屋号の下に善八という店主名が付されました（この名は、早矢仕が郷里を出る時に援助してくれた高折善六に由来すると言われます）。やがて丸屋善八が短縮され「丸善」と呼ばれるようになり、今日に至っています。創業期の丸善は和書も扱いましたが次第に洋書が中心となり、早矢仕が現役医師ということもあって、医薬品も取り扱われました。これらの品は、横浜の外人商店を通じて輸入されました。

初期の丸屋商社は、今日的に見ればプリミティブな点もありましたが、何よりも福澤の理念を反映して設立され、その後は曲折を経ながらも本格的な株式会社として機能し、現在まで存続していますから、これを日本初の実質的な株式会社と評価してよいと思います。

その後、1871（明治4）年に発行された『会社弁』[15]や『官版立会略則』[16]により株式会社設立の機運が高まり、政府も近代化推進の国策からこれらを奨励しました。そこで、殖産興業の資金供給ルートを整備する意味もあり、アメリカの「国法銀行（national bank：連邦政府認可の全国銀行）」のような機能導入を目指して、１８７２（明治５）年11月に『国立銀行条例』が公布されます。これを受けて、１８７３（明治６）年６月に東京第一国立銀行が設立されたのを皮切りに、全国で第百五十三国立銀行までが相次いで設立されます。これら国立銀行は、名前こそ〝国立〟ですが、国営組織ではなく、有限責任制を明確にした株式会社でした。その運営には取締役会が当たるなど、株式会社としての基本的な要件を具備していることから、本格的な株式会社としては東京第一国立銀行が日本で最初の存在ということになります。国立銀行は正貨兌換（金貨と交換可能）の国立銀行券を発行しましたが、１８７６（明治９）年に国立銀行券は不換紙幣に改められ、兌換は政府紙幣へと変更されました。また、１８８２（明治15）年の日本銀行設立に伴い、翌年からの国立銀行券の発行は停止され、創業後20年以内に既発行券を回収することとされました。明治時代は、第１学期で見たゲルマン紙幣と重ね合わせると、おカネを巡って目まぐるしい変化が起こっていたことがわかります。

なお、東京第一国立銀行の総監役（実質的な頭取）は渋沢栄一で、官民活動を通じた日本における株式会社制度定着への貢献が評価されます。また、国立銀行は、１８９９（明治32）年までにすべて普通銀行になりました。ちなみに、現在でも長崎にある十八銀行が第十八国立銀行の名称を継承するように、当時の社名を留める銀行もいくつか残っています（ただ、たとえば八十二銀行は、昔の第十九と第六十三が合併し、足し算で現在の行名になっていますから、油断はなりません）。

（11）小林［１９９５］は、１７４１（寛保元）年に松前藩が近江商人の西川伝治に煎り海鼠《なまこ》の長崎移出を請け負わせた例、及び1813（文化10）年に同じく近江商人の稲本・西村両家が共同で呉服商稲西商店を営んだ例をあげています。

（12）会社概念を示す言葉としては、「商社」という語が用いられました。具体的な設立事例としては、1865（慶應元）年の「鹿児島商社」、1867（慶應3）年の「兵庫商社」などがあります。

（13）福澤［1866］初編巻之一には、この冬期講習の注（1）の引用文に続けて「之を商人会社と名づく。既に商社を結めば、商売の仕組、元金入用の高、年々会計の割合等、一切書に認めて世間に布告し、「アクションと云える手形を売て金を集む。（中略）商人会社を結ぶに、その政府に告げ官許を受けざれば行うべからざるものあり。（中略）この類の事を為す者は、先ず政府に願い官許を受けて後、初て手形を売るべし。（後略）」とあります。ここでアクション（フランス語：action、ドイツ語：Aktien《アクツィアン》）は株式（株券）を意味します。

（14）早矢仕の事跡については、丸善株式会社［1980－1981］『丸善百年史、上巻・下巻・資料編』によります。なお、早矢仕は、ハヤシ・ライスの考案者とも伝えられます（日本橋丸善のカフェでは、今でも早矢仕考案とされる「早矢仕ライス」がメニューにあります。美味しいですよ）。

（15）諸外国の経済書の抄訳で、小林［1995］によれば、同書には株券の意味で初めて「株式」の語が用いられています。

（16）当時の大蔵大丞《だいじょう》であった渋沢栄一の著述で、通商会社や為替会社（何れも政府の指示で1869〔明治2〕年2月に設立された株式会社形態の会社で、前者は商業を、後者は銀行を営みました。共に1873〔明治6〕年頃には解散しています）について述べられています。

◆株式会社は誰のもの？

私たちの周囲にあるモノには、ほとんど持ち主（所有者）がいます。それでは、株式会社の持ち主は一体誰でしょうか？　サラリーマンは、よく「ウチの会社」と言いますが、別に「ウチ」が会社を所有しているわけではないですよね。一方、会社は「お客様は神様」だとか「あなたのお店〇〇」などと宣伝することがあります。でも、会社がお客のものなら、お客はおカネを払わずに品物やサービスを手に入れることができるはずです。

現実には、会社はそれらの対価としてお客から代金を受け取ります。それは、会社がおカネを儲けることを主要な目的として存在しているからです。では、儲けたおカネ（給料などを支払って残った利益）はどこへ行くのでしょうか？　これは、税金を払った後で会社の中に蓄えたり、株主に配当金として支払われたりします。それを決めるのは経営者（取締役会）です。ただ、経営者の決定を承認するのは株主総会ということになります（そもそも取締役の選任も株主総会での決議事項です）。つまり、会社の最終的な意思決定権は株主にあるわけです。これは、株式会社が株主のものであることを意味していると言えるでしょう。

第3学期

おカネの管理と投資について考える

1 貯蓄から投資へ

◆間接金融と直接金融

「貯蓄から投資へ」は、換言すれば「間接金融から直接金融へ」という流れを意味します。

間接金融とは、私たち個人のおカネが、銀行に代表される金融機関を通じて、最終的におカネを必要とする企業などに流れていく仕組みを表します。金融機関が〝間接的に〟おカネを仲介することからの呼称です。最終的な資金の担い手である個人と、最終的な資金の需要者である借り手の各々にとって、互いの顔が見えないという特徴があります。

これに対して、直接金融は、個人と企業との間に証券市場が介在しておカネが流れる仕組みです。銀行などの代わりに証券市場（具体的な窓口は証券会社）が置き換わるだけで、間接金融と大きな違いはないようにも見えます。でも、個人が証券を買おうとした場合、どの会社のどの証券（銘柄）かを指定する必要があります。少なくとも、証券の購入者には、自分のおカネの行き先である会社の顔が直接見えているのです。(1)

日本では伝統的に間接金融が主流を占めてきました。しかし、近年では国際化や自由化の影響もあり、直接金融のプレゼンスが高まりつつあります。「貯蓄から投資へ」という言葉は、こうした金融面の変化を、個人のおカネの在りよう（資金運用）という視点から表現したものなのです。

（1）第1学期「証券もおカネの仲間」の注（5）で見たように、特に株式の場合は記名式なので、名義書換により株主名簿に株主名が記されます。この結果、企業の側からも最終的なおカネの出し手の顔が見えるのです。

◆金融の意味と銀行の役割

「金融」とは、文字通り〝金銭〟の〝融通〟のことです。「カネは天下の回りもの」と言いますが、簡単に言えば「おカネの流れ」が金融です。このため、金融はしばしば「経済という〝体〟を流れる〝血液〟」と説明されます。ですから経済社会では、おカネが円滑に流れる仕組み（金融システム）を機能させ、それを維持することが大切なのです。その意味で、おカネを商売の拠り所にしている銀行の役割は重要です。

ボーナスのようにまとまったおカネを手にした時、私たちはとりあえず銀行に預金します。銀行は皆の預金を集めて、おカネが必要な個人や企業に貸し付けます。これは「金融仲介」と呼ばれる銀行の役割です。銀行はおカネの貸し手（預金者）と借り手の間に立って便宜をはかるのです。成長企業に貸し付ければ、その企業はますます成長し、日本の経済全体が潤います。反対に、利益が上がらない企業に貸し付けると、経済全体の無駄になるだけでなく、銀行は貸したおカネを回収できないことにもなります（銀行などが回収できない貸付金のことを「不良債権」と言います）。

銀行を通じて、預金と貸付が円滑に繰り返されることで、金融が拡大していくのです。たとえば、山川さんが100万円を預金したとします。銀行はその100万円を、自動車を買うためのおカネが必要な中村さんに貸し付けます。中村さんは自動車の購入代金として、自動車を売った佐藤さんに100万円を支払います。佐藤さんは受け取った100万円を銀行に預金します。この一連のおカネの流れにより、銀行には山川さんからの預金と佐藤さんからの預金の合計200万円が預けられたことになります。実際に動いているお金は100万円だけなのに、あ〜ら不思議、銀行の預金残高は倍の200万円になっているのです。銀行は、佐藤さんから預かった預金をまた別の誰かに貸し付けますが、この繰り返しで金融が拡大します。こうした機能は「信用創造」と呼ばれ、銀行の主要な役割の一つです。

さらに、家庭の電気料金や水道料金などは、一般に銀行の預金口座から自動的に引き落とされています。利用者にとって便利なこの役割は、銀行の「決済機能」と呼ばれます。

◆ペイオフ制度とは？

私たちが銀行におカネを預けるのはなぜでしょうか？　現金で持っていると盗難のおそれがありま

すし、つい無駄遣いをしてしまうかもしれませんが、銀行預金にしておけば、盗まれる心配はありませんし簡単には使えません。わずかながら利息も付きますから、少しずつでも増えていくことが期待できます。でも、そうした期待は、銀行に預けたおカネが絶対に安全で、必要なときには全額が払い戻されることを前提としています。

一方、銀行が私たちから預かったおカネは、企業や個人に貸し付けられます。貸付に際しては、借り手がおカネを返せるかどうか審査が行われます。そして、万一の場合に備え、借り手からは担保が差し入れられます。担保には土地などの借り手の財産が充てられ、借りたおカネを返せなくなれば担保物件は銀行のものになります。銀行はそれらをおカネに換えることで、貸し付けた金額を回収し、預金相当額を確保するのです。

ところが、たとえば担保として得た土地の価格が値下がりしていると、銀行は土地を売っても貸したおカネ全額の回収はできなくなります。つまり不良債権が発生するのです。不良債権が増えると、極端な場合、銀行は預金の払戻しや利息の支払いが難しくなり、〝貸し渋り〟や〝貸し剥がし（あらかじめ決めた返済期限を前倒しして資金回収すること）〟が起こります。バブル崩壊後の銀行は不良債権に悩まされ、体力を低下させていったのでした。そうなると、預金の安全性を保証することが難しくなります。そこで、現れたのが「ペイオフ」制度です。

ペイオフは、銀行の経営が破たんした時、「預金保険機構」という機関を通じて預金の合計

1000万円とその利子までが払い戻される制度ですが、それを超える預金は戻ってこないこともありえます。ペイオフの解禁により、(2)銀行への預金が絶対に安全確実であるという時代は名実ともに終止符を打ったのです。(3)

しかし、ペイオフ制度には疑問を呈する向きも少なくありません。銀行は、預金者に相談することもなく、自らの判断で貸付を行ったのですから、その結果についても銀行の自己責任に帰せられるべきであり、預金者がその巻き添えを喰うのは理不尽である、などの主張です。あなたはどう思いますか?

(2) ここで〝解禁〟というのは、1970年代に創設されたペイオフ制度が、金融システム維持の見地から何度も凍結されてきたためです。

(3) ペイオフ解禁は2002(平成14)年4月1日から実施されましたが、普通預金は当座預金(一般に小切手や手形の支払いに充てる無利子の預金)とともに「決済用預金」として扱われ、ペイオフの対象外とされていました。2005(平成17)年4月1日以降、普通預金もペイオフの対象とされたため、これをペイオフの本格解禁とも言います。当座預金などの決済用預金は恒久的に対象外として扱われています。

◆金融は信頼が基盤

それでも、私たちはおカネを銀行に預けています。それは、預けたおカネが銀行によって安全に守られると信じているからです。ペイオフ制度はあるものの、その範囲内に限れば、今日でも銀行預金は安全確実と言ってよいでしょう。

まとまったおカネを銀行に預金するケースを考えてみましょう。たとえば、１００万円を銀行へ持って行くと、預金通帳とともに現金を窓口の女性に手渡し、代わりにプラスチックや紙の番号札を受け取ります。しばらくすると、その番号が呼び出されるかディスプレイに表示され、窓口で番号札と引き換えに１００万円分が残高に追記された通帳が手渡されます。

ここからは妄想の世界です。窓口で１００万円の現金と通帳を渡したのに、いつまでたっても自分の番号が呼ばれなかったらどうしますか？　待ちきれなくなって番号札を持って窓口に行くと、「何のお話ですか？」と相手にされず、現金も通帳も戻ってこなかったら……。そんなことは絶対にありえないと言い切れますか？　プラスチックや紙の番号札には、窓口でいくらの現金を渡したかといった情報は何も記されていないのですよ。そして預金者の側には、自らの正当性を主張する材料は番号札しかないのです。窓口には現金・通帳とともに、必要事項を記入した預入申込用紙も提出していますが、それをも「何かの手違いですね」と言われ、そもそも番号札を持っていることの正当性すら否定されてしまったら……。これはもう悪夢です。

それにも関わらず、こうしたやりとりが日常的に行われているのは、窓口の銀行員や銀行に対して、私たちが無防備なほどの信頼感を持っているからです。ＡＴＭが相手の場合でも、私たちは機械への信頼を前提に利用しています。もちろん、銀行サイドも、利用者の信頼を裏切らないだけのモラルを持ち、行内システムの面でもトラブルを起こさないよう安全弁が施されているのは言うまでもありません。

つまり、金融という世界は、相互の信頼を基盤に成り立っているのです。その前提の上で、私たちは右のような銀行との日常的なやりとりを、何の疑問も抱かずに（抱く必要もなく）行っているわけです。

◆「貯める」と「増やす」

おカネを「貯める」行為とは、第1学期で「黄金餅」の落語に登場した西念や、５００円玉を缶に入れた私のように、シコシコとおカネを集めることです。しかし、貯めたおカネは、そのままでは減りも増えもしません。もちろん、貯める過程では少しずつ貯金箱が重さを増していますから、途中で箱を開けて消費しない限り増えていることは確かなのですが、すでに貯金箱の中にあるおカネの額は変化しません。貯金箱の中のおカネは遊んでいて（死蔵されているだけで）、働いていないからです。

おカネが働くというのは、おカネが持ち主のもとを離れ、お友達（おカネ）を連れて戻ってくる現象を言います。そして、このように、おカネに働かせることが「増やす」という行為になるのです。

投資とは、おカネを増やす目的でおカネに働かせる行為のことです。その意味では、銀行に預金するのも投資行動（資金運用）の一部です。おカネを働かせる先（投資対象）には、多様な種類があります。それらをザックリとまとめると、第1学期「証券の役割」の項で見たように、「実物資産：real assets」と「金融資産：financial assets」に集約されます。「実物資産」とは、土地などの不動産、金の地金や宝石、絵画などの美術品、……、のようにモノの裏付けがある資産です。これに対して「金融資産」は、預貯金、投資信託、株式、債券、保険、……、のような金融商品を指します。一般に、私たちがおカネを働かせる場はこれらのどれかになるのです。

ただ、実物資産の多くは流通する場（市場）が整備されていないため、換金しようとすると、時間がかかったり不利な価格で売るハメになったりしがちです。その点、金融資産は換金ニーズに対する即応性が高く、その価格形成にも総じて客観性が認められます。

◆投資と投機

「投資：investment」と類似した言葉に「投機：speculation」があります。一般に、投資は善で、投機は悪というイメージがあるように思います。でも、本当にそうでしょうか？(4) これらは、日常的に用いられる言葉の割には、その意味が曖昧にしか認識されていないように思います。

一般に、投機は「機（＝タイミング）に投じる」行為ですから、投資に比べて①リスクが大きい、②資金回収までの期間が短い、③資金提供者の射幸心が大きい、などが特徴とされます。でも、これらも両者の境界を明分してはいません。

図表8　投資と投機の概念図

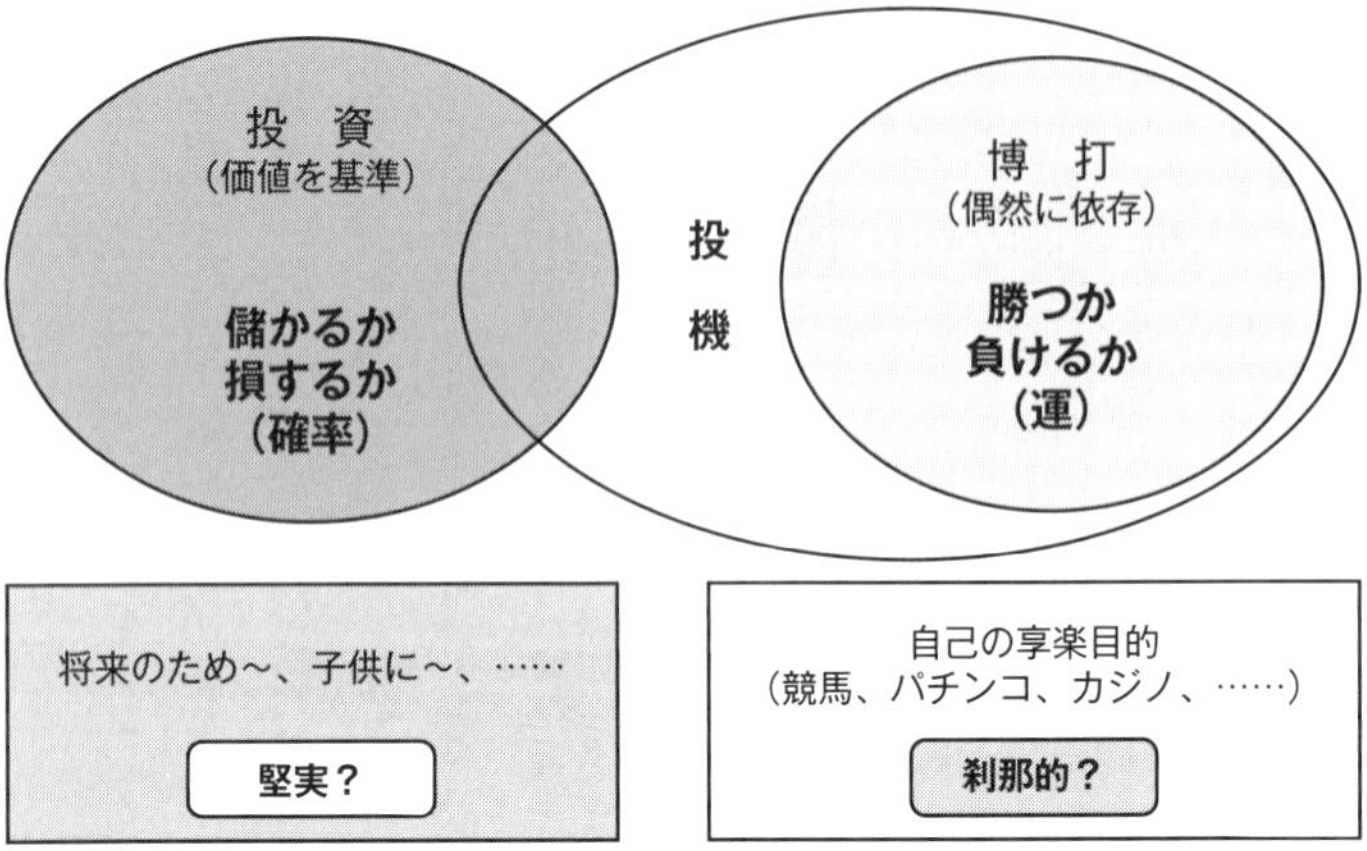

（出所）　髙橋作成

資本主義が発展するプロセスでは、常に投機マインドの存在が必要です。新しい技術を産み出したり、新製品を開発したり、新たな販売網を開拓したりする場合、すべては企業の将来における〝夢〟を基盤としています。ですから、そこには果敢なチャレンジ精神があるはずです。そうしたチャレンジ精神は、投機と親和性がありそうです。

また、企業が行う生産活動には、完成まで長い期間が必要な計画を伴うこともあります。そうしたケースでは、保険のような「ヘッジ（hedge：掛けつなぎ）」機能が求められます。そして、ヘッジが円滑に機能するためには、それに応じてくれる存在が不可欠です。投機には、そのような場面でヘッジとは逆の立場でリスクを引き受ける、保険会社のような役割があります。

資本のリスクを分散・移転する道筋がない状況では、投資と投機の定義を行って両者の区分を明らかにすることも、安全確保のためには必要だったことでしょう。しかし、近年のように証券化[5]が進み、デリバティブ（derivatives：派生資産）市場が整備された環境にあっては、資本取引のヘッジ機能が発揮しやすくなっています。

そこでは、投資と投機の相違が観念的には存在するとしても、機能面で両者を区別する意義は低下していると思われます。ただ、リスクの多寡を基準に考えると、証券売買では価値を基準とした売買行動が投資であり、価値から遊離した価格を容認する売買行動を投機と位置付けることができそうです。その意味で、投機には常にバブル発生の危険性が内包されているのです。

（4）ケインズ（Keynes, John Maynard：1883-1946）は、投機を「予測し難い将来価格の変動を、他人に先駆けて見通すことにより、利益を得ようとする行為」と定義しています。けれども、投資も投機も、それにより利益を得ようとする行為という点では共通しています。しかも、事前的に将来価格の変動を正確に予測することは誰であっても困難です。そうすると、ケインズの言葉では、「他人に先駆けて見通す」ことが投機に関する定義の本質になってしまいます。でも、これは投資についても重要なテーマですから、曖昧さは少しも解消されません。

（5）さまざまなモノや権利を証券で示そうという動き。この学期の「4　証券化って何？」で学習します。

◆宝くじという選択

あなたは宝くじを買いますか？　日本の宝くじは、前に落語『水屋の富』の話に出てきた、江戸時代の富くじにその起源を遡ることができます(6)。現在のスタイルの宝くじは、１９４５（昭和20）年７月に「勝札《かちふだ》」という名前でスタートしています。戦後の経済立て直しのために、庶民の「タンス預金」を吸収する目的で発行されました。当時の１等賞金は10万円だったそうです。

最近は、宝くじの賞金が高額化する傾向にあります。年に５回発行される「ジャンボ宝くじ」の１等賞金は５億円以上が当たり前になっています。宝くじは、法律によって当選金額の上限が定められています。２０１２（平成24）年３月の『当せん金付証票法』の改正により、総務大臣の指定を受けた宝くじは、上限が額面金額（１枚当たり購入金額）の２５０万倍と定められています。１枚３００円の宝くじなら、１等は７億５０００万円までの賞金を付けることができるわけです。

「夢を買う」という意味で、宝くじは魅力的な存在ですが、どのくらいの確率で当選すると思いますか？　その前に、まず宝くじの販売で集まったおカネの行方を調べてみましょう。２０１４（平成26）年度の実績では、９００７億円の販売額のうち、46・７％が当選金として購入者に支払われています(7)。これは、１等から下一桁が当選番号の末等まで、すべての当選者への合計支払額ですから、全体としての購入者への還元率は集まったおカネの半分以下と、決して高くありません。

それでは、１等に当たる確率はというと、２０１６（平成28）年７月に発売された１等賞金５億円の「サマージャンボ宝くじ」は、１０００万分の1でした。これがどれほど大変な数字かを、お米を例に見てみましょう。(8) 精米した平均的なお米一粒の重さは約０・02ｇです。ですから、１kgのお米には５万粒が入っている計算になります。これから換算すると、１０００万分の1という確率は、市販の10kg入りの米袋20袋の中のたった一粒ということになるのです。

そうすると、確実に5億円を当てるためには、販売1ユニットの合計金額30億円が必要となります。もちろんこの場合は、前後賞や末等まで全賞金が手に入るのですが、その回収総額は約14億円にしかなりません。宝くじは決して割の良い利殖手段とは言えませんね。

宝くじは、ギャンブルと割り切るか、売上金の使途を見て社会のため役立つ事業に間接的に寄付しているのだ、と考える方が現実的かもしれません。ただ、当選金には税金がかかりませんから、当たればとても〝おいしい〟ことは事実です。

買わなければ当たらないし、買ってもなかなか当たらないのが宝くじ。まさに「夢を買う」ということなのでしょう。

(6) 江戸時代の富くじは、お寺や神社の修復費用などを集める勧進目的で募集されましたが、今日の宝くじの収益金は、発売元の都道府県や政令指定都市の収入となり、公共事業や高齢者福祉などを目的に使われます。また、今日では〝サッカーくじ〟も出現していますが、以下では伝統的な宝くじに限って話を進めます。

(7) このほか、39・8％が都道府県等の発売元へ、12・3％が印刷代・手数料・広報費などに充てられています。

（8）以下、米粒の事例は、『朝日新聞』2012年5月5日付、b3のコラム「サザエさんをさがして」の記事によります。

2 主な金融商品

◆株式

証券と言えば株がイメージされますが、株式は株式会社だけに発行可能な証券です。株式には、発行者（株式会社）と投資家という立場の相違により、二つの顔があります。

株式会社は株式の発行により、投資家からおカネの払い込みを受けます。これが資本金となり、さまざまな企業活動に取り込まれ、企業を資金面から支えます。つまり、株式は、発行者から見ると、概念上「資本の構成単位」になります。

一方、投資家は株式と引き換えに代金を支払います。これは出資と呼ばれ、出資により投資家は株主となり、その会社に対していろいろな権利を持つようになります。つまり株式は、株主（投資家）の立場から見れば「出資の単位」になるわけです。株主は出資額に応じて株式を所有しますが、これは冬期講習でも見たように持ち株の分だけ株式会社のオーナーになることを意味します。

代表的な株主権には、「経営参加権（株主総会に出席して議決権を行使する権利）」、「残余財産分配請求権（会社が解散した時、債権債務を相殺した後に残った財産を受け取る権利）」、「利益配当請求権（会社が利益を上げた時、配当金としてその〝山分け〟に与《あずか》る権利）」があります。これらの中で、最も投資家に身近なのは「利益配当請求権」でしょう。株式の価値を計測する上でも配当金は重要なファクターですし、実際の株価形成にも直接的な影響を与えます。また、法的に明示された権利ではありませんが、〝株主優待〟も、個人投資家には銘柄選定に際して考慮されることが多い、魅力的な存在です。

ただ、株式には元本保証がありません。株価は時々刻々と変動しますから、それによって値上がり益を享受する機会もありますが、暴落に見舞われたり、投資先の会社が倒産して株券が紙くずになってしまうリスクもあるのです。

◆債券

債券は、株式と並び代表的な証券です。株式が株式会社しか発行できないのに対して、債券は株式会社以外にも、国や市町村、非営利団体など幅広い機関で発行が可能です（個人は発行できません）。

債券にはそれぞれ発行根拠となる法律が定められています。債券はそれらの根拠法に基づいて発行され流通するのです。

債券は一種の借用証書（借金の証文）で、発行者が資金を調達する際に発行されます。発行者にとっては借入金（借金）ですから、原則として投資家に利息を支払い、満期時には元本を返済する義務を負います。ただし、銀行からの借入と異なり、債券発行者は多数の投資家から同一の条件で大量の資金を集めることが可能です。集められた資金は長期安定的な性格を持ちますが、満期には返済しなければなりませんから、長期ではあっても一過性の資金ニーズに対応しやすい調達手段です。

一方、債券にも株式ほどではありませんが価格変動があります。債券価格の変動は主に金利水準の変化からもたらされます。たとえば、市場金利が5％の時に、5％の利率（クーポン・レート）で、額面100円で発行された固定利付債は、満期までこの水準の利払い（額面に対して毎年5円の支払い）が約束されます。ところが、途中で市場金利が10％に上昇すると、誰も5％の債券を100円では買いません。市場金利並みの利率で、別の債券が発行されるからです。そうすると、単純な計算上は債券価格が50円まで値下がりすれば、市場金利と見合う投資対象になります（[5円÷50円]×100＝10％）。ただ、債券には満期があり、満期には額面で償還されますから、実際にはそこまで値下がりすることはありません（50円まで下がると、満期には100円が戻るので、2倍の値上がり益が生じるためです）。ただ、金利と債券価格とが逆相関の関係（金利が上がれば価格が下がり、金利が下がれば価格が上がる）にある点は理解しておく必要があります。

なお、個人が手軽に買える債券としては、１万円から購入可能な「個人向け国債」があります。これには、期間10年の変動金利物、３年と５年の固定金利物があります。中途換金は１年経過すれば可能ですが、その際に直近の税引前利子相当額が差し引かれるため、受け取る金額が投資額を下回ることもありえます。

◆投資信託

投資信託は、①少額資金の集積と共同投資、②専門家による運用・管理、③分散投資、という三つの機能を備えた金融商品です。

「少額資金の集積」は必ずしも資産家でない人々にも投資機会を与えますし、「共同投資」は資金を集約し高額な対象や複数の多様な対象への投資を可能にするなど、規模の効果を発揮します。また、「専門家による運用・管理」は、煩雑な投資関連事務から投資家を解放し、投資の知識や経験が乏しく時間的余裕のない人々にも投資機会を提供します。さらに、「分散投資」の効果を発揮するには、組入れ銘柄構成の最適化などで数理的なプロセスが必要ですが、この点でも専門家の手腕が活かされます（「餅は餅屋」ということですね）。

すなわち投資信託は、不特定多数の人々を対象に、小口の資金を大量に集め、組織化された資本を、運用の専門家が有価証券などに投資し（同時に資産管理の専門家が管理し）、その結果得られた収益を投資家に還元する仕組みです。株式投資と比べると、株式投資は資金提供者（投資家）が株式を発行する会社の事業に直接出資する行為であるのに対し、投資信託は資金提供者（投資家）が株主としての直接的な権利関係を持たず、分散投資機能を発揮できる点が異なります。

近年では、ＥＴＦ（Exchange Traded Fund：証券取引所に上場し、株価指数などとの連動を目指す商品）や後述する不動産投資信託など、商品の多様化が進んでいます。これらの中には、投資信託と名乗ってはいても、信託のスキームを用いない商品も出現しています。

投資信託は、投資家にとって利便性の高い制度ですが、投資に際してはリスクの多寡だけでなく、手数料や信託報酬などコスト面の評価を行うことも大切です。

◆デリバティブ

「デリバティブ：derivatives」とは金融派生商品のことです。そこでは「原資産」と呼ばれる株式や債券など実際の金融商品の存在が基礎になっています。金融派生商品の多くは原資産を基に、取引に時間的な幅を持たせた仮の金融商品なのです。

デリバティブには、原資産取引の場に多数の買い手と売り手を集めることで、公正かつ合理的な価格形成の促進が期待されています。デリバティブの代表的な取引動機は、リスクのヘッジ（hedge）、アービトラージ（arbitrage：裁定、サヤ取り［たとえば原資産とデリバティブとの価格差を利用して無リスクで利益を狙う取引］）、スペキュレーション（speculation：投機［ヘッジの相手方となる取引］）の三つです。どの立場に立つにせよ、取引に伴うリスクの正確な把握が不可欠です。この点をおろそかにすると、意図しない巨額の損失を被ることがあります。デリバティブは、「先物」、「オプション」、「スワップ」が代表的な存在です。

「先物取引：futures」は、現在の価格で将来の取引を約束することです。モノを買う時は、品物と引き換えにおカネを払います。でも店に品物がない場合は取り寄せてもらって、品物が届いた時におカネを払うことになります。その間にもし品物の値段が上がれば、しぶしぶ高い買い物をしなければならないことも起こりえます。しかし先物取引では、将来品物の価格が変化しても、注文（契約）した時の値段で取引できるのです。先物取引には、品物を買う場合と売る場合とがあります。現在１００円の品物を先物取引で買った場合、将来の実際に取引される期日（限月と言います）の値段が１２０円になっても１００円で買えるので、20円得をしたことになります（１００円で買って直ちに１２０円で売れば、20円の儲けになります）。売った場合は逆に20円の損です。先物取引には、農産物や鉱物などの「商品先物」のほか、為替、金利、株式などの「金融先物」があります。先物取引の決済は、実際の損益（この例では20円）の授受（差金決済と言います）で行われるのが普通です。

「オプション取引：options」は、〝権利〟を取引の対象とします。何の権利かと言うと、あらかじめ決めた値段で、将来時点の品物を売買する権利のことです。つまり、オプション取引とは「品物を買う権利」や「品物を売る権利」を売買することなのです。先物取引では限月に決済する義務がありますが、オプション取引は権利ですから、損が生じた場合には権利を放棄すればよいのです。その代わり、権利を持つためにはおカネを払わなければなりません。その額は実際の取引金額に比べて格段に小さいため、投資家は持っているおカネでより大きな額の取引を行うことができるのです(1)。このため、オプション取引のリスクは大きくなりがちです。

「スワップ取引：swap」も、デリバティブの一種とされます。スワップは「交換」を意味する言葉です。一般には金利や為替を対象に取引されます。たとえば、輸出で稼いでいる日本の会社（A社）が売上を米ドルで受け取る契約をした場合、支払われるまでの間に為替変動で損が発生することもあります。一方、輸入で稼いでいる会社（B社）が、米ドルで相手に支払う必要があるとします。この場合も為替変動の影響は会社の利益に影響を与えます。そこで、A社とB社との間で為替のスワップ取引を行えば、少なくとも合意した金額については、互いに将来の為替変動による損失発生のリスクから解放されます。このように、スワップ取引は一般の商取引で国境を越えて広く行われています。

デリバティブは、普通の投資家には縁のない存在のように感じられるかもしれません。しかし、かつて裁定取引の活発な利用が原資産市場の価格形成に多大な影響を与え、「尾（派生資産市場）が犬（原資産市場）を振る」と表現された時代のあったことを思い起こせば、一般投資家にとっても無視できない存在と言えるでしょう。

（1）　このメカニズムはＦＸ取引のレバレッジと同様です。詳しくは第１学期「何が為替レートを変化させるか？」の注（13）を参照してください。

◆日本は先物先進国

デリバティブの歴史は古く、古代ギリシア時代まで遡《さかのぼ》ると言われます。取引所という整備された場での取引としては、16世紀前半のアントワープ（ベルギー）やリヨン（フランス）で、香辛料、穀物などについて現物と先物がともに取引されていたようです。ヨーロッパでは、その後、宗教改革や戦争などによる混乱でアントワープが衰退し、代わって17世紀にはアムステルダム（オランダ）取引所が、東インド会社の隆盛やチューリップ熱から活況を呈しました。さらに、18世紀後半からの産業革命によってイギリスがヨーロッパの商品・金融取引の中心となり、商品証券（倉庫証券や船荷証券など。第1学期「証券の分類」の注（9）を参照してください）の流通を背景に差金決済による先物取引が定着していきます。

アメリカでは19世紀、中西部の穀倉地帯の中心都市で交通の要衝でもあるシカゴで、穀物取引が活発に行われるようになりました。１８４８年に82人の穀物業者がシカゴに集まって統一的な商品取引所を開設、１８６５年から先物取引が始まりました。

一方、日本では、江戸時代に大阪の堂島で米を対象とした取引が行われていました。特に、享保年間（1716〜36年）には米の標準品が定められ、活発な先物取引が実施されました。こうした取引は当初は非合法であり幕府の取締り対象だったのですが、1730（享保15）年に「帳合米商《ちょうあいまい》い（実際に米の受渡しをせず、帳簿上の差金の授受で決済する先物取引）」が公認されています。このように、組織化された先物取引市場では、日本は歴史的に先進国だったのです。この伝統が明治以降、株式市場の「清算取引（実質的に先物取引と同じ）」に活用されるのですが、第二次世界大戦後の「証券取引三原則」(2)により禁止されました。日本で先物取引が再開されるのは、1985（昭和60）年に東京証券取引所で「債券先物」が開設されるまで待たねばなりませんでした。ちなみに、日本でのオプション取引は、1989（平成元）年からスタートした「債券店頭オプション」が最初です。

（2）　1949年4月、GHQのアダムス証券担当官から提示されたもので、①時間優先の原則（証券取引はそれが行われた時間的順序によって記録されねばならない）、②取引所集中の原則（上場銘柄の取引については取引所市場での執行を原則とする）、③先物取引の禁止（戦前活発に行われていた投機的な清算取引は禁止し、堅実な実物取引に徹する）の三つから成ります。

◆外貨建て金融商品

外貨建ての金融商品は、国内よりも高い金利水準の通貨に投資する機会を与えます。商品の種類も、普通・定期預金、債券、投資信託など広範であり、保有するおカネを円資産以外に分散化する効果が期待されます。しかしその半面で、為替相場の変動は大きく、投資対象資産に本源的に付随するリスクに、為替リスクが加わる点には注意が必要です。また、提示された高金利が満期まで持続するかどうかや、投資時と換金時の手数料の存在などにも意を払うべきでしょう。特に、高い金利水準が提示される投資先は、政治や社会が不安定なケースもありますから、カントリー・リスクも考慮すべきです。

ただ、投資先通貨に対して円高が進み為替差損が発生した場合、もし円に交換せずに投資先通貨で受け取ることが可能であれば、その通貨が流通している地域へ海外旅行に出かけ、高金利で増えたおカネで少し贅沢な旅を楽しむ（現地通貨を現地で使う）という方法もあるでしょう。

◆ラップ口座

「ラップ口座：wrap account」は具体的な金融商品ではなく、富裕層向けの金融サービスです。アメリカで１９７５年に株式委託手数料が自由化されたのを契機に、アメリカの証券業者により開発された資産管理システムのことです［図表９］。

具体的には、証券業者が投資家に対して資産管理、運用、報告、助言を行う一方、顧問料、売買手数料、口座管理費などの費用を一括して徴収する口座です。各種サービスを「包括する（wrap）」と同時に、顧客の資産を「包み込む（wrap）」ことに由来した名称です。近年ではＳＭＡ（separately

図表9　ラップ・アカウントの仕組み

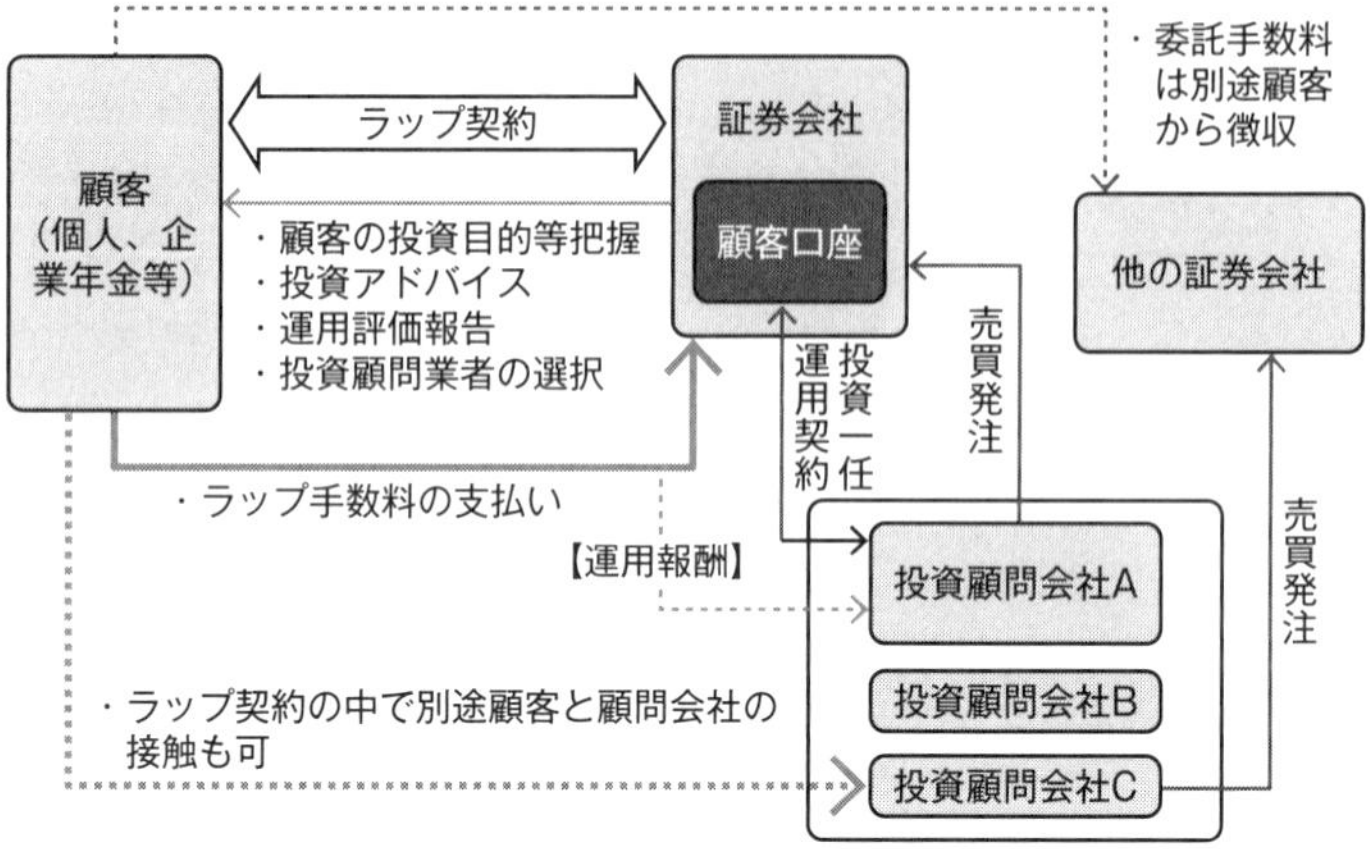

（出所）　髙橋作成

managed account）とも呼ばれ、顧客ごとの特性に、より合致したサービスの向上が図られています。

証券業者にとっては、安定的な収益源の確保を通じて高い格付けが得られ、その結果資金調達コストが低下することで競争力向上が期待されるメリットがあります。投資家にも、保有金融資産全体について専門家のきめ細かなサービスを受けることで、投資に関わる面倒な事務から解放され、自らの資金性格に忠実な資産運用が行われるメリットがあります。

ラップ口座は日本でも複数の業者がサービスを提供していますが、投資金額の下限が設けられており、誰もが気軽に利用できるわけではありません（近年では、投資信託を対象とした「ファンド・ラップ」が登場し、比較的少額な資金でもサービスを受けることができるようになりました)。

◆金融商品とどう付き合うか？

このほか、ここでは触れませんが保険商品や銀行商品などもいろいろ存在しています。また、今後も次々に新しい金融商品が登場すると思われます。そうした投資対象とは、どう付き合うべきでしょうか？

まず、自らのライフ・ステージや属性（年齢、家族構成、所得、保有資産額など）を踏まえ、投資目的を明確にした上で、投資期間、投資金額、リスク許容度などを定め、資金性格に応じた商品を選択し組み合わせることが求められます。その際、期待収益率とリスクの関係とともに、手数料、口座管理料、税金などコスト面の評価も忘れてはなりません。

また、同種の金融商品でも提供業者によって条件が異なることがあり、事前の比較検討が必要です。さらに、第2学期で触れた自己責任という視点からは、理解できない商品への投資は避けるか、少額の投資（最悪失っても許せる金額）に留めるべきです。〝わからないもの〟に〝わからないまま〟投資をするのはきわめて危険です。その場合は、わかるまで勉強するか、投資を控える方が賢明なのです。迷ったら手を出さないことも大切です（第2学期で紹介した『徒然草』98段の言葉を思い出してください）。それと、世の中に「うまい話」はありません。ましてや、赤の他人が「耳寄りな話」を、あなたにだけ囁《ささや》くことは絶対にありません。ですから、他人の話を鵜呑みにすることも避けるべきでしょう。

3 証券と投資の基礎知識

◆利子の話

利子とは何でしょう？　アリストテレスは、「通貨不妊説」を唱えました。通貨（おカネ）は交換手段だから「通貨が通貨を繁殖させる（子供を産む）ことは不自然であり忌むべきもの」という主張です。アリストテレスは、すべての商取引から利潤を得ることにも反対しています。それは、アリストテレスがおカネの役割について、物を買うための道具という認識しか持っていなかったからです。おカネが交換という役割を果たすだけなら、利子という形でおカネがおカネを産むのはおかしいし、商取引もモノとモノ、モノとおカネとの公正な等価交換に留まる限り利潤の生じる余地がありません(1)。

こうしたストイックな考えには傾聴すべき面もありますが、歴史的に経済発展に連れて社会が複雑化すると、資金需要が消費目的から生産目的へと変化していきます。そこでは、おカネにも単なる交換手段以上の役割が求められるようになるのです。生産者は、たくさんのモノを売ってたくさんのおカネ（利益）を得ようとしています。そのためには原材料や部品を大量に仕入れる必要があり、相応の資金が必要です。もし十分な資金がなければ、おカネを借りる工面をしなければなりません。そこで、借りたおカネを活用して儲けられれば、貸した人にお礼をするのは当たり前、という考え方もできるでしょう。利子には、そのお礼の意味があります。換言すれば、生産活動から生じた利潤を、資本の利用者が資本の提供者に分配するものが金利（あるいは利息、利子）にほかなりません。この点では、株式における配当金も同様です。

預貯金について考えてみましょう。すでに見たように、預貯金は、資金保有者が金融機関におカネを貸すことを意味します。預金通帳は銀行が預金者に差し出す借入れ証文と捉えられますから、貸し手である預貯金者に利息が支払われることは当然なのです。銀行は、預金者から集めたおカネを統合して企業などに貸し付けます。単純に言えば、その際の貸出金利と預金金利との差額が銀行の利益になるわけです。

ところで、おカネの使途には、事前的な選択肢がいくつも存在します。預金にするか、証券を買うか、消費に回すかなど、おカネの使い道は無数にあります。それを銀行に預ければ、その金額分に限っては預金以外の使途可能性をすべて犠牲にすることになります。利子にはその対価（我慢料）としての意味もあるのです。つまり、最も流動性の高いおカネ（現金）を手放して流動性の低い資産を持つことへの報酬が利子ということです（ちなみに、人々が流動性の高い資産を好むことを「流動性選好」と言います）。

また、定期預金のように、預入期間が長くなると金利は高くなる傾向があります。これは、預金者のおカネの流動性（銀行の立場からは資金の安定性）が、預入期間の長短により左右されるからです。つまり、預金者にとって預入期間内はほかの代替的な投資手段や消費におカネを振り向けることができず、自由度が妨げられます。そして、その不自由さは期間が長くなるほど高まります（逆に、銀行は固定化された期間であれば、長期的な視点から貸付などに自由に対応することが可能です）[2]。

ケインズは、金利の先行きに対する人々の予想の強気と弱気が流動性選好の度合いを変化させ、強弱の均衡する点で市場の短期の利子率が決定されるという考えを示しています（流動性選好説）。つまり、私たちがどのような金融商品をどのくらいの保有期間を目途に購入するかなどの意思決定は慎重に行われるべきですが、それらの意思決定に基づく各々の行動の積み重ねが、実は金融市場全体に反映されるということでもあるのです。

（1） ヨーロッパでは、利子は不労所得であることから、13世紀頃までは宗教上も罪悪視され、カトリック教徒の間での利子支払いは教会により禁止されていました。こうした考え方は今日でもイスラム金融などに継承され

図表10　収益性と安全性のイメージ図

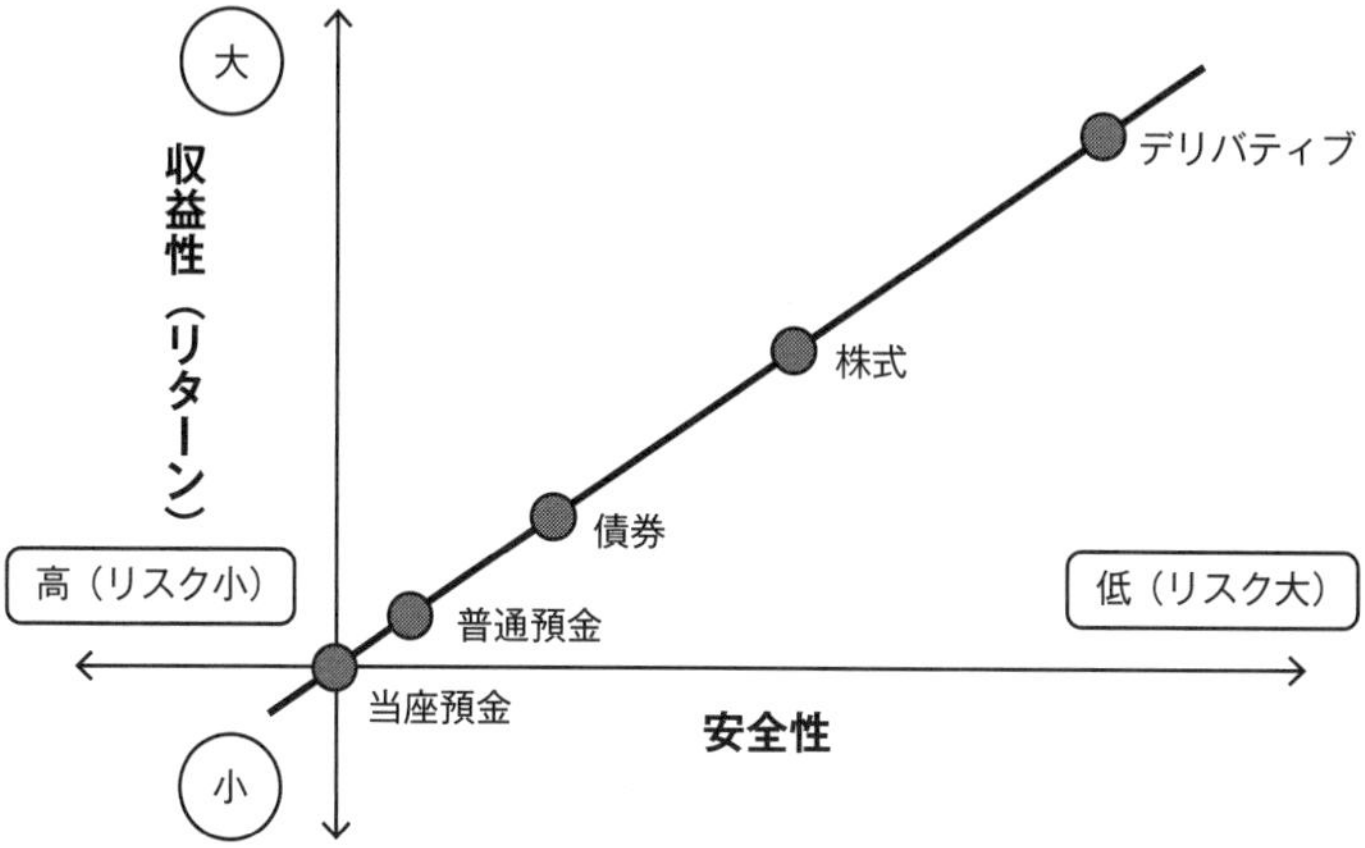

（出所）　髙橋作成

ています。

（２）　こうした金利体系論から、今日では資金需要に応じて長短金利が決まるという考え方が有力になっています。このため長短金利の逆転現象が生じることもあります。

◆あちら立てればこちらが立たず

あちらを立てればこちらが立たない、という状況のことをトレードオフ（trade-off）と言います。われわれが意思決定をする時は、何かを選択したらそれ以外を諦めなくてはならない、というトレードオフがしばしば発生します。この時、諦めることになった犠牲の部分を「機会費用（オポチュニティ・コスト：opportunity cost）」と呼びます。

たとえば、父親が仕事を休んで子供を遊園地へ連れて行くとしましょう。このときの費用には、直接支払う交通費や遊園地の入園料だけでなく、仕事を休んだために手に入れることができなかった収入や、読書などほかの行為に充てられなかった時間も機会費用として加わります。このように、何かを選択する時は、得られる利益や直接的な費用だけでなく、機会費用を考えることが必要です。

それでも子供を遊園地へ連れて行くのは、すべての費用よりも子供の喜ぶ顔が父親にとって、より大きな利益になると感じるからなのでしょう。そもそも子供を遊園地に連れて行くのは、親として無償の愛情に基づく行為ですから、利益や費用の秤で考えるのは好ましくありませんね。

一方、投資におけるリターン（利益）とリスクとはトレードオフの関係にあります。高いリターンを求めればそれに見合ったリスク負担が必要ですし、低いリスク負担から高いリターンを期待することはできません。投資に際しては、収益性（もしくは成長性："儲かるか"というリターンの視点）、安全性（"元本が目減りしないか"というリスクの視点）、流動性（"いつでも現金化できるか"という換金の視点）を勘案する必要がありますが、収益性と安全性とは二律背反ということになるわけです。こうした関係を代表的な金融商品についてイメージすると図表10のようになります。

◆単利と複利

証券に投資した場合の収益（リターン）は、「インカム・ゲイン（income gain：定期的に受け取る利息・配当等収入）」と「キャピタル・ゲイン（capital gain：証券価格の変化による収益。損失が発生した場合はキャピタル・ロスとなります）」とで成り立ちます。このうち、当初の投資額に対して、インカム・ゲインがどの程度の収益率をもたらすかを計測する尺度が「利回り：yield」です。利回りの計算方法を再投資の有無によって区分すると、「単利：simple interest」と「複利：compound interest」に大別されます。

単利は、利息と元本の合計が経過時間の単純な一次関数となる関係です。これに対して、複利は元利合計に所定の利子率をかける方法です。簡単な例で比較してみましょう。いま、５％の利率（クーポン・レート）で額面１００円の債券を１００万円保有しているとします。[3] 毎年の利息収入は５万円ですね。単利の考え方では、２年目以降も毎年のクーポン収入は５万円で一定となります。一方、利息収入を保有債券の買増し（再投資）に充てる（議論を単純化するため額面で購入できるものとします）と、１年後は１０５万円で単利と同じですが、２年後は１０５万円に対して５％の利息が付きますから、利息収入は５万２５００円となります（１０５万×１・05＝１１０万２５００⇒１１０万２５００－１０５万＝５万２５００）。この繰返しによって、複利の利回りによる利息収入は次第に増加傾向を辿ります。こうして10年後の両者の元利合計を比べると、単利の場合は１５０万円ですが、複利では１６２万８８９４円になります。このように、同じ５％の利回りであっても、単利と複利とでは大きな差が生じるのです。

（３）　ここでの議論には、債券の取引コストや残存期間などは影響を与えないものとします。

◆資本還元と割引率

現在の1万円と10年後の1万円とは等価値でしょうか？　物価変動がなく金利が存在しない世界なら等価のようにも思えます。しかし、10年もの間には何が起こるかわかりません。火災や盗難で失くしてしまう危険もありますし、第1学期で見たように現実のおカネの価値は変化します。こうした将来の不確実性を考慮すると、10年も先の1万円を現在と等価とすることには問題がありそうですね。

いま、年率5％の金利水準を仮定して、このレートで1万円を貸し付ける場合を考えてみましょう。利子に関わる税を無視すると、1万円は1年後には1万500円になります。これをそのまま複利で貸し続けると、2年後には1万1025円、3年後には1万1576円、……、そして10年後には1万6288円となります（金額を1万円としただけで、前項の複利計算と同様です）。これとは逆に、10年後の1万円を、5％の金利を前提に現在の価値に換算すると、6139円になります。(4)

この5％という金利水準が永遠に変わらないとしましょう。これは、保有資金の額に応じて、毎年5％分の現金収入を得る機会が永続的にあることを意味します。このため、こうした仕組みのことを〝永久年金〟と呼びます。1億円の保有者なら年500万円の収入が保証され、1千万円の保有者であれば同50万円の現金収入が見込まれます。

逆に考えると、5％の金利水準の下では、500万円の永久年金の現在価値が1億円であり、50万円の永久年金なら1000万円が現在価値になります。この例で使用した1億円や1000万円のこ

図表11　現在と10年後の１万円

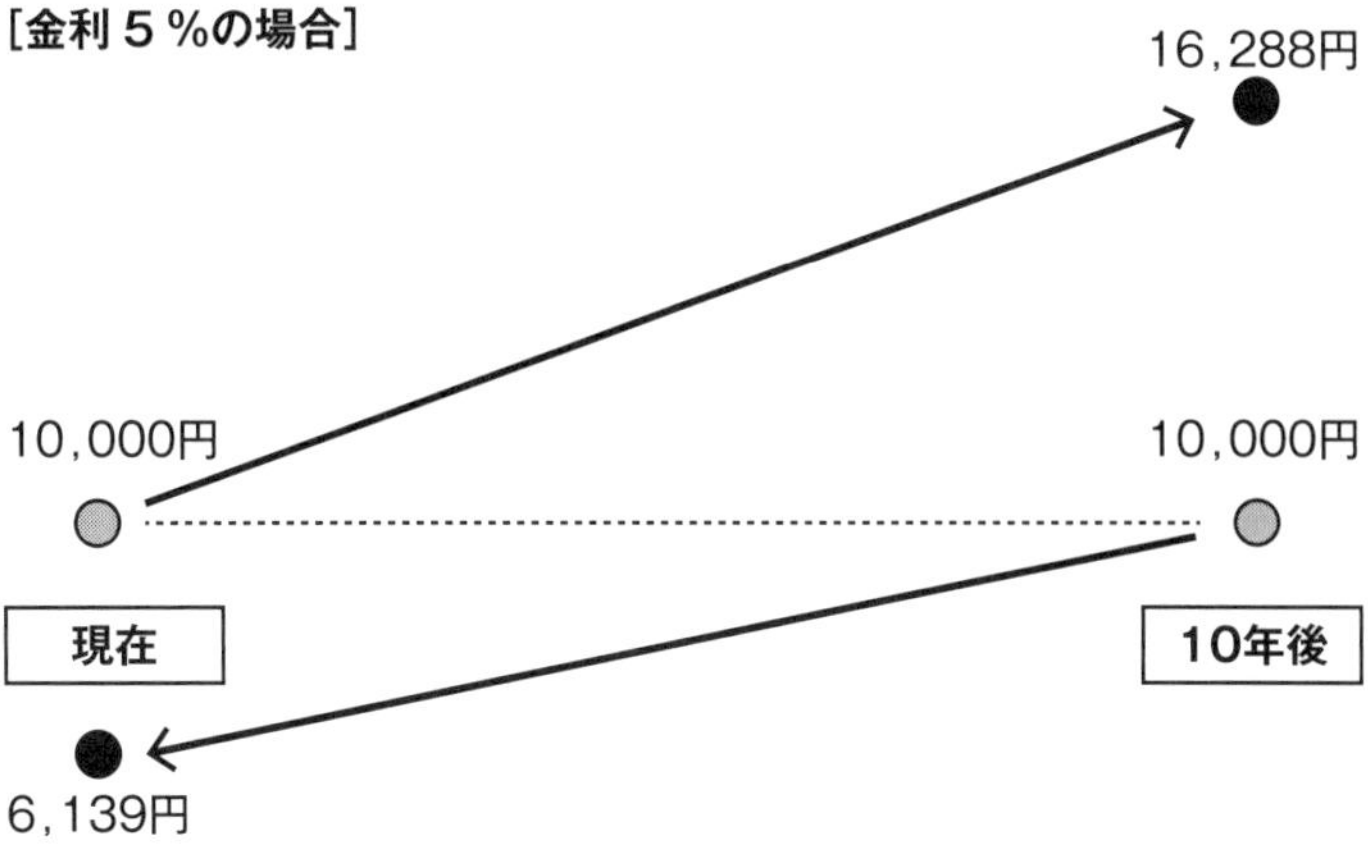

（出所）　髙橋作成

とを擬制資本価値と呼びます。「擬制資本：fiktives《フィクティベス》 Kapital《カピタル》（英語表記はfictitious capital）」の概念は、ヒルファーディング［1910］が明らかにしました。それによると、資本は二つの形態に区分されます。第一に、設備などの形で機能する「現実資本」が存在します。第二には、現実資本を調達するために発行された証券類（資本証券）があります[5]。証券は、現実資本とは独立した存在であり、その価格も現実資本の価値とは別に形成されます。こうした資本証券のことを、現実資本との対比で「擬制資本」と呼ぶのです。擬制資本は現実資本の分配利潤に対する請求権の価格と捉えられ、定期的に収入が見込まれるところには常に擬制資本が存在しえます。その意味で、前に述べた永久年金の例は擬制資本価値と呼ばれるのです。

なお、将来の収入を一定の利子率で割り引いて、現在の擬制資本価値を求める作業を「資本還元する」と言います。先に見た、10年後の1万円を5％の金利で現在価値に換算した6139円は、年率5％の「割引率（資本還元利子率）」で資本還元された値にほかなりません。

（4）この計算根拠は以下のようになります。1万／（1＋0・05）^{10}＝6139

（5）これらの関係については、この学期の「資本としての株式」で解説します。

◆市場の役割

「市場《しじょう》」という言葉から連想されるのは、築地の魚市場《いちば》や商店街のマーケット（英語の「market」は「市場」という意味ですね）でしょう。つまり、市場とは商品が売買される場所、と定義することができます。魚市場を例にとれば、そこには多くの買い手と売り手が集まり、セリ（漢字では「糶」という難しい表記です）によって取引が成立します。大勢の買い手と売り手が集まることにより、市場で形成される価格はその時点で最も公正なものと評価されるのです。

このように、市場には多くの需要（買い手）と供給（売り手）を集め、公正な価格を発見する役割があります。株式や債券なども証券流通市場で売買されます。ただ、最近では市場外取引が認められ、証券取引は取引所一極集中にピリオドを打ちました。情報技術の進展により、公正な価格情報が広く速やかに流れるようになったことなどが背景にあります。市場という言葉は、場所ではなく機能を表す意味へと変質しているようです。

証券市場は、扱う証券の種類によって株式市場や債券市場のように分類することもできますが、[(6)]機能面からは「発行市場：primary market」と「流通市場：secondary market」とに区分されます。発行市場は、証券の発行主体が、株式や債券を発行して、長期資金の調達を行う市場であり、証券会社など金融機関の仲介によって証券が最初の投資家に保有されるまでの過程を指します（具体的な場を特定しません）。これに対して、流通市場は、発行された証券が投資家の間で転々と流通する市場です（組織化された流通市場としては、証券取引所があります）[(7)]。一般に証券市場と言えば、流通市場がイメージされます。

（6）福光・髙橋／編［2004］では、取引対象による分類、社会的機能による分類、取引形態による分類、の三つの区分を提示しています（pp.60-64）。

（7）ここでは、「〝保有〟されるまで」とか「転々と〝流通〟していく」という表現を用いましたし、これまでも「株券が紙くずになる」などと、あたかもそこに証券という紙片が存在するように言いましたが、これらは概念上の言い方です。実際には、証券不発行制度や電子取引・決済制度の浸透により、今日では投資家が実際に証券を手にする機会はまずありません。

◆強気（牛）と弱気（熊）

証券の価格は、売り手と買い手の注文が一致することで決まります。この点を株式について考えると、投資家の資金事情を別にすれば、売り手には株価に割高感があり、買い手には割安感があることを意味します。情報化社会の進展により、市場全体として見れば、投資家が保有する投資情報の質や量に大きな格差はないと考えられます。つまり、同じレベルの情報に基づきながら、同一の株価に対して一方は強気であり、他方は弱気ということになります。事後的にはどちらかの判断が間違っていたことになるのですが、事前的にはそれがわからないところに証券投資のリスクを感じる人が多いのではないでしょうか？

ところで、アメリカでは強気をブル（bull：牡牛《おうし》）、弱気をベア（bear：熊）と呼ぶ習慣がありま す。それは、敵と戦う時、熊は立ち上がって前足で上から下に攻撃するため、折角上昇機運にある相場を下落させるという発想につながったのです。一方、牡牛は頭を下げて、鋭い角で下から上に突き上げて攻撃するため、相場の上昇に弾みをつけると連想されたのです（ちなみに、アメリカの大手証券会社メリル・リンチ社のロゴは牡牛です）。これに関連して、アメリカには面白い格言があります。「株式市場では、牡牛（強気）も熊（弱気）も儲けることができるが、豚（欲張り）はダメ」というものです。(8)

事前的に将来が見えないとしても、欲によっていっそう視界を曇らせることは避けるべき、ということなのでしょう。『往生要集』にも「足ることを知れば貧といへども富と名づくべし。財ありとも欲多ければこれこそ貧と名づくべし」とあり、欲の存在を戒めています。

(8)　A bull can make money in Wall Street. A bear can make money in Wall Street. But a hog never can.

◆リスクの話

これまで、リスク（risk）という言葉をあまり深く考えないで用いてきました。株式投資で直ちにイメージされるのは「リスクが大きい」ことだと思います。それでは、リスクとは何でしょうか？リスクの語源は、13世紀頃の古語イタリア語における「ガケ：riscare《リスカーレ》」という意味に遡るそうです。〝ガケ〟イコール〝危ないところ〟から、次第に「危険」そのものを意味するようになったようです。

一方、経済学的なリスクの定義は「将来の不確実性」を意味します。確実に墜落する飛行機と100万分の1の確率で墜ちる飛行機を比べてみましょう。どちらのリスクの方が大きいでしょうか？　一見、100％の確率で確実に墜ちる飛行機の方が、リスクが大きいように見えます。しかし、墜ちることがわかっている飛行機に乗る人はいません（パイロットだって操縦しないでしょう）。ですから、結果的にこのリスクは避けることが可能です。でも、100万分の1の確率で墜落する飛行機は、それがいつなのかをあらかじめ知ることができず、そのリスクを避けることは困難です。

将来の不確実性とは、事前的には何が起こるかわからないことを意味します。株式投資で言えば、事前に株価が上がるか下がるかを知ることはできません。ですから、ここで定義した「将来の不確実

性」というリスク概念には値上がりも含まれ、全体としての「株価変動の大きさ」がリスクの多寡を示すことになるのです。(9)

（9） 株価変動の大きさを表すリスク概念としては、リターン（return：投資収益率）の「分散（varriance）」やその平方根である「標準偏差（standard deviation）」のように、バラツキを表す統計学の基本概念が用いられます。

◆基本は長期投資

楽しいことをしていると時間が速く過ぎ、嫌なことをさせられていると時の流れは遅く感じられます。一定の時間を長く感じるか短く感じるかは、このように状況によって異なるほか、その人の年齢・性格・価値観などによっても違います。年齢について見ると、10年という時間は、20歳にとってはそれまでの人生の半分に相当するためとても長く感じられるでしょうが、50歳にとっては5分の1でしかないため20歳の人に比べれば短く感じられるのです。感じられる時間の長さが年齢と反比例の関係にあるという考え方は「ジャネーの法則（Janet's law）」と呼ばれます。これは、加齢に連れて時の流れを速く感じる理由の一つと考えられます。(10)

このように、時間の長短の感覚は人により異なります。投資の期間も、どこまでが短期でどこからが長期かという明確な定義はありません。もちろん、1年未満を長期と考えたり、10年以上を短期と思う人はいないでしょうが、長短の期間の捉え方はかなり曖昧なのです。

その上で、証券投資でなぜ期間の長短が問題になるのか、長期投資と短期投資とはどう違うのかを考えてみます。なお、ここでは株式を念頭に話を進めます。それは、投資期間を議論するには、満期のある（有期限の）債券よりも、無期限の株式を対象とする方が適当と思われるからです。

株式投資では伝統的に長期投資を基本とする考え方が主流です。株式投資による資産増殖は企業成長に連動すると考えられますが、企業経営は長期的な展望で行われるため、投資家のスタンスも企業の成長を応援し見守るという長期的なものになるのです。また、投資家として見込んだ企業の成長は、その企業の提供する製品やサービスが消費者に受け入れられることに起因しますから、社会の豊かさや利便性向上に間接的に寄与しているという意義（満足感）もあります。このため、株式投資における長期投資は、健全でオーソドックスなイメージが定着しているのです。

これに対して、短期投資は投機的でリスクの高いイメージが強く、あまり良い印象は持たれていません。短期投資を行う投資家は、概して企業の将来像への関心が希薄で、極論すると自分が儲かりさえすればよいという傾向があるからです。こう言うと短期投資が悪いように聞こえるかもしれませんが、決してそうではありません。多様な価値観を持つ投資家が多数参加することで市場に厚みが生じ、公正な価格形成や流動性の向上につながるからです。

（10）　Janet, Pierre [1928] *L'évolution de la mémoire et de la notion du temps*、より。これらを含む時間に関する議論は、〝一川誠［２００８］『大人の時間はなぜ短いのか』集英社〟に詳述されています。また、若い人でも

1年が早く感じられるのは、年ごとに分母（年齢）が増えていくからなのでしょう。

◆なぜ長期投資なのか？

こうした理念的な評価とは別の視点でも、長期投資と短期投資には大きな相違があります。投資には取引に関わるコスト（手数料などのほか、情報収集に関わる費用やそれに費やす時間）が売買の都度かかりますが、バイ・アンド・ホールド（buy and hold：購入した株式を保有し続けること）の長期投資であれば単位時間当たりの費用は軽減します。また、配当金を再投資するスキーム（無分配型の株式投資信託などの利用が現実的でしょう）を利用すれば、複利効果も享受できます。

さらに重要なポイントは、長期投資では日々の価格変動が平準化されることで、リスク低下のメリットがあることです。前に見たリスクを示す統計学的な「株価変動の大きさ」は、期間が長くなるほど小さくなることが知られています。また、将来予測は当たることもあれば外れることもある（儲かることもあれば損することもある）というのが現実の姿です。この点は、予測期間の長短に共通して言えることですね。ただ、意外かもしれませんが、長期的なシナリオを構築する方が、短期的な予測に比べて少ない労力で将来を見通しやすいのです。それは、長期であれば大雑把な方向性などが把握の対象となるのに対し、短期予想ではより精緻さが要求され精度の獲得が難しいからです[11]。たとえば、将来的に地球温暖化が加速することは小学生でも知っていますが、1週間後の天気・気温は気象予報士でも正確にはわかりません。さらに、日本の少子高齢化が一段と進むこと、新興国が相対的に高い経済成長を遂げること、などはかなり実現確率が高いと思われます。この種の現象は、構造的な要因に基づくだけに実現する確率が高く、長期間かけて達成されるという特徴があります。長期投資ではこうした長期的な確度の高い情報を用いることで、結果として期待される投資成果の実現確率も高くなるわけです。具体的には、個々の関心ある分野について比較的確度の高い将来情報を集め、推論を重ねて株式投資に反映させる方法が考えられます。一種の「連想ゲーム」ですね。

このように、一般的な投資家にとっては、長期投資を選択する（少なくとも、長期投資の視点から株価や株式市場を眺める）ことが有効と思われます。長期投資を主流とする従来の考え方は、決して理由のないことではないのです。

（11）卑近な例にゴルフのショットがあります。ドライバーでティー・ショットを打つ際は距離や方向性について大雑把な感覚でも何とかなりますが、ホールが近くなると次第に正確なショットが求められ、最後のパットでは精密な芝のラインの読みが要求されます。また、近くの波を凝視していると船酔いしますが、遠くの水平線を眺めていると酔いにくいということもあります。

◆ＮＩＳＡの導入

イギリスでは、ＩＳＡ（Individual Savings Account：個人貯蓄口座）が普及し、国民（成人人口）の約半数が利用していると言われます。これは、少額投資を税制上優遇する制度で、資産形成の手段として定着しています。

これにならって、2013（平成25）年末の証券優遇税制（20％の税率を10％に軽減）廃止に伴い、「貯蓄から投資へ」の流れを支援するため、日本版ISAが導入されました（2014年1月スタート）。名称はNISA（ニーサ：少額投資非課税制度）で、Nは日本を意味します。制度の概要は、毎年120万円の非課税投資枠が設けられ（発足当初は100万円でしたが、2016年1月から120万円に増額されました）、投資金額が120万円までの株式や投資信託からの値上がり益と配当金・分配金が非課税となる仕組みです。この制度は2023年までの10年間継続され、その間は毎年120万円ずつの非課税枠が設定可能です。ただし、毎年の非課税枠の期限は5年で、途中売却の場合その分の非課税枠は再利用できません（5年経過後に次の非課税枠に移管することは可能です）。また、投資金額には総額で600万円の上限が定められ、それを超える金額は非課税となりません。

この制度は、既述のように5年以内に売却すると非課税枠の再利用ができませんから、短期に売買を繰り返す投資家には向きません。長期投資で資産形成を目指す投資家向けの制度と言うことができるでしょう。

2016（平成28）年の非課税投資枠の増額に合わせて、ジュニアNISAが始まりました。NISAでは20歳以上が対象ですが、未成年にも毎年80万円を上限に2023年まで最長5年間、400万円を上限とした制度が発足したのです。口座の取引主体は親権者で、子供（孫も対象になります）が18歳になるまで払出しはできません。ただ、子供の数だけ利用可能（2人なら毎年160万円）なので、実質的な贈与を非課税で行うことが可能です。つまり、ジュニアNISAの導入で、家計全体の非課税枠が拡大されたことになります。

NISAは、まだ国民の間に定着したとは言えず、今後もその普及に向けてさまざまな整備が進むものと思われます。

4 証券化って何？

◆証券化の進展

近年、「証券化（securitization）」がしばしば話題になります。証券化には、「企業金融の証券化」と「資産金融の証券化」とがあります(1)。企業金融の証券化は、企業の直接金融での資金調達が、従来の間接金融に置き換わることを意味します。

これに対して資産金融の証券化は「企業が保有している特定の資産を分離して、その資産から発生する現在又は将来の確実なキャッシュ・フローを裏付けとして証券化」されるものと定義されます。
そして、資産金融の証券化は「金融資産の証券化」と「実物資産の証券化」とに大別されます。(2)

金融資産の証券化は、たとえば金融機関と個人との相対取引により発生した個別の債権を集約し、証券という均質な商品に組み替えることで高い流動性を付与したものです。また、実物資産の証券化は、不動産という1件当たりの取引額が大きく流動性の低い資産を、均質な証券に小口化することで流動性を高めています。いずれも、証券の形態に変換されることで流動性が高まる上、情報開示などの面でも証券としての法規制に従うことから、投資家にとっては購入しやすい対象となります。このように資産の裏付けを持って発行された証券は、「資産担保証券（asset backed securities：ＡＢＳ）」と呼ばれます。

証券化は難しい概念に見えますが、実は私たちの身近にも証券化の例があるのです。あなたは子供の頃、おとうさんの誕生日に「肩たたき券」をプレゼントしたことはありませんか？　これは、たとえば肩たたき100回分の権利を「肩たたき券」として証券化したものなのです。おとうさんが晩酌のビール1本を追加してもらうために「肩たたき券」をおかあさんに手渡せば、この券は家庭内に限ってはおカネの価値を持つ証券として流通していることになるのです。

（1）　証券取引審議会報告（1990年6月）より。証券化の定義については以下同じ。
（2）　具体的には、「金融資産の証券化」は、消費者ローン、オート・ローンなど、「実物資産の証券化」は不動産を対象としたものです。いずれも、債権に付随するキャッシュ・フローを裏付けとしています。これらは債権の条件面での均質性が高いことが証券化を容易にしています。

◆証券化の仕組み

証券化は、原債権者（そもそもの債権を持っている主体）を「オリジネーター（originator：創出者）」とし、資金調達やバランスシート調整を目的に行われます。証券化では債権をオリジネーターから切り離すため、発行される証券の信用力が債権者とは独立した資産で裏付けられます。つまり、オリジネーターの信用力とは無関係に、一定の信用力を持った証券が創出されるのです。

また財務面では、債権を証券化するため、通常の資金調達がバランスシート上の貸方（負債の部と資本の部）で行われるのに対して、借方（資産の部）が活用されるという特徴があります。オリジネーターは、ABSの発行者に債権を譲渡することでバランスシートから当該資産をオフバランス化し、財務のスリム化を図ることができます。債権譲渡後のオリジネーターは、通常「サービサー（servicer）」として債権の管理・回収を行います(3)。これにより、オリジネーターは原債権者として、原債務者と従来通りの事業関係を維持することが可能になります。この点が一般の債権売却とは異なり、その上で資金調達を可能にしていることが、オリジネーターである企業にとって証券化のメリットです。

図表12　証券化の仕組み

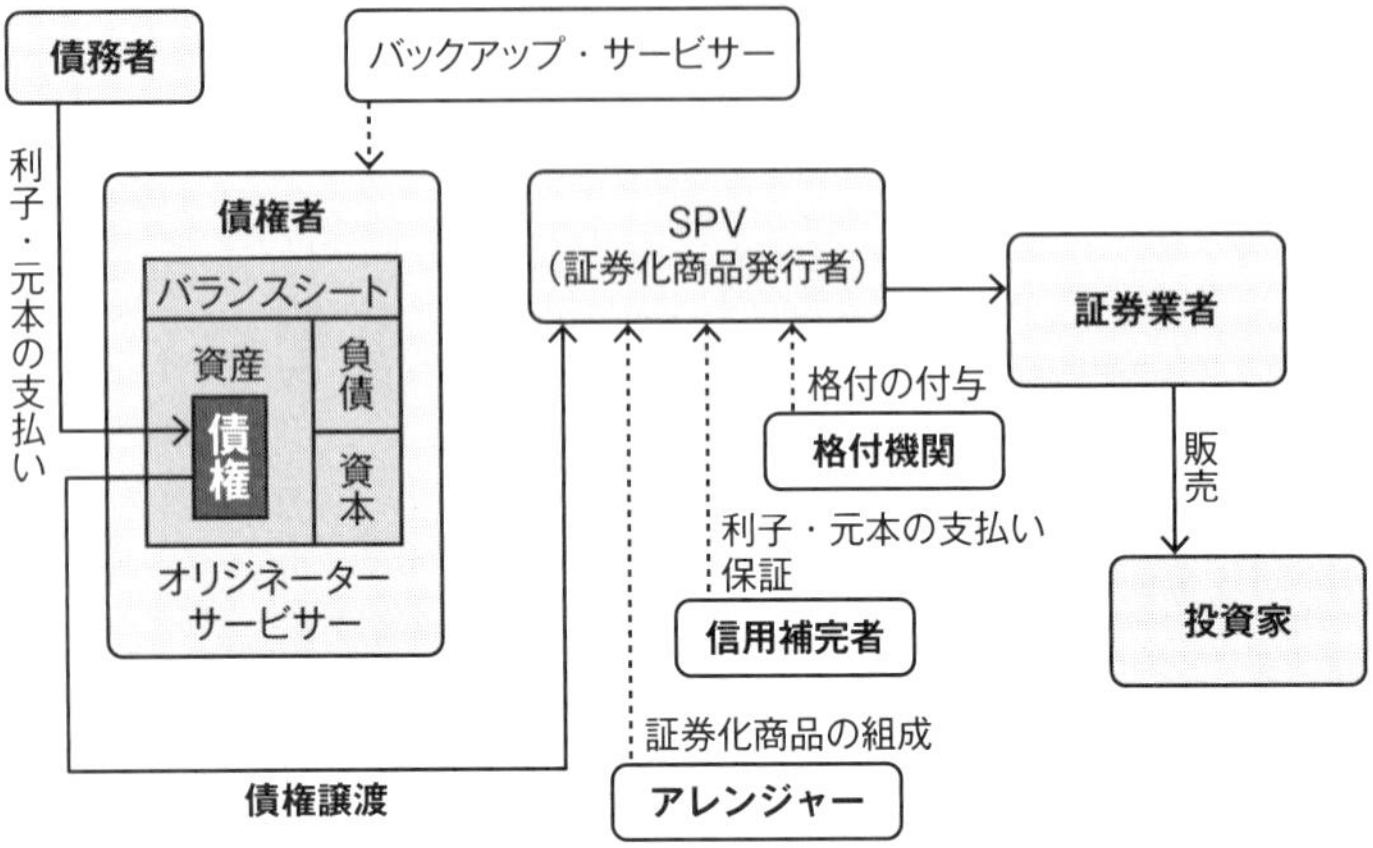

（出所）　高橋作成

一方、ＡＢＳの発行者は譲渡された債権を証券化して発行し、投資家に元利払い義務という法的責任を負います。このため、投資家への余分なリスク負担をかけないよう証券化だけに事業目的を限定し、それ以外の業務ができない「特別目的媒体（special purpose vehicle：ＳＰＶ）」が設立されます。ＳＰＶの形態としては、特別目的会社（special purpose company：ＳＰＣ）のほか、信託や組合などがあります。[4]

また、資産担保証券の信用力を高めるために、優先的な弁済順位を付けたり、プールした債権からの元利回収金の一部をＳＰＶの勘定に積み立てることで、安全性を高める工夫が施されます。同様の目的で、より格付けの高い「信用補完者：credit enhancer」による保証や追加の担保差入れなどが行われる場合もあります。[5] さらに、証券化された商品を広く投資家に販売するため、当該証券に関する格付の取得が行われます。販売を担うのは証券引受販売業者で、通常は証券会社が担当します。証券会社は、販売後も流通市場での値付けを行うなど、「マーケット・メーカー：market maker」として証券化商品の流動性維持に努めることになります。

（3）債権の管理・回収には、元利金の回収のほか、債務者に返済義務を履行させ、担保資産に対する投資家の権利を確保するなどの業務が含まれます。また、サービサーの倒産などにより、同業務に支障をきたす場合にサービスを代行する「バックアップ・サービサー：backup servicer」が設けられることもあります。

（4）信託は、発行されたＡＢＳを信託財産とし、投資家の受益権に応じるスキームとしてＳＰＶに利用されます。

（5）信用補完者は、証券化対象資産からのキャッシュ・フローだけでは証券化が困難な場合、キャッシュ・フローの追加補填や保証を付与することで証券化を実現する機能を果たします。

◆不動産投資信託

「実物資産の証券化」の代表例が不動産投資信託です。不動産を投資信託の形で商品化した歴史は古く、19世紀のアメリカではすでに組織的に行われていました。これは、当時マサチューセッツ州で、投資目的による不動産取得が禁じられていたこと、法人税が非課税であったこと、などを背景に考案された制度でした。ただ、その後の判例で、不動産投資信託も課税対象となったことから一旦は消滅しています。

一方、ヨーロッパの不動産投資信託は、1938年にスイスで誕生しました。その後、オランダ（1947年）、西ドイツ（1959年）、フランス（1963年）と拡大を見せましたが、スイスでの発展が際立っています。そこでは、有価証券と不動産との「混合投資信託：gemischten《ゲミシュテン》 fond《フォンド》」の形態も見られます。スイスで不動産投資信託が発達したのは、狭隘《きょうあい》な地理的条件にも関わらず豊富な海外資金が流入しており、当時の世界的な不況に伴うスイス国内資本市場の停滞という経済環境や、投資物件としての不動産の有利性などの要素が絡み合った結果と捉えられます。

なお、アメリカでは1960年に『不動産投資信託法』と呼ばれる単独法が成立したのに伴い、あらためて今日的な意味での「不動産投資信託（Real Estate Investment Trust：REIT）」[(6)]が誕生しました。そして、一定の条件を充足すれば非課税措置が認められたため、不動産投資信託は紆余曲折を経ながらも発展の道を辿っています。

日本では、2000（平成12）年の投資信託根拠法改正（法律の名称も『投資信託及び投資法人に関する法律』[(7)]に変更されました）により投資信託の不動産運用が認められ、2001（平成13）年9月に会社型の不動産投資信託が東京証券取引所に上場されています（JAPANのJを付けてJ‐REITとも呼ばれます）。上場により一般の株式と同様な売買が可能になるなど、投資対象資産としての不動産の欠点である流動性の乏しさを解消しています。また、不動産は取引価格が高額で個人投資家には分散投資が難しい資産ですが、共同投資という投資信託のスキームを用いることで少額資金を集積し、分散投資によるリスク管理を可能にしています。

（６）このことから、『不動産投資信託法』は『１９６０年新税法』とも呼ばれます。
（７）一般の、信託契約に基づく「契約型」に対比される投資信託形態で、ファンドを会社として運営する型。

◆シンセティック証券化とCDS

以上のように、資産金融に関わる証券化は、オリジネーターの資産（債権）を本体から切り離すのが特徴です。それに伴って資産保有に付随する信用リスク（回収の不確実性）も本体から切り離されます。一方、資産は本体に残したまま、信用リスクだけを切り離す試みが「シンセティック証券化（synthetic securitization：合成証券化）」です。このため、オリジネーターが証券化により資金調達を行うことはありません。この点が、通常の証券化との大きな相違です。

この種の証券化では「クレジット・デリバティブ：credit derivative」の取引形態がとられます。信用リスクを定量化し、オリジネーターとＳＰＶとの間でＣＤＳ（credit default swap）契約を締結するのです。これによりオリジネーターは、対象債権にデフォルト（債務不履行）が発生した場合にはＳＰＶから損失補填を受けられますが、そのための保険料を（８）ＳＰＶに支払います。ＳＰＶは証券化商品を発行し、そこで得られた資金は損失補填支払いに備えて国債などの安全資産で運用されます。投資家に支払う利子は、オリジネーターからの保険料と安全資産からの利子とで賄われます。ただし、デフォルトが発生した場合は、オリジネーターに支払う補塡金額に応じて投資家の償還元本が減額されます。シンセティック証券化のメカニズムは複雑に見えますが、証券化手続きは比較的簡単ですから、リスク移転を図る上で機敏な対応が可能な手段と言えるでしょう。

シンセティック証券化は、特に銀行にメリットを与えます。銀行にとっては、債権が手元に残るためバランスシートをスリム化することはできませんが、信用リスクが切り離され、ＳＰＶの保有する安全資産が補塡の原資として担保されるからです。このため、ＢＩＳ（Bank for International Settlements：国際決済銀行）が要求する自己資本比率規制に対しても、リスク資産（risk-weighted assets）の削減効果を発揮するのです。(9)

その半面、ＣＤＳの拡大は、金融システムを麻痺させるようなリスクを内包します。ＣＤＳは債権者には一種の保険ですが、一方で「ある企業のデフォルトに賭ける」という投機に利用される側面もあるからです。２００６年のアメリカでは、住宅ローンの債務不履行が増加したため、銀行は住宅ローンを担保とした証券化商品の販売が困難になりました。そこで彼らはそれらを抱え込み、別の銀行からＣＤＳを購入します。しかし、応じる側の銀行も、返済不能な（少なくともその恐れのある）住宅ローンを担保とした証券を保有していたのです。こうした構図は、「リスク分散」という意図に反して「リスク拡散」がなされたことを意味します。

ちなみに、ＩＳＤＡ（International Swaps and Derivatives Association：イスダ＝国際スワップ・デリバティブ協会）が２００８年９月に発表したレポートによると、ＣＤＳの取引金額は２００１年の９１８９億ドルから２００７年には62兆２０００億ドル（世界全体のＧＤＰの２倍以上）にまで拡大しています。こうした状況が、次項で述べる金融システムのメルトダウンを促す一因となったのでした。

（８）保険料は個別に決定されますが、当該債権（具体的には債務者の企業）に対する市場評価により変化します。

（９）こうした、リスク管理に関する証券化のその他の例には、損害保険会社による震災債券（catastrophe bond）などがあります。

◆リーマン・ショック

証券化商品のリスクが顕在化した近年の大きな事件として、「リーマン・ショック」があげられます。これは、アメリカの大手投資銀行（証券会社）のリーマン・ブラザーズが、２００８年９月に約６０００億ドル（邦貨換算約64兆円）という巨額の負債総額を抱えて倒産（『連邦破産法』11条適用申請）し、これを契機に世界的な金融危機を招いたものです。もちろん、リーマンが販売していたＣＤＳの支払いも停止しました。

当時のアメリカでは、不動産価格が上昇傾向で推移する中、住宅ローン会社（銀行）が、所得も仕事も資産もない人々に積極的に貸付を行っていました。これを「サブプライム・ローン：subprime lending」と言います。[10] そこで発生した住宅ローン債権は、リーマンのような投資銀行が購入し、それを原資産とする証券化商品が販売されました。その際、金融工学と呼ばれる高度な数学的手法を用いて「ＣＤＯ（collateralized debt obligation）：債務担保証券」が組成され、優良商品として高い格付を取得しました。債権は証券化により回収されるため、住宅ローン会社には貸付に伴うリスクが残らず、回収された資金は新たな貸付に充てられました。こうした信用創造の拡大は、サブプライム層だけでなく、信用力のある「プライム：prime」層や、サブプライムとプライムの中間に位置する「オルトＡ（Alt-A）」と呼ばれる層にも及び、多くの人々が「ホーム・エクイティ・ローン（home equity loan：住宅価格の上昇で増大した担保力を利用する借入）」を行い、借りたお金は「キャッシュ・アウト（cash-out：必要以上のおカネを借りて消費に回すこと）」されたのでした。ここでは、「ノンリコースローン（non-recourse debt; non-recourse loan：住宅ローンの返済ができなければ、住宅を差し出すことでローンをチャラにする契約）」が多用されましたが、これは不動産価格の下落により金融機関が損失を抱える懸念を内包していました。

そうした中、アメリカの不動産市場は、バブル崩壊とも言える急落に見舞われます。この結果、住宅ローンの借り手も、貸し手も、投資銀行も、大きく傷つくことになったのです。特に、重層的な擬制資本化（擬制資本である証券を組み込んだファンドなどが、さらに証券を発行すること）が進んでいたため、最終的な投資家は自らが負担するリスクの多寡や正確な損失額を認識できない状況に陥り、不安心理を加速しました。

証券化の基になるのは「債務」を裏付けとした「債権」ですから、債務者による支払いの履行が前提となります。債権は企業にとって「資産」ではありますが、「資本」ではありません。債権をあたかも資本のように扱ったところに、リーマン・ショックが発生した一因があるように思えるのです。

（10）　借り手がno income, no job, no asset（収入なし、仕事なし、資産なし）であることから、そのイニシャルを採ってninjaローンとも言われます（ただし、「ニンジャローン」と記すと、海外企業などが日本で行う資金調達方法の一種という意味になります）。ちなみに、日本では江戸時代後期の思想家・林子平（１７３８－１７９３）が、著書の発禁処分・版木没収を受けて、ないないづくしを自虐的に「親もなし 妻なし 子なし 版木なし かねもなければ 死にたくもなし」と詠んで、自らを「六無斎」と名乗った事例があります。

5 株式とおカネ

◆株式という名前はどこから？(1)

「株式」という呼称は、福澤［1866］が株式会社を商人会社と呼んだことからも推察されるように、初めから定着したのではありませんでした。まず株式会社を意味する「会社」が定着し、その上で「手形」が「株式」に変わり、最終的にこれらが合成されて株式会社の名称が定まったようです。

江戸時代に存在した株式という言葉を探ると、幕府や藩庁が許可した商工業者による同業者組合を「株仲間」と言い、その譲渡可能な加入権が「株」もしくは「株手形」でした。幕藩政府は株仲間を通じて業者を規制し、商工業者は株仲間への加入で独占的な営業基盤を共有できました。(2) ただ、株仲間は合本組織でなく、株式会社組織とはまったく異なりました。このため株式会社の意味が認識されてからも、西洋から輸入した先端的な概念に旧套《きゅうとう》な和語である「株」を当てることを避け、意識的な区別が図られたと推察されます。

江戸時代にも、少数ながら「株式」の用例はありますが、[3] 一般に用いられた和語は「株」であり、「株式」ではありませんでした。では、株式の「式」がなぜ付されたかですが、式には「〜の様式(型)」の意味があり、これで「株」と「会社」とが結合されたと思われます。[4] この点については、小林［1995］も〝明治の政府も学者も「株仲間という方式」の意味で「株式」を使った〟とし、さらに〝排他的な「仲間」と、自由設立の「会社」を混同するな、といっている政府が、[5]「株仲間の方法」を意味する「株式」という言葉を、「会社」と結びつけるわけがない〟と述べ、株式会社という言葉の定着までに時間がかかった主因としています。

ただ、株式は英語では「ストック(stock)」であり、ストックには「木の切り株」の意味もありますから、むしろ両者は語義的に近く、株仲間の衰退(明治政府により廃止)と株式会社の興隆という現実の前に、次第に株式という語が「株仲間の方式」という旧義から今日的な意味へ変化したのだと思われます。

(1) ここでの議論は、主に小林［1995］に依ります。

(2) この点は、今日の大相撲の年寄株に類似した機能の残滓《ざんし》が認められます。また、この種の株の起源は、足利幕府時代の「座」に遡ることができるようです(横井時冬［1898］『日本商業史』より)。

(3) 町奉行・勘定奉行を勤めた根岸鎮衛《やすもり》が1814(文化11)年に著した聞き書き随筆『耳袋』には「(前略)紺屋の株式並びに家財雑具をも譲り(後略)［傍線高橋］」とあります。

(4) つまり「株(仲間)の様式の会社」ということですね。こうした「式」の用例は、旧日本海軍の愛称「ゼロ戦」が紀元2600年制式であるため「零式艦上戦闘機」と命名されたことや、明治38年に陸軍制式となった小銃の名称が「三八式歩兵銃」であることなど、数多くあげられます。

(5) たとえば、1869(明治2)年に大阪府が「(前略)元来諸商業トモ軒数相定、株式ノ如ク可相心得義ニ無之(後略)」という文書を残しています。

◆資本としての株式

会社が調達したおカネ(貨幣資本)[6]は事業活動に投下され[図表13－③]、利益獲得を目指して、仕入れ→製造→販売といったプロセスを辿ります。このプロセスの中でおカネの多くは物的資産(機械設備や原材料・燃料など)に変形して働きます。また、企業には取引過程で発生する現預金や売上債権などの取引資産も存在しています。これら、事業活動に投下され、実際に働いているおカネ(資本)を現実資本(あるいは機能資本)[7]と呼びます。

その一方、株式会社に投下された資本は、そもそも株主が出資したおカネの集積です。株主には出資と引き換えに株式(株券)が交付され[図表13－①、②]、株主は株式を市場で売却すればおカネを回収できます[図表13－⑤、⑥]。株式市場では株式が市場価格(株価)で取引され、形成される株価は発行会社の事業活動と関連してはいますが、両者は基本的に独立した存在です。

つまり、株式は出資を示す資本証券ですが、株主は換金に際して直接発行会社に買取りを求めるのではなく株式市場で売却します。その結果、会社は株主の換金行為とは無関係に当初の出資金を自由

図表13　資本概念と企業活動

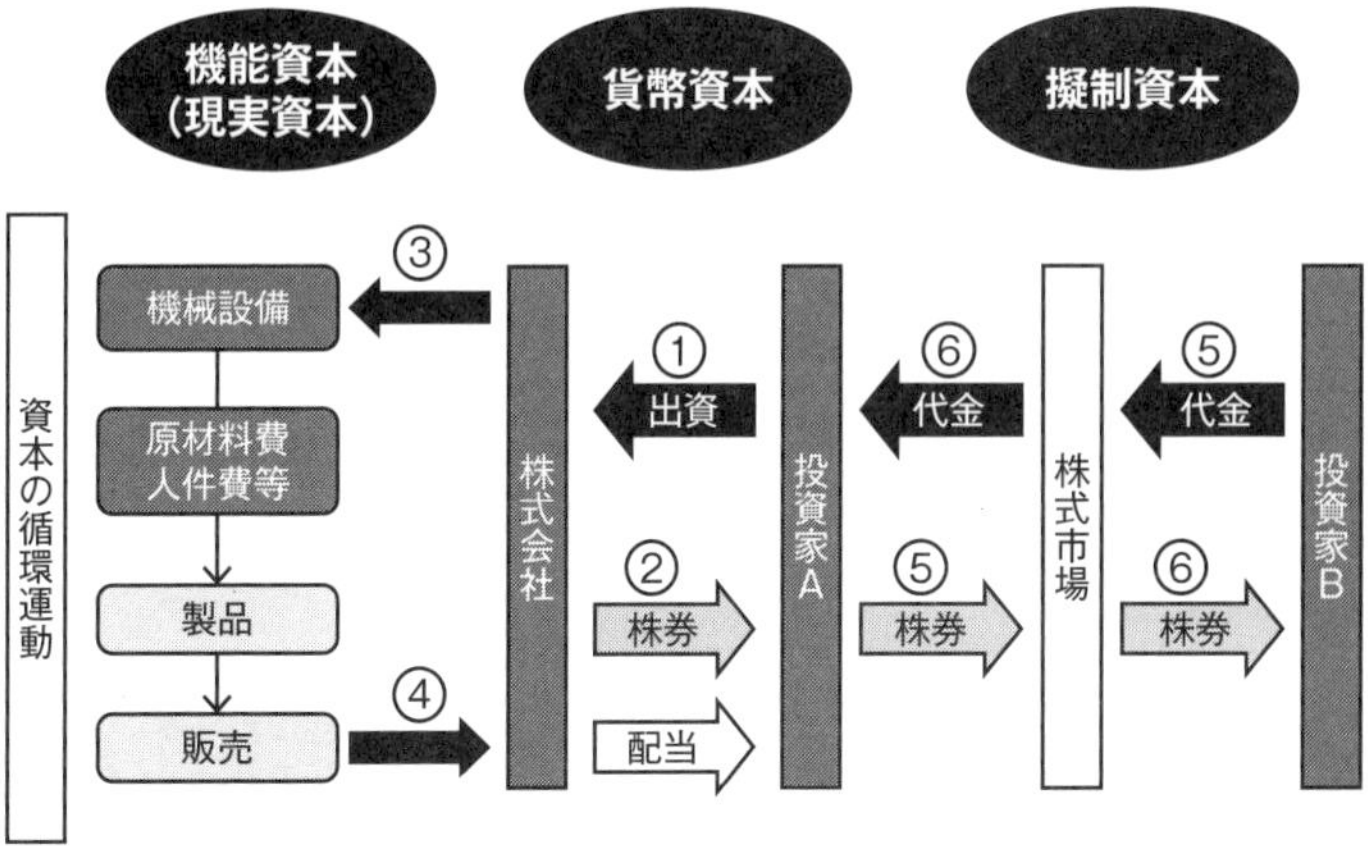

（出所）　髙橋作成

に働かせることができ、ゴーイング・コンサーン（going concern：企業が無期限に事業を継続するという考え方）としての活動が保証されることになります。

このように株式会社制度では資本の二重化が認められますが、株式が企業に取り込まれた現実資本に対して擬制資本と呼ばれることは、先に「3　証券と投資の基礎知識」で見たとおりです。現実に企業内で働き、利潤を上げている本来のおカネ（資本）は一つだけなのに、配当という果実を産み出す存在として擬制資本が形成されるのです。ちなみに、擬制資本を銀行などによる貸付資本と比べると、投資が貸付に、株式売却が返済に各々擬せられており、さらには配当が利子に対応します。

（6）　企業活動に伴うおカネの循環過程で変形する

現実資本のうち、特におカネ（貨幣）の状態にある資本のこと。

（7）機能資本は財務勘定としての自己資本と同義で、対応する無機能資本は他人資本（借入）を意味します。

◆企業は儲けてナンボ

企業は利益を上げるために商品やサービスを販売します。製造業を例にとると、企業はまず貨幣資本（おカネ）を集め、それを生産活動に投下します。前項で見たように、貨幣資本は原材料や機械設備・労働力などに変形され、半製品から完成品（製品）に至る製造過程を辿ります。製品は販売されることで売掛金や受取手形に変形され、それらが回収・換金されて再び元のおカネ（貨幣）の姿に戻ります［図表13－④］。回収されたおカネは再投資され、資本循環は間断なく繰り返されるのです。

つまり、企業は資本の運動体という性格を持っており、それはまた企業内における財務システムの形成過程を表してもいます。財務システムには資本活動を支える機能があり、企業活動のプロセスに伴う費用支出と収入という流れに深く関わっているからです。しかも、今日では、すべての経済行動がおカネの単位で計測・表示されますから、企業活動の各プロセスでもそれらを財務的に把握することが不可欠となっているのです。(8)

そして、企業が投下したおカネ（資本）は、資本循環過程の中で増加して回収することを期待されています。この増加分が企業の利益です。企業の資本活動の中で、利益が生まれなかったり、損失が発生して投下資本が減少するような資本運用は、企業の存在意義が問われることにもなります。なぜなら、企業が適正な製品やサービスを提供していれば、それは消費者に受け入れられ、相応の利益が計上されるはずだからです。もし企業が投下資本を減少させ赤字を続けているとしたら、それはその企業が社会に十分な貢献を行っていない証拠と見なされるのです。

それに、おカネには多くの投資機会がありますから、赤字を続ける企業からはやがて資本が引き上げられ、より有利な投資対象へと流出していきます。おカネ（貨幣）から出発して再びおカネ（貨幣）で戻ってくる企業の循環運動に資本が投下される理由は、利益を得るためです。資本主義体制の中で企業活力を支える根源的なものは、利益に対する欲求と言っても過言ではありません。つまり、企業は利益を追求する資本の運動体であり、「収益性原理（利益最大化を目標とする原則）」に従うのです。

一方、資本主義社会では私有財産制度が確立しており、自らのおカネを用いて合法的に得られた利益は私有財産権者に帰属します。これを敷衍《ふえん》すれば、資本所有者である株主は、株式会社が事業活動で得た利益の所有者でもあることを意味します。そこに、企業が収益性原理に基づいて活動することで、将来的な利益水準の向上が見込まれれば、株主には継続的な配当収入増加の期待が形成されるのです。これは株式の本質的な価値を決定する要因と捉えられ、市場評価にこの点が盛り込まれれば株価上昇がもたらされるわけです。

こうした擬制資本価値の上昇により、設立出資者は出資額よりも増えた分を「創業者（会社設立者）利益」として手にすることができます（具体的には、ＩＰＯ［initial public offering：株式の公開・上場］というプロセスを経ます）。創業者は、主たる出資者であると同時に会社経営に携わり社業の発展に努めますが、その動機こそが創業者利益獲得への強い意欲であり、資本主義社会における経済のダイナミズムを支えることにもなるのです。その際、次項で述べるように、創業者利益は、資本利益率（資本に対する利益の割合）と利子率との関係で、その水準が左右されます。

（8） 企業には、財務、労務、生産、販売、情報などのサブシステムが存在していますが、財務システムは今日では経営意思決定プロセスと緊密に連携し、これらのサブシステムを全体として調整・統括する機能を果たすなど、中心的な役割を演じています。この点は、企業管理組織にＣＦＯ（chief financial officer：最高財務責任者）を設けるなどの動きが象徴的です。

◆株主間の支配と従属

おカネ（貨幣資本）が利子率に相当する利益獲得だけを目指すなら、何も会社を設立して事業を営む必要はなく、金融市場で資金運用すれば足ります。事業家が会社を設立するのは、そこに利子率以上の収益機会を見出したからにほかなりません。このことは、期待値としての企業の資本利益率が利子率を上回ることを意味し、その期待が実現することを市場が評価して株価が上昇すれば、創業者利益が拡大するのです。

この場合、創業者を「支配株主」とし、一般投資家を「従属株主」と捉える見方があります。(9) ただ、支配株主が支配者利得を優先すれば一般株主は持株を売却し、その一方で新たに購入しようとする投資家はいなくなるでしょうから、株価は下落し創業者利益も減少してしまいます。こうした市場メカニズムを通じて支配株主の行動はチェックされるのです。つまり、市場メカニズムが十分に発揮されれば、一般株主と創業者の利害は必ずしも背反しません。したがって、創業者がこうした市場機能を意識し、合理的に自らの利益増殖を図る限り、一般株主にも利益がもたらされるのです。このことを演繹《えんえき》すれば、企業経営の目的が株価の最大化であるという理念が導き出されます。

(9)　たとえば、車戸［1997］第5章を参照のこと。一般投資家は株式購入により配当を受け取りますが、配当の利子化が本来自己資本であるはずの彼らの出資金を他人資本化し、この結果として創業者による支配集中が進むという考え方です。

◆成果分配と自己金融

企業の売上高は、事業に投下したおカネ（資本）の回収を意味しますが、そこには少なくとも利子の支払いが可能なだけの利益額が含まれなければなりません。それは、他人資本の提供者（銀行や社債保有者など、おカネの貸し手）に対して、まず成果分配を行う必要があるからです。利払い後に残った部分があれば、それが純利益です。

純利益には国から法人税が課せられ、納税という形で政府への支払いが行われます。政府は企業に対して、経済秩序の維持、保安などのほか、道路、橋梁、鉄道・空港等の交通網の整備など、間接的に多様なサービスを提供していますが、税はこれらのサービスに対する費用負担と位置付けられます。

法人税の支払い後に残る部分が当期の配当可能利益（税引後利益）で、取締役会の決議を経て一部は株主に対する報酬として配当金が支払われます。ここで漸く株主が報われる場面を迎えますが、津村［1981］はこれを株主にとって「山分けの楽しみ」と評しています。配当可能利益のうち、どの程度を配当金として支払うかが企業の配当政策であり、利益に対する配当金の割合を配当性向と言います(10)。税引後利益のうち、配当された残りは企業に内部留保されます。内部留保された利益は、次期以降に事業活動を展開する際の資金として利用され、その分だけ企業資本を増大させます。これは一種の資金調達であり、しかも企業内部における調達であることから、自己金融（内部資金調達）と呼ばれます（企業の資金調達手段としての位置付けは、第1学期の「図表2　企業の資金調達形態（p83）」を参照してください）。

(10)　日本の企業は、歴史的に欧米に比べて配当性向が低い特徴がありましたが、近年は「モノ言う株主」の増加や、敵対的買収に対する防御措置の側面もあり、配当性向を高める企業が目立っています。なお、配当性向の逆数は内部留保率です。

6 株式投資理論の考え方

◆〝金のタマゴ〟を産むニワトリ

株主は出資の見返りとして配当金を受け取ります。配当金は、企業が産み出す〝金のタマゴ〟と捉えられます。受け取る金のタマゴは多いほど良い、というのが人情ですよね。それには、金のタマゴを産む〝ニワトリ（企業）〟の事業活動における収益性（どのくらいタマゴを産めるか）が重要になります。株式はニワトリの持ち分であり、その価格（時価）を表すのが〝株価〟です。ということは、株価（ニワトリの値段）は、配当（金のタマゴ）の多寡や、その源泉となる企業収益を基盤に形成されると考えられます。

こうした点から「株価は実体経済を映す鏡」と言われます。美しい映像（株価上昇）は美しい実体（良好な景気）があって、初めて見ることができます。それでは、「景気が良い」とはどういう状態を指すのでしょうか？　「景気」とは、経済活動が活発に行われているかどうかの度合いを示す言葉です。つまり、経済が活発であれば「景気が良い」のです。景気が良い状態では、①多くの企業でモノがたくさん作られ、②それがよく売れて企業が儲かり、③そこで働く人々の給料が増え、④人々がモノをたくさん買い、⑤企業はもっとモノを作るために工場を建てたり人を雇ったりする、という好循環が続き、ファンダメンタル面から株価の上昇を支えます。だから、景気が良ければ社会全体が豊かになり、大多数の人々が幸福に感じるわけです。

ただ、作られるモノが多くなり過ぎると、売れ残りが増え、企業は儲からず、従業員に給料を払えなくなります。でも、モノが売れている間は、企業はどんどんモノを作り続けますから、結局はどこかでモノが売れ残ることになります。この状況が続くと、良い循環とは逆の循環になり、景気が悪くなってしまいます。株価も景況悪化に伴い、上値が重くなります。景気が良い状態を続けるのは、とても難しいのです。

◆株式投資は美人投票?

ケインズは、株式投機を美人コンテストの例で説明しています(1)。今日でも、しばしば芸能人の人気アンケートが実施されますし、プロ野球のオールスター投票も恒例行事となっています。この種のアンケートに、「最も得票の多い女優に投票した人の中から、抽選で賞金100万円を進呈」という条件が付されているとしましょう。

このアンケートに対して、あなたならどう投票するでしょうか? 当選しそうにないけれどあくまでも自分が好きな女優の名を書く、という人もいるでしょう。ファン心理としてはこの方が素直ですし、本来のアンケートの趣旨としても、こうした人々の素直な投票の集積としての結果を重視する方が自然ではあります。でも、あなたがどうしても１００万円の賞金を獲得したいなら、ファンとしての自分の好みはしばらく捨てて、ほかの大多数の投票者が選びそうな女優に投票することが肝要となります。

ケインズは、株式投資をこの種の美人投票のようなものだと指摘したのです。[2] 投票者は自分が本当に美人と思う女優ではなく、ほかの投票者が美人だと思いそうな女優に投票することで、１００万円を獲得する機会に近付くことができるのです。株式投資でも、将来儲かりそうな銘柄を事前に発見することは容易でありませんし、もしそうしたポテンシャルのある銘柄を発見しても、ほかの大多数の人々が同じように思って投資してくれなければ、株価は割安感を保ったまま低位に放置されてしまいます。１人の人間の影響力には限りがあります。ですから、自らの投資パフォーマンスを向上させるには、大衆の意思としての株式相場の方向性を見通し、時としてその流れに身を委ねることも必要なのです。問題は、美人投票に絡んでケインズも指摘していますが、ほかの投票者も同じようにこの投票を捉えているという点です。それと、集団での意思決定には、かえって間違いを招く危険があることも考えておくべきです。個人なら気付くことが集団では見落とされがちだからです。アーヴィング・ジャニス（Janis, Irving：1918-1990）は、この種の現象をグループシンク（groupthink：集団浅慮）

と名付けています。

ともあれ、株式市場で美人投票論のような価格形成が認められるのは、株価を直接的に決定する要因が需給バランスであることを示唆します。多くの投資家が美人であると評価するような銘柄に投資すれば、買い手の需要量が売り手の供給量を上回り、その結果株価は上昇します。逆の場合には株価は下落することになります。

ただ、株式は一般の商品と異なり、特殊な需給構造を持っています。一般の商品は生産から消費へと一定の流れがあるのに対し、株式は年々の新規発行高が市場に蓄積されていくからです。しかも、投資家に保有される過程では需要要因として機能したものが、その後の株価水準や投資家の資金事情によっては、たちまち供給要因に転じることにもなります。こうした点が株価形成メカニズムを複雑にし、事前予想を困難にしているのです。

(1) Keynes [1936] は、「美人投票論」に先立って、株式投資におけるファンダメンタルなアプローチの有効性を否定する記述を行っていますから、投資を投機の意味で用いていると考えられます。

(2) 実際には、100枚の写真から最も美しいと思う女性6人を選択し、その選択が投票者全体の平均に近かった人に賞品を与えるという新聞投票に見立てています。

◆アクティブ運用の罠

投資政策の基本的なパターンには2種類あります。市場平均並みの成果を目指す「パッシブ運用

(passive management)」と、市場を上回る成果を目指す「アクティブ運用（active management)」とです。あなたは、どちらの方を好むでしょうか？　アクティブ運用の方がおいしそうではありませんか？

しかし、アクティブ運用全体の平均的なパフォーマンスは、その運用動機に反して、市場全体の平均的なパフォーマンスを凌駕《りょうが》できないのです。そもそも市場平均のリターン水準とは、それを上回ったパフォーマンスと下回ったパフォーマンスとの集積ですよね。パッシブ運用は市場平均を目指しますから、その平均値は当然市場平均に近似します。しかし、すべてのアクティブ運用のパフォーマンスも平均すれば、市場平均リターンに収束するのです。そうでなければ、事後的な市場平均の値自体が変化してしまいます。つまり、アクティブ運用全体としての、市場平均リターンに対する超過収益はゼロ・サムになるのです。

市場平均パフォーマンスを持続的に上回る難しさについて、エリス(3)は、「勝者のゲーム（winner's game)」と「敗者のゲーム（loser's game)」に区分した上で、テニスの比喩で説明しています。

彼によれば、テニスの試合は、プロや天才的アマチュアのゲームと、その他大多数のゲームとに区分されます。そして、両者のゲームでは試合の流れがまったく異なるのです。プロのゲームは、勝者側の意思が的確に機能した場合に初めて得点されます。勝者側の意図で狙い通り勝利につながることから、これは「勝者のゲーム」と捉えられます。これに対して、大多数のアマチュアは、勝者側の意図とは無関係に、敗者側が一方的にミスを重ねることで失点を積み上げていくのです。勝者は結果として勝利を得るのであり、敗者側のミスで勝敗の帰趨が明らかになる点で、これは「敗者のゲーム」と位置付けられます。

エリスは、このテニスの例と同様に、株式投資も敗者のゲームが有効だと述べています。自らはミスを冒さないよう、じっと〝良い子〟にしていれば競争相手がミスを重ねて脱落していき、最終的に自分が勝利の栄光を掴めるという考え方です。これは、アクティブ運用の自己崩壊を待つという意味で、パッシブ運用を支持する思想と言えましょう。

(3) Ellis, Charles D. [1985] *Investment Policy: How to Win the Loser's Game*, McGraw-Hill Companies

◆効率的市場仮説とランダム・ウォーク

「効率的市場仮説（efficient market hypothesis：ＥＭＨ）」とは、あらゆる投資情報がその発生と同時に、瞬時に価格に反映され、その結果いかなる投資家も他人を出し抜いて利益獲得を図ることができない、という市場概念のことです。ファマは、[4] 次のように述べています。

効率的市場においてはいかなる時点においても観察される証券の価格は、その時点で利用可能なあらゆる情報の〝正しい〟評価に基づいている。すなわち、価格は利用可能な情報を〝十分に

図表14　(情報に関する) 市場効率性のイメージ

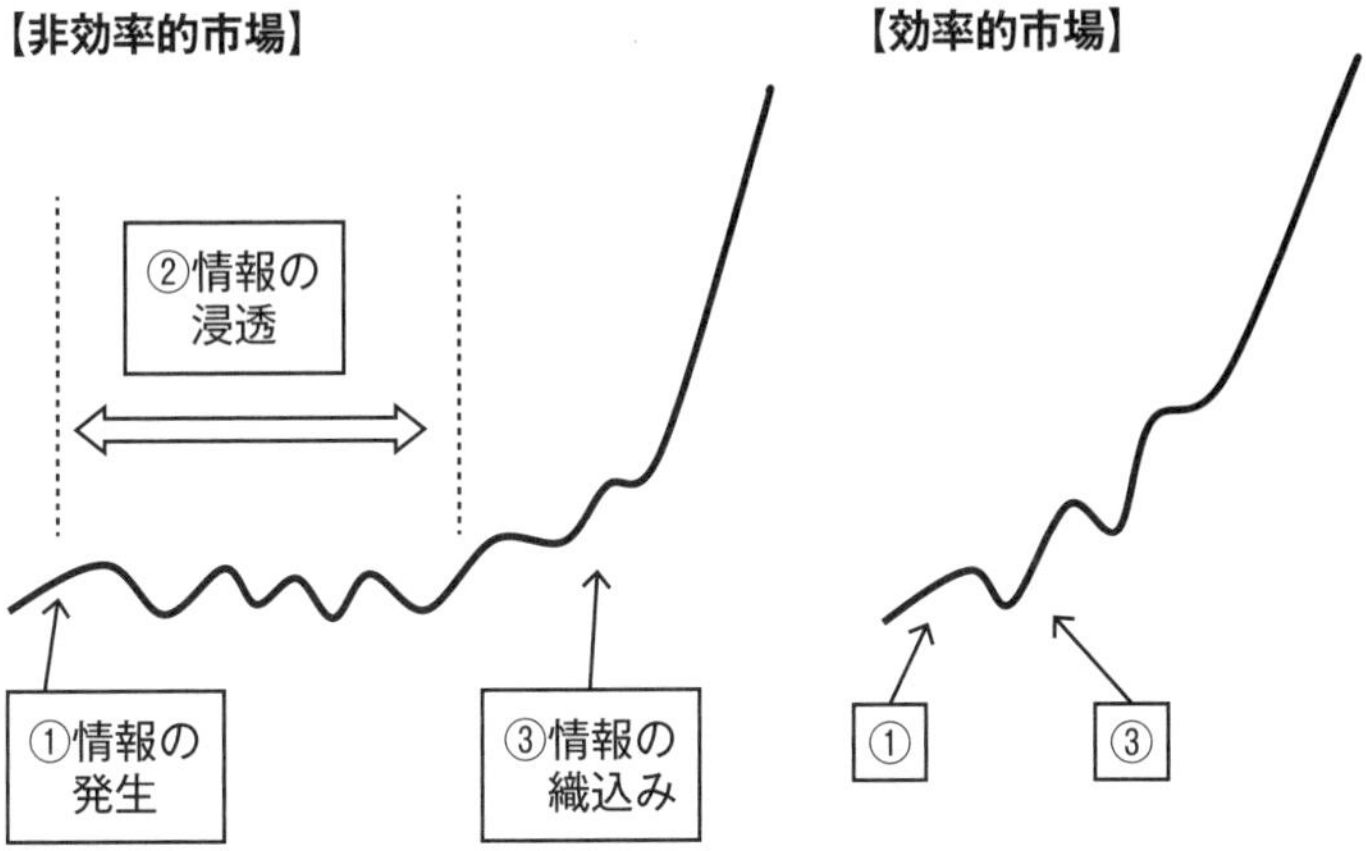

（出所）　髙橋作成

反映している〟。

それまでの伝統的な投資理論では、市場の非効率性が前提でした。その考え方の背景には、「情報が株価に反映されるまでには時間がかかる」という認識に加えて、「同一のデータから自分は有用な投資情報を引き出せるが、他人にはわからないだろう」という思想があります。

しかし市場が効率的であれば、情報動機で市場平均を上回る利益を獲得することはできません。このことは、株価のランダム・ウォーク(random walk)仮説を容認することになります。ランダム・ウォークは〝酔歩〟とも呼ばれ、あたかも酔っぱらいが歩くように株価がまったく出鱈目《でたらめ》に変動する状態を意味します。したがって、株価形成がランダム・ウォークに従う下では、いかなる情報を素材にいかなる理論や手法で加工を施しても、投資パフォーマンスは、偶然性以外の理由で市場平均を超過することができないのです。

ＥＭＨでは、市場で利用可能な投資情報を、①過去の株価変化や取引量の変化などの情報、②一般に公表された財務諸表などの企業情報、③企業の内部関係者や証券取引に関わる人々だけが入手しうる情報、の三つに区分し、それぞれについて実証研究が行われています。それらの結果は、総じて市場効率性の高さを確認するものが多いのですが、帰納的なアプローチによる評価が主流であるため、その主張を手放しで受容することはできないように思えます。ただ、日本をはじめ先進諸国の株式市場では、〝安易な情報動機で他人を出し抜くことができない〟程度には市場効率性が認められるようです。

（4） Fama, Eugene F. [1976] *Foundations of Finance: Portfolio Decisions and Securities Prices*, Basic Books（邦訳：日本証券経済研究所・計測室／訳［１９７９］『証券市場分析の基礎――資産選択と価格メカニズム』）。引用文は、邦訳書によります。

◆分散投資について

株式にはリスクが大きいというイメージが定着しています。そのため、歴史的にリスクを回避する工夫が、積み重ねられてきました。その代表的な手法が分散投資です。

分散投資の思想は、古くから伝えられる「財産三分法」の考えを継承したものです。財産三分法は

〝三分観〟の一種で、資産をたとえば土地、金塊、証券のように異なる形態で保有することです。どれかが値下りしても他が補うことで、資産全体のダメージを防ごうという先人の知恵です。株式の分散投資は、株式という限定的な資産の範囲の中で、財産三分法と同様の効果を狙う手法です。多くの銘柄に投資することで、どれかが足を引いても、別の銘柄が稼いでくれることを期待するのです(5)。

分散投資では、闇雲に投資銘柄を増加させればよいというものではありません。銘柄には、業種や企業規模など多くの属性があり、共通の属性を持つ銘柄の株価は、ほぼ連動する傾向があります。ですから、そうした銘柄をどれほど組入れても十分な分散効果は得られません。属性の異なる銘柄を幅広く組入れることで、経済環境や市況性格の変化によるポートフォリオ（portfolio）(6)への影響を、軽微に抑えることが可能になるのです。

さて、ここで出てきたポートフォリオという言葉の辞書的な意味は「紙挟み」や「書類鞄」です。それが「有価証券保有明細書」に転化した経緯は、以下のように伝えられています。

ウォール街で証券ブローカーたちが持ち歩く書類鞄（ポートフォリオ）には、株券や債券などの証券が収められていました。やがていつしか、容器の名称であるポートフォリオが、中身である証券の集合体を指すようになった、というものです。こうした経緯によれば、広義のポートフォリオには株券・債券に代表される各種証券と現金の混在が容認されますが、狭義には株式なら株式、債券なら債券の集合体を、それぞれ「株式ポートフォリオ」、「債券ポートフォリオ」と表現するのが一般的です。一方、ポートフォリオには「紙挟み式の画集」の意味もあり、この場合には同一画家の作品など共通したコンセプトで構成されるはずですから、この語義に従えば初めから狭義のポートフォリオに転化しやすかったと考えられます。

ところで、『星の王子さま』(7)で知られるサン・テグジュペリは、「異質的なものこそ愛によって結びつけられるべきだ」と言いました。これは弁証法的な止揚に至る命題と捉えることもできますが、投資においても〝異質的なもの〟の組み合わせがリスク管理上は重要なのです。ただし、分散投資を合理的に行っても、株式投資に伴うリスクのすべてを制御できるわけではありません。株式の投資リスクには、大別して個別銘柄に固有のリスク（非システマティック・リスク：un-systematic risk）と、株式市場全体が晒されるリスク（システマティック・リスク：systematic risk）とがありますが、分散投資で軽減されるのは非システマティック・リスクだけです。(8)たとえば、もし保有する株式の発行会社が経営破たんしてもその影響は銘柄分散で希薄化されますが、石油危機や戦争などで市場全体が受けるダメージは市場の中にいる限り免れることができません。

一方、大規模なファンドが分散投資に徹した運用を行えば、そのポートフォリオは限りなく市場との連動性を高めていきます。そうした運用を意識的に行うのが、特定の株価指数との価格連動を目指すインデックス・ファンド（index fund）です。

なお、分散投資の考え方には、銘柄分散以外に時間分散というアプローチもあります。株価は時間経過とともに変動しますから、ある一時点に売買を集中させると、高値で購入し安値で売却することにもなりかねません。売買の日時の分散により高値掴みや安値売りのリスクを回避し、価格変動の影響を平準化させる効果が期待されます。この時間分散を巧みに利用した投資手法としては、この後で紹介するドル・コスト平均法があげられます。

（５）アメリカには〝Do not put all eggs in one basket.（一つの籠にすべてのタマゴを盛るな）〟という格言があります。

（６）「有価証券保有明細書（有価証券のセット）」を意味します。

（７）Saint-Exupéry [1943] *Le Petit Prince*

（８）こうした考え方は、ポートフォリオ理論（modern portfolio theory：ＭＰＴ）により提示されます。ＭＰＴは、歴史的にはMarkowitz[1952]が創始者と位置付けられ、Sharpe[1964]の資本資産評価モデル（ＣＡＰＭ）、実務面でRosenberg（and Guy）[1976]の予測ベータ、Roll and Ross[1984]の裁定評価理論など、主にアメリカで発展過程を辿ってきました。なお、ＭＰＴにおける〝単一資産（株なら株、債券なら債券）〟という対象を〝複数資産（株と債券などの組み合わせ）〟に拡大して最適な資産構成を目指す考え方に「アセット・アロケーション（asset allocation）」があります。その一部の考え方をさらに発展させ、従来の手法以外の投資手法を含めて、より高い収益機会を求めた（当然、リスクも高くなります）アプローチは「オルタナティブ投資（alternative investment）と呼ばれます。

◆機械的な投資手法

投資家心理として、株価が上昇すれば強気が強気を呼び、逆に下落すれば弱気が加速されがちです。こうした心理に振り回されると売買タイミングを失することが多く、十分な成果を収めることは困難です。

そうした主観を排除するには、機械的な売買に徹するのも一つの方法でしょう。機械的な売買手法のうち、逆張り[9]思想をベースに、株価の循環的な変動を利用して投資成果の向上を目指すのが「フォーミュラ・プラン：formula plan」です。これは、資産全体のうち、株式部分を常に一定額（または一定比率）に保つ方法です。株価が値上がりして、株式構成が基準を上回れば売却し、値下がりして基準を下回れば買い足すことで、一定の構成を維持するよう調整する手法です。

同様に、株価トレンドが一定期間は持続するという前提に立って、売買タイミングの恣意性を排除する考え方に「フィルター・ルール：filter rule」があります。具体的には、ｘ％をフィルターとする時、

① 株価がｘ％上昇したら購入
② 購入後は高値を付けるまで保有
③ 高値からｘ％下落したら保有株を売却
④ 底値からｘ％上昇したらあらためて購入

という行為を繰り返す投資戦略です。相場格言に「三割高下に向かえ（三割上がったら売り、三割下がったら買え）」がありますが、これはフィルター・ルールの考え方を支持しています。

フォーミュラ・プランもフィルター・ルールも、極端な楽観や悲観に振り回されないための目安として利用可能ですが、これらの有効性を否定する研究成果も示されており、あくまでも参考程度に留めるべきでしょう。

機械的な投資手法の中で、比較的有効と思われるのが「ドル・コスト平均法：dollar-cost averaging」です。その基本的な仕組みは、〝一定の時間間隔（たとえば給料日ごと）〟で〝一定の金額〟を〝特定の銘柄（あるいはポートフォリオ）〟に〝継続的〟に投資することです。

株価変動の方向性が一方的でなく、ある程度循環的であれば、このルールによって株価水準が高い時ほど購入株式は少なくなり、逆に株価水準が低い時ほど購入株数は多くなります。この結果、同一の投資期間の単純平均株価（これは同じ時点で〝一定の株数（等株）〟を購入する戦略の効果と等しくなります）に比べると、平均取得コストを低く抑えることが可能です。

具体的な仮説例として、毎月1万円ずつドル・コスト平均法で投資する場合を、毎月10株ずつ投資する場合（等株投資）と比較してみましょう［図表15］。ドル・コスト平均法では、投資期間を通じて12万円の資金が投下され約１３０株が取得されますが、等株投資の場合は13万円の投資で１２０株しか取得できません。また、ドル・コスト平均法による1株当たりの平均取得コスト（購入単価）は

図表15　ドル・コスト平均法の仮説例

投資時期	株　価（円）	毎月10株ずつ購入する		ドル・コスト平均法による	
		投資金額（円）	取得株数（株）	投資金額（円）	取得株数（株）
1月	1,200	12,000	10.00	10,000	8.33
2	1,000	10,000	〃	〃	10.00
3	800	8,000	〃	〃	12.50
4	600	6,000	〃	〃	16.66
5	500	5,000	〃	〃	20.00
6	700	7,000	〃	〃	14.28
7	800	8,000	〃	〃	12.50
8	900	9,000	〃	〃	11.11
9	1,200	12,000	〃	〃	8.33
10	1,500	15,000	〃	〃	6.66
11	1,800	18,000	〃	〃	5.55
12	2,000	20,000	〃	〃	5.00
合　計	13,000	130,000	120.00	120,000	130.92
平　均	1,083	10,830	10.00	10,000	10.91

（出所）　高橋作成

９１６円（＝12万÷１３０・92）となり、等株投資の場合の単価（単純平均）である１０８３円を大きく下回っています。

　こうしたドル・コスト平均法による効果は、投資資金残高が小さいほど大きく、資金残高が巨大化するに連れ低下するという問題があります。また、極端に少額の資金では、購入時に端数（１株未満）が発生してしまいます。さらに、事務管理上の煩雑さを考えると、ドル・コスト平均法の利用には従業員持株制度などの活用が有効と思われます。

ただ、恒常的に株価方向性が右上がりで振幅が小さい場合は、投資開始時点で全金額を投資した方が投資成果は高くなります。ドル・コスト平均法の効果を高めるには、循環的な株価変動特性を持つ銘柄を選定することが大切です。その点、従業員持株制度には銘柄選択の余地がないというジレンマがあります。

（9）市場人気の流れとは逆に、上昇している銘柄を売り、低迷している銘柄を買う投資戦略。反対に、上昇中の銘柄を買い、下落している銘柄を売るのは「順張り」と言います。

◆相場は相場に聞け

先に「強気（牛）と弱気（熊）」のところでも述べましたが、株式市場では同じ株価に対して強気（買い手）と弱気（売り手）という正反対の評価が反映されることで取引が成立します。そして、今日の情報化社会では、市場参加者が保有する情報格差は急速に縮小しています。とすると、投資対象銘柄の情報収集・分析に時間や労力を費やすのは効率的でない、という考え方にも一理あると思えます。過去から現在に至る株価の推移を眺めることで、現在の位置を確認し、方向性やその持続性の把握を試みた上で、投資意思決定を行う方が効率的という立場です。

そうした視点から株式投資戦略を考えるのが「テクニカル分析：technical analysis」(10)です。テクニカル分析では、主に株価のグラフから投資に有用な情報を引き出そうとします。まさに、相場の判断を相場に委ねるアプローチと言えるでしょう。その際、重視されるのが「トレンド」と「パターン」です。トレンド分析は、それが続く限りは順張り投資でリターン獲得を図れる点で有用です。パターン分析は、過去のトレンドの変化（たとえば上昇相場から下降相場へ）を類型化し、それを現在の相場に当てはめることで市況の変化に備えた売買を可能にします。

ただ、テクニカル分析には恣意性が付きまといます。(11) 同じ株価グラフを見て、そこから他人とは異なる有益な情報を引き出すのは困難ですし、理論の再現性や継承性などの点で必ずしも科学的要件を満たしていないからです。それでも、ほとんどのプロのファンド・マネージャーが売買タイミングの判断には株価グラフを見ますし、新しい投資理論の進展によっては、見直される余地のある分野です。

（10）テクニカル分析は、堂島の米相場以来培われてきた日本の「罫線分析」とアメリカで発達してきた「チャート分析（chart reading）」の二つの流れに大別されます。

（11）一種の〝パレイドリア（pareidolia：変像。無作為のものに意味のあるパターンを感じ取る心の動き）〟に似たような心理が作用する余地があるからです。

◆金利と株価

金利と株価は逆相関（金利が上昇すれば株価は下がり、金利が下落すれば株価は上がる）の関係にあることが知られています（この点は前に見た債券と同様です）。

金利水準は景気動向と絡んで日銀の金融政策などにより誘導される側面があります。日銀は、景気が過熱している時には金利を高めに導くことで企業の新規投資を抑制したり、景気が低迷している局面では逆に低金利政策により投資を促進したりします。企業の資金調達意欲や業績は、そうした金融政策に大きく影響されます。

金融緩和期（日銀が金利低下やおカネの供給量を増やす政策を実施する局面）では、企業は設備投資などに積極姿勢を示すことになり、先行きの景気拡大が見込まれるため、株価も上昇傾向で展開します。金融引き締め期（日銀が金利上昇やおカネの供給量を減らす政策を実施する局面）では逆の現象が起こります。基本的に株価はこのように金利と逆の動きを見せるのです。

そうした議論を離れても、金利と株価の逆相関は説明可能です。金利水準が高ければ、定期預金など比較的安全な金融商品の運用で、ある程度は満足する投資成果が見込めます。ですから、投資家はあえてリスクの高い株式におカネを振り向ける必要がありません。一方、低金利の局面では、安全な金融商品では十分な利益を得ることが難しいため、リスク商品に関心が向けられるのです。世の中に流通するおカネの量もこうした投資家行動を促します。金融緩和策により、過剰流動性と呼ばれるような〝カネ余り〟現象が惹起されれば、そのおカネが株式市場に行き先を求めるからです。

さて、最近は〝異次元の金融緩和〟が実施され、マイナス金利政策までが導入されています。こうした政策の株価への影響はさまざまな視点から論じられていますが、政策当局が形振《なりふ》り構わず本気で取組んでいると評価するか、異常な政策を行わなければならないほど追い詰められていると受け止めるか、市場心理の評価に依存する面も大きいように思います。ただ、第1学期の「おカネが増えると物価が上がる?」で見たのと同様、経済がグローバル化したことで株価形成要因が複雑化するなど、一国における金利と株価の関係が従来のようには単純に連携しなくなっているのかもしれません。

◆投資尺度にはどんなものがあるか?

投資に限らず、何かを選ぶ時には何らかの基準が必要であり、人はその基準によって意思決定します。株式投資において、株価それ自身が一つの基準尺度となっていることは既述のとおりです。また、配当(金のタマゴ)の原資となる企業(ニワトリ)の収益動向を、財務諸表などを用いて分析し、企業価値の把握を試みる、ファンダメンタル分析(fundamental analysis)も有用な基準を提示します。そうした中で、企業の価値的要素と株価を組み合わせた尺度が広く用いられています。ここでは、その代表例を三つ紹介しましょう[12]。

まず、配当金と株価を組み合わせた尺度に「配当利回り:dividend yield」があります。

配当利回りは、

配当利回り(%)=(1株当たり配当金/株価)×100

で表されます。最後に100を掛けているのは、パーセント表記にするためです。たとえば、1株当たり配当金（以下、地の文の〝1株当たり〟は省きます）が5円、株価が100円であれば、（5円÷100円）×100＝5％になります。配当利回りは、株主として直接的に会社から受け取る利得の効率性を見る最も基本的な尺度です。一般に配当は多いほど嬉しいですから、配当利回りは高い方が好ましいと言えそうです。

次に、PER（price earnings ratio：株価収益率）は次式で求められます。

PER（倍）＝株価／1株当たり利益

これは、株価が利益の何倍に買われているかを示す相対的な尺度です。たとえば、利益が10円であれば、先の株価100円を用いると、100円÷10円＝10倍となります。さて、PERは高低どちらの方が好ましいと思いますか？　この式を、株価について書き換えると、「株価＝利益×PER」になりますから、PERは投資金額（株価）を配当の源泉である足元の年ベース利益で回収する場合の〝年数〟を表しています。この例では、100円の投資金額を回収するための必要年数は10年になります。回収年数は短いほど良いですから、PERは低いほど好ましいのです。ただ、利益成長する企業には、成長率の高さやその持続力により市場で高PERが受容される場合もあり、PERを実際に利用する際には注意が必要です。[13]

最後に、PBR（price book-value ratio：株価純資産倍率、株価資産率）があります。この計算式は、

図表16　各種投資尺度の歩み

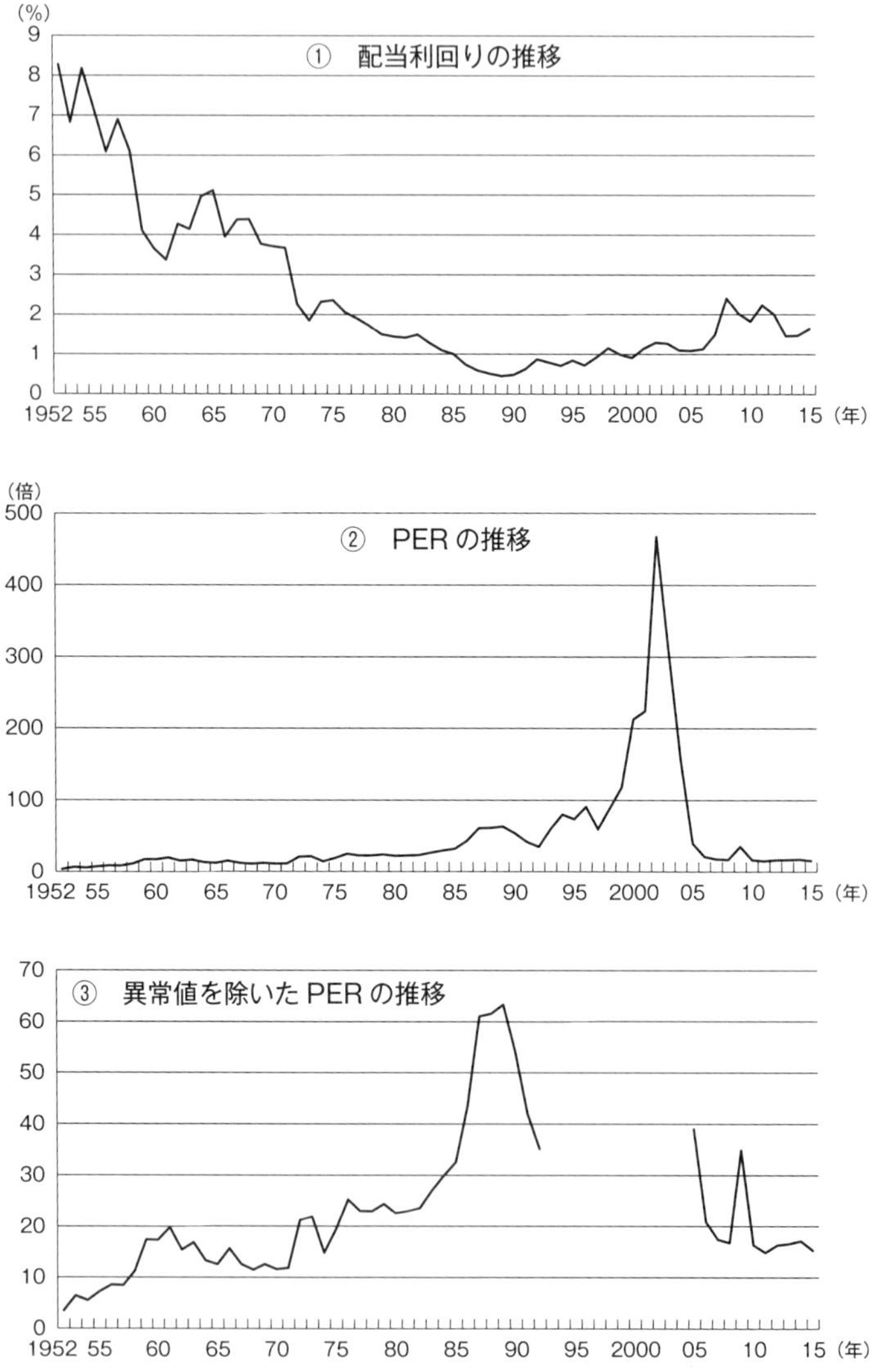

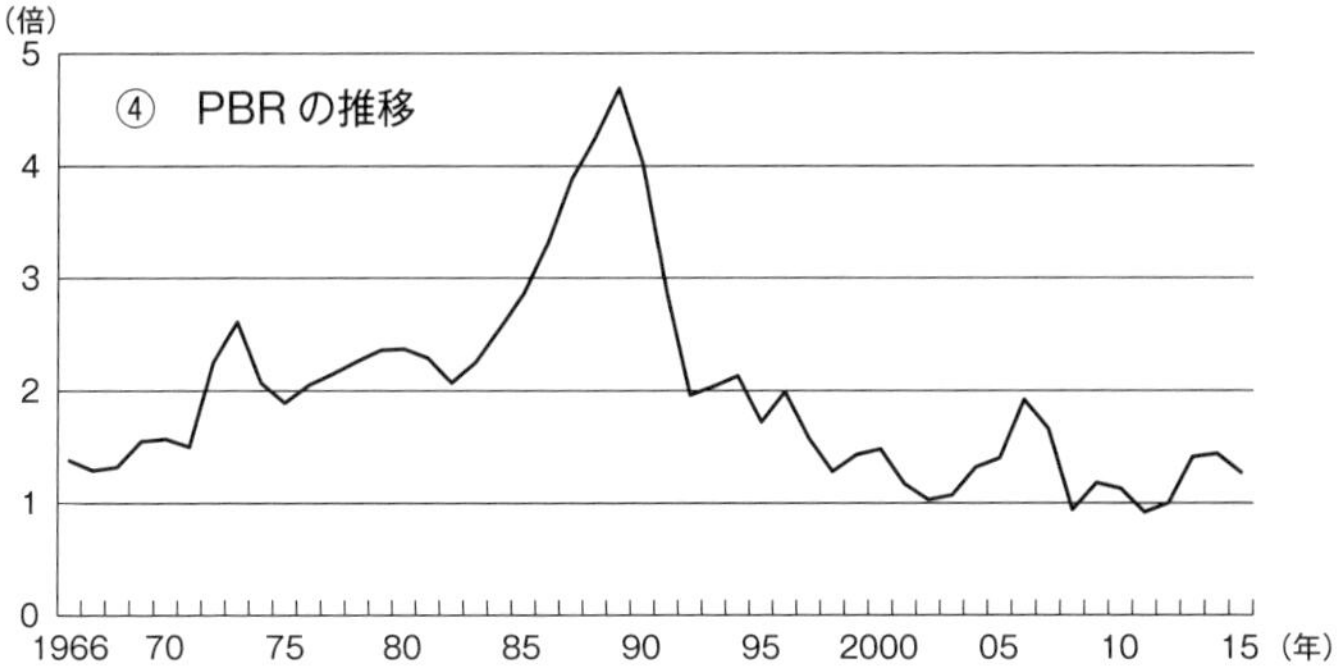

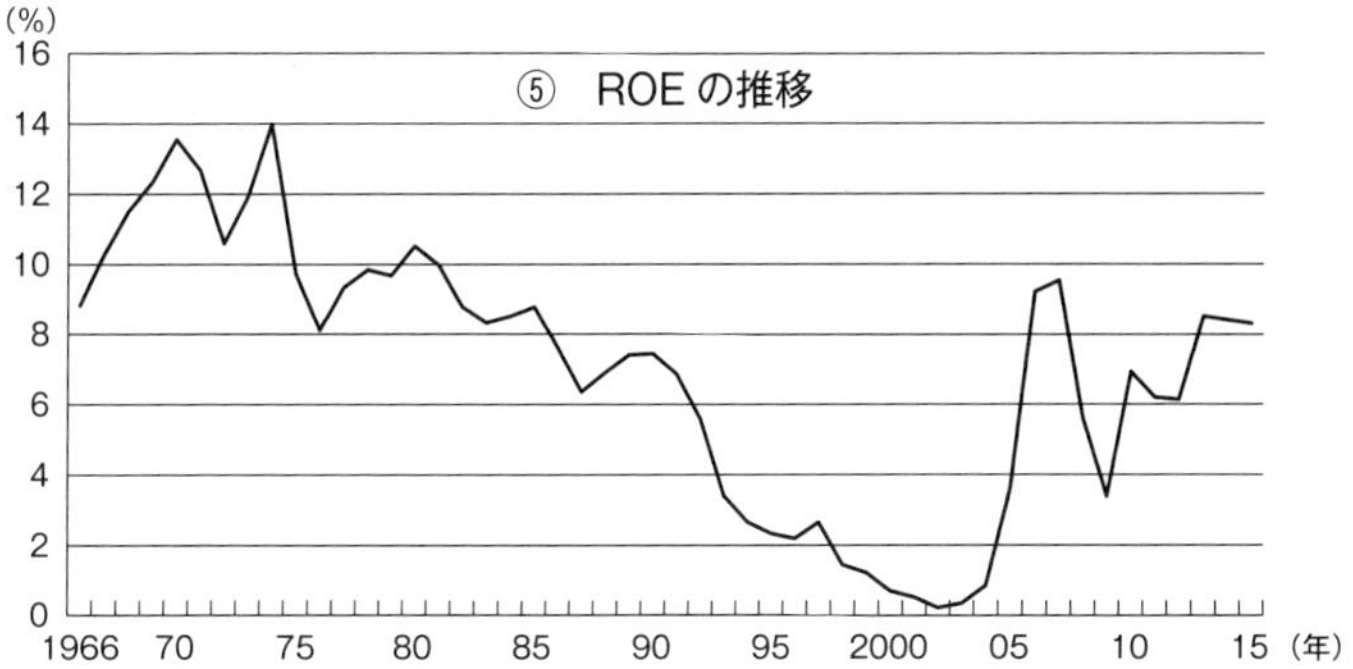

（注）　・1985年までは日経平均ベース。それ以後は東証１部全銘柄平均。
・実績ベース。各2015年まで。
・ROE=（PBR/PER）×100で求めているため、現実の財務ベースとは異なる。

（出所）日本経済新聞社、東京証券取引所の発表統計を基に髙橋作成

PBR（倍）＝株価／1株当たり純資産

のように表されます。たとえば、純資産が50円の時、株価100円で計算すると、100円÷50円＝2倍となります。純資産は、企業のバランスシート（貸借対照表）上の資本の部（株主資本）を意味します。つまり、会社が解散した場合の株主の取り分ですから、株価が解散価値を下回ることは不自然であり、1倍という水準が株価下支えの目途となるのです。ここで、PBRの算式の分子と分母に「利益」を掛けてみましょう。

（株価×1株当たり利益）／（1株当たり純資産×1株当たり利益）

これは、

（株価／1株当たり利益）×（1株当たり利益／1株当たり純資産）

のように書き換えられます。「株価／利益」はPERです。そして、もう一方は純資産に占める利益の割合ですから、自己資本利益率（株主資本利益率、return on equity：ROE）の概念と等しくなります（つまり、PBR＝PER×ROE）。このことは、PBRが低いケースであっても直ちに割安とは言えないことを意味します。PBRの低さがPERの低さによるのであれば割安と評価することもできるでしょうが、もしROEの低さからもたらされているなら、それは企業の資本効率の悪さが市場で嫌気されているとも考えられるからです。

ただいずれにしても、単独の尺度で万能なものはありません。モノサシで重さは測れませんし、ハカリで長さは測れません。これらの投資尺度も、組み合わせて用い、多面的に評価することが重要なのです。なお、配当利回り、ＰＥＲ、ＰＢＲの市場平均の値は、日本経済新聞の市況欄に毎日掲載されています。

(12) ここで用いる企業の価値的要素は、配当金、利益（税引き後）、純資産ですが、これらは１株当たりに換算します。それは、組み合わせる相手の株価が１株当たりで表示されるからです。

(13) ＰＥＲは、分子の株価がＰＢＲなどにより下支えられる半面、分母の利益は景況により大きく変動します（極端な場合、赤字＝マイナスになることも）。こうした事情から、バブル崩壊後のＰＥＲは５００倍近くにまで達しました。このため、図表16－②ではその異常さだけが際立ち、前後の変動を把握不能にしています。そこで、１９９３年～２００４年の値を除いて示すと図表16－③のようになります。

7 投資理論の展開

◆人間は合理的に行動する？

人の内面を形作っているのは、本能、生理、感情、理性などであり、意思決定に際してはこれらが混在しつつもその時々の状況に応じて、いずれかの要素が強く表面化する形で現実の行動に結びついていると考えられます。

一方、経済学は、社会科学という枠組みの中で論理的（logical）な体系の構築を目指し、人々の消費や投資などの活動についても、論理的な視点から説明が試みられています。そこでは人々が〝見栄〟や〝付き合い〟で行う行動や〝衝動買い〟など、一見愚かに見える経済行為が、〝効用（満足度）〟という見地から説明され、人間は結果的に誤りを犯すことはあっても、事前的には合理的に行動するという仮定が置かれてきました。

投資に際しても合理的な投資家は、複数の投資案件が存在する時、自らの期待効用[1]を最大化する対象を選ぶとする「期待効用仮説」が唱えられています。[2]この考え方は、「不確実性の下、ゲームへの参加で得られる利益が期待値で与えられる時、期待値最大化に従う行動が必ずしも有効ではなくなる」という、「セント・ペテルスブルグのパラドクス（St. Petersburg's Paradox）」[3]にいくつかの公準を設けることで対応し、現代投資理論を構築する際の基盤となっています。

これに対してサイモンは、意思決定論の立場から、一連の合理性の仮説を非現実的だと批判しています。[4]彼はさらに、人々の行動に一定の秩序が存在することは認めながらも、その合理性には人間の能力を超えた限界があるとし、これを「限定合理性（bounded rationality）」と呼びました。[5]サイモンの主張を受容すると、従来の経済学や投資理論の多くは、一定限度の合理性の範囲でのみ有効に機能することになります（万能ではないということです）。

（1）複数の確率で発生する事象が考えられる時、個々の事象がもたらす効用について確率で加重和したものを言います。たとえば、週末にバーベキューをする時、晴れになる（雨が降らない）確率が60％で、その時の効用が100であるとします。一方、雨になる確率は40％でその時の効用は▲20であるとします。この場合の期待効用は、「0・6×100＋0・4×（▲20）＝52」と計算されます（▲はマイナスを意味します）。

（2）この考えは、ノイマンとモルゲンシュテルンにより提示されました（Neumann, J. Von and Morgenstern, O. [1947] *Theory of Games and Economic Behavior,*）。

（3）これは、19世紀にスイスのベルヌーイ（Bernoulli, Nicholas）により指摘されたもので、後に彼の従兄弟によって論文が発表されています（Bernoulli, Daniel [1954] "Exposition of a New Theory on the Measurement of Risk" *Economtrica,* Jan.）

（4）Simon, Herbert [1955] "A Behavioral Model of Rational Choice," *Quarterly Journal of Economics,* Vol.69, pp.99-118

（5）Simon, Herbert [1956] "Rational Choice and the Structure of the Environment," *Psychological Review,* Vol.63, March, pp.129-138

◆ヒューリスティクスとは？

こうした議論に大きな示唆を与えたのが「プロスペクト理論（prospect theory）」です[6]。これらを含む一連の考え方は、今日では「行動経済学：behavioral economics」として発展しています。行動経済学では、行動心理学の視点から人間の心理や行動様式を手掛かりに分析を進めていきます。これを金融資本市場の分野に特化し展開させたものが「行動ファイナンス：behavioral finance」です。

カーネマンとツベルスキーは、「論理（logic）」に対応する言葉として「ヒューリスティクス（heuristics：発見的方法）」をあげ、人々がロジックよりもヒューリスティクスによって物事を判断していることを示しました。(7) 彼らによれば、ヒューリスティクスは、①代表性（representativeness heuristics）、②利用可能性（availability heuristics）、③固着性（anchoring heuristics）、の三つに区分されます。

第一の〝代表性ヒューリスティクス〟は、人間が意思決定に際して、代表的・典型的なものを重視する傾向にあるというものです。たとえば、一般の投資家にとっては、確率的な高さよりも情報量の豊かさの方が重視される傾向にあります。これは、株式投資に際して判断材料が多く、それが悉《ことごと》く買いを示唆しているような場合、各々の材料に論理的な重複があったり無意味な情報が含まれていたりしても、それらを無視して買いを決断しがちなことを意味します。その背景には、情報量の豊富さを情報価値の高さと誤解しがちな人間心理が存在しているのでしょう。〝スキーマ（schema：先験的に人々が持っている思考パターン）〟の存在が、こうした人間心理を導き出していると思われます。

第二の〝利用可能性ヒューリスティクス〟は、人間が意思決定に際して、利用可能性の高い、馴染みのある材料の方を過大に評価しがちだというものです。たとえば高度な数理的アプローチが有効であっても、それらは一般に馴染みがなく理解しにくいため、簡便なチャート分析や口コミ情報などが優先されるようなケースを意味します。そもそも物理的に利用できないことや知らないことについては対応できません。それでも意思決定を行わねばならない場面では、ほかに有効なツールの存在を承知していても、自身が利用可能な馴染みあるツールに依存せざるをえないのです。その意味で、最も身近で利用可能なものは、投資家自らの〝記憶〟です。人の判断は、「高値覚え」のような、過去の記憶に残りやすいものに影響されがちなのです。

第三の〝固着性ヒューリスティクス〟は、人間の意思決定が、後から出されたものよりも、最初に現れた現象やデータに影響されやすいというものです。「第一印象（first impression）」の重要性と影響力の強さを物語っています。と同時に、情報量の増加に伴い次第に後から与えられる情報への対応はなおざりになるという、人間の集中力の持続性の問題でもあります。さらに言えば、人間は現状維持志向が〝錨〟に引き摺られるように強いことを意味します。官僚社会に蔓延している前例墨守主義はその典型ですし、高齢者がパソコンや携帯電話の使用に抵抗感を感じがちな傾向もこの範疇に属します。現に存在していれば、存在しているというだけで不要なものを捨てることは難しく、新しいシステムへの移行には困難を伴うのです。成功した時に用いた投資尺度にこだわったり、より廉価で高度なサービスを提供する証券会社が現れても既存口座を保持することなどがこれに該当します（よく卒業式で生徒が泣くのも、同じような心理が働いているのかもしれませんね）。

これらから、人間は推論の積み重ねによる論理的なアプローチを心掛けていても、それまでの経験を背景とした直観や従来の習慣などのヒューリスティクスに従う面があるのです。特に、投資意思決定の場面では、迅速な判断と行動が求められることも多く、なおさらヒューリスティクスに依存しがちなのです。

（6） Kahneman, Daniel and Tversky, Amos[1979] "Prospect Theory: An Analysis of Decision Under Risk," *Econometrica*, Vol.47, March, pp.263-291. 彼らは、各確率とそれに対応する結果の組み合わせ、すなわち投資家の選択肢を「プロスペクト（prospect）」と称しました。具体的には、利益と損失に対する人間心理の非対称性を明らかにしようと試みるものです。これらについては、次項以降で学習します。プロスペクト理論では、期待効用理論における効用と確率の代わりに、価値関数（value function）とウエイト関数（weighting function）とが用いられます。

（7） Kahneman, Daniel and Tversky, Amos[1982] *Judgment under Uncertainty: Heuristics and Biases*, Cambridge University Press

◆選好の逆転

いま、ⅠとⅡのような機会が提供され、必ずどちらかを選ばなければならないとしたら、あなたはそれぞれAとBのどちらを選択しますか？　考えてみてください。

Ⅰ．（A）確実に7万円受け取る。
　　（B）70％の確率で10万円受け取るが、30％の確率で何も受け取らない。

Ⅱ．（A）確実に7万円失う。

（B）　70％の確率で10万円失うが、30％の確率で何も失わない。

Ⅰでは A を選び、Ⅱでは B を選んだのではありませんか？　実際に、これと同じ質問を大学生639名に行ったところ、次のような回答結果が得られました。

Ⅰ．（A）　81・54％
　　（B）　18・46
Ⅱ．（A）　25・93％
　　（B）　74・07

実は、期待値としては、Ⅰの A と B は等しく、Ⅱの A と B も等しいのです。(8) 既存の投資理論では、合理的な投資家には「不変性：invariance」があり、選択肢の表現や提示方法の相違は、意思決定に影響を及ぼさないとされます。ですから、こうした理論に基づく限り、Ⅰで A を選んだ人はⅡでも A を、B を選ぶ人はどちらも B を選択するはずなのです。ところが、現実には、「選好の逆転(preference reversal)」が認められます。

Ⅰの結果からは、期待値は同じでも、何も受け取れないよりは確実な利益を選ぶという、リスク回避的な対応がうかがえます。一方Ⅱでは、確実な損失よりはリスクを冒してでも損失回避を目指して低い実現確率に賭ける傾向が認められます。つまり、Ⅰのリターン問題では確実な7万円を選択する人が多く、Ⅱのリスク問題では30％の何も失わない可能性に賭ける人が多くなるのです。ここで、これらの選択肢のリスクについて分散（variance）を計算すると、Ⅰ、ⅡともにAはゼロでありBは25となります。このことから、リターンを問題にする場合の人々は危険回避的ですが、リスクを問題にする場合の人々は危険愛好的と言うことができるのです。

（8） この点を確認しましょう。まず、Ⅰについて見ると、Aの期待値は（7×1・0＝7万円）、Bの期待値は（10×0・7＋0×0・3＝7万円）で等しくなります。次に、Ⅱについて見ると、Aの期待値は（▲7×1・0＝▲7万円）、Bの期待値は（▲10×0・7＋0×0・3＝▲7万円）でこちらも両者は等しくなるのです。

◆損失回避の心理

以前、「リスクの話」のところで、リスクには株価上昇も含まれると言いました。何か釈然としないものをお感じになったのではないでしょうか？

プロスペクト理論では「損失回避：loss aversion」の心理が仮定されます。これは、人間が忌避するのはリスクではなく損失である、というものです。具体的には、投資家にとって、1単位の損失は同額の利益よりも大きく感じられるという心理現象を指します。こうした心理の背景には、認知的不協和（9）があるものと考えられます。

投資家は、自らの経験や知識に応じて情報を収集・分析・検討し、儲かると判断したから投資を行ったはずです。それが、意に反して損失を生じたとしたら、投資家は発生した経済的損失の受け入

図表17　損失回避の心理

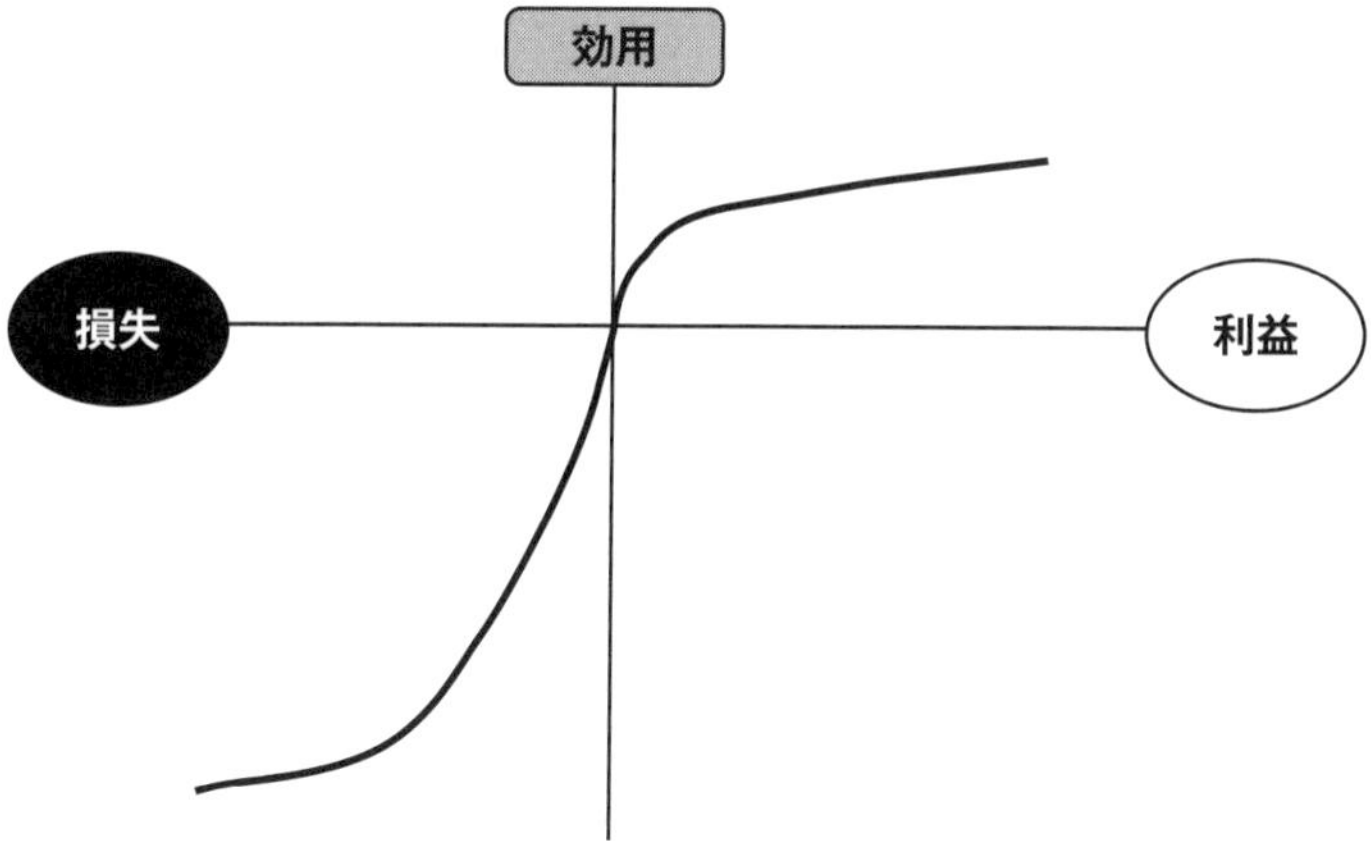

（出所）　Kahneman and Tversky[1979]などを基に高橋作成

れとともに、自分の判断の誤りを認めるという心理的なコストをも負担しなければなりません。この負の上乗せ部分の存在が、損失回避の心理の源泉になると思われます。さらに、この心理には、損失の発生という客観的な事実は受け入れざるをえないとしても、自らの過ちを認めることを拒み、取り繕おうとする作用を含んでいます。その結果、対応の遅れがいっそう事態を悪化させる側面もあるのです。

（9）　人間は自分の言動を首尾一貫させようとする傾向があり、そのために一度決定したことは撤回や軌道修正が難しいという心理現象。言動一致が好ましいとされる社会規範からもたらされる葛藤とも捉えられます。認知的不協和については"Festinger, Leon [1957] *Theory of Cognitive Dissonance*, Stanford University Press"を参照してください。

◆フラクタルと自己相似性

アダム・スミスは、市場における需要と供給とは「神の見えざる手」により自然に調整されると述べています。〝目に見えない〟力の作用を「神」の名の下に、人間行動の結果である需給関係の決定要因として表現しているのは、当時すでに普及・定着していたニュートン（Newton, Isaac）による古典力学（万有引力という「〝目に見えない〟重力」の存在）に触発された面が大きいと思われます。とすると、経済学は、初期の段階から物理学と無縁の存在ではなかったのかもしれませんね。近年では、物理学の視点から経済学の分野に示唆を与える研究が示されています。これらは「エコノフィジックス（econophysics：経済物理学）」と総称されます。(10)

マンデルブロ(11)は、シカゴ商品取引所における綿価格の騰落パターン分析を契機に、その他の商品価格や証券価格から自然界の現象・地理的形状に至るまで、自己相似性（self-similarity）を有するという実証結果を踏まえ、フラクタル（fractal）幾何学の概念を確立しました。(12)これは、たとえば価格変動のグラフを拡大しても縮小しても（長期で見ても短期で見ても）同じように見える、という性質を表わします。(13)彼はまた、自己相似性のもう一つの側面として、ランダムな変化量の大きさの分布について、正規性形状とは異なり、冪《べき》分布の形に従うことを明らかにしました。冪乗則（power law）に従う分布では、小さな度数を持つ多くの事象と、大きな度数を持つ少ない事象とが共存し、正規分布では存在しえないような希少な事象も存在が許されます。そこではまた、特徴的なスケールを持たないとされます。

つまり、株価を例にとれば、典型的な変動などはなく、暴落や暴騰に特別な理由を求める必要もなく、いかなる株価変動も異常なものではなくなるのです。これは正規分布の釣鐘形状に比べると、冪乗則が描く分布図は裾野部分の落ち方が急激でないからです。この、冪分布における裾野の緩やかな傾斜こそが、大暴落や大暴騰のように極端な事象を存在可能な領域に呑み込む機能を発揮するのです。

と同時に、株価変動が冪分布に従うことは、従来の投資理論が仮定する正規分布を否定するに留まらず、既存理論の有効性をも部分限定的なものへと狭めます。リスク尺度として用いられる「分散」についても、正規分布であれば統計的な有意性を示しますが、冪分布になるとリスク指標としての説明力は大きく揺らぐのです。

(10)　こうした文理融合は、素粒子ミュオンを用いた透視技術による古代遺跡の非破壊解析が歴史学や考古学に貢献するなど、近年さまざまな分野で進展が見られます。

(11)　Mandelbrot, Benoit. B. [1963] "The Variation of Certain Spoculative Prices," *Journal of Business*, Vol.36, pp.394-419

(12)　フラクタルの基本となる概念については、１９０４年にコッホ（Koch, Helge von）が「コッホ曲線（Koch-curve）」と呼ばれる、いかなる点でも微分不可能な反復図形（どの部分を拡大しても全体と同じ形状になる）を示しています。

（13） 実はこの点は、すでにエリオット（Elliott, Ralph Nelson：1871-1948）がテクニカル分析の立場から「波動原理（1938年）」として唱え、フィボナッチ（Fibonacci）級数に着目することでその実用性向上を試みています。

◆相転移と株価変動

相転移（phase transition）とは、物質がある一つの相から他の相へと変化することを意味します。たとえば、液体である水が0℃以下では固体となり、100℃以上では気体となるような現象です。ただ、水（液相）は0℃で突然氷（固相）に転移するわけではありませんし、100℃でいきなり水蒸気（気相）に変化することもありません。0℃や100℃という臨界点（critical point）の周辺では、「臨界ゆらぎ」[14]と呼ばれる不安定な状況にあるのです。つまり、温度や気圧の変化に伴う相転移の臨界周辺では、シャーベット状になったり、沸騰状態になったり、水自身の物理的な不安定性が高まります。しかも、相が変わっても原子や分子に変化はなく、全体としての組織構造が変化するだけという特徴があります。

この見方を株式市場に適用すると、市場には需要過多状態と供給過多状態とが想定されますが、これら二つの状態が、均衡という微妙な境目を中心に揺らいでいる場と捉えられます。株式市場そのものが、臨界ゆらぎという不安定な状況の中に含まれる存在と考えるわけです。臨界ゆらぎの中では、株価は安定することなく常に変動を繰り返しますが、それこそが本来の姿ということなのです。これは、市場参加者が合理的な行動をとり、需給が釣合う点で価格が安定するという均衡理論の非現実性を指摘した考え方と言えるでしょう。この考え方は、実際の株価変動に対して、より説得的です。

(14)「ゆらぎ」とは、導体に電流を流した際の抵抗値が一定でなく、不安定に揺れ動いていることから名付けられました。そのパワー・スペクトルが周波数（f）と反比例関係にあることから「1／f」とも表記されます。また、臨界ゆらぎには、冪分布の特性が普遍的に認められます。

◆投資家の相互作用

従来の経済理論では、いかなる投資主体も他の主体からの影響を受けない（前に見たように「不変性：invariance」がある）と仮定されます。しかし、現実の世界を考えると、ネット上で内容を確認しないまま書籍を購入したり、タイトルだけの情報で映画を見に行ったりすることが多いのではないでしょうか？　こうした日常的な行動は必ずしも合理的ではありませんし、その種の意思決定過程では他人からの影響を受けるケースも少なくないと思われます。メディアや口コミなどで多くの人に人気があるという情報を得たことで、自分も関心を持つことはありがちでしょう。そうした連鎖がベスト・セラーなどのブームや服飾流行などの社会現象を招く一つの要素になっています。つまり、人間は互いに非合理的に影響を及ぼし合う存在なのです。特に、バブル発生と崩壊など極端な価格変動の場面では、バスに乗り遅れないように大急ぎで大勢に従おうとする群集心理（バンドワゴン効果：bandwagon effect）が広く認められました。群集心理の形成過程では、相互の保有情報を持ち寄って議論したり個々の分析や判断を意思決定に反映させるような合理的行動はとられず、周囲の動向や現象に追随する横並び的行動（ハーディング行動：herding behavior）に陥りがちなのです。

人間の相互影響力の存在が、株価形成に大きく作用しているとの仮説に基づき、コンピュータによるシミュレーションを行った結果が報告されています。実験結果では、ファンダメンタルズの変化はそれと同様の緩やかな株価変化をもたらしましたが、投資家の相互作用を市場に内在させる条件を付与しただけで、株価が大暴落や大暴騰を描く局面がしばしば発生することがわかったのです。[15] さらに、このシミュレーション上の株価変動は統計的に実際の市場変動と一致し、変動形態はフラクタルに従い、分布は冪乗則の形状となることが確認されました。この、実験結果と現実の株価変動が冪乗則で一致していることは、将来の株価変動の方向や規模の予測がきわめて困難なことを示唆しているのです。

（15） Lux, T. and Marchesi, M. [1999] "Scaling and Criticality in a Stochastic Multi-Agent Model of a Financial Market," *Nature*, Vol.397, pp.498-500. 彼らの問題意識は、株価が示す統計的特徴が「ファンダメンタルズの変化」なのか「投資家の相互作用」なのかという点でした。実験に際しては、1銘柄だけの株式を取引する人工市場を設定し、1000人から成る投資家を、原理主義者（安値で買い、高値で売るスタンス）、楽天主義者（株価上昇の持続性を信じる）、悲観主義者（値下りが持続すると信じる）の三つに区分し、これらの投資家区分は固定されないと仮定しました。つまり、投資家は他人の行動によって考え方を変更する、という確率を与えたのでした。

◆カオスと株式市場

「カオス（chaos：混沌）」について、必ず紹介される比喩に「バタフライ効果：butterfly effect」があります。「ある場所で蝶が羽ばたくと、地球の反対側で竜巻が起こる」というものです。(16) これは、初期条件の与え方の相違や、たとい連続的なパラメータの変化の中であっても、ある点を境にして結果的には相転移のような質的な急変がもたらされる現象の発生を意味します。カオスは元来、周期性のない不規則変動を伴う力学的な現象ですが、その発生過程はわずかな相違が増幅して結果が固定されるという仕組みに帰せられます。

株式市場では、売り手と買い手の双方に売買希望価格があり、1円の相違であっても取引は成立しません。その一方、市場には多数かつ多様な投資家が参加しており、取引の組み合わせは無数に存在しています。それらのどの組み合わせになるかは、1円の価格変動のように些細な条件変化によってもダイナミックに変化します。しかも、ひとたび取引が成立すれば、その後の市況はその既成事実による不可逆性に基づいて流れていくのです。

特に、株式市場には、買い手と売り手の立場が株価次第で逆転するメカニズムがあります。この不連続な投資メカニズムの下では、些細な価格差が取引の成否を決定し、取引に内在する観測できないような微小な誤差やエネルギーが、価格変動の不安定性を増幅する可能性を高めます。したがって、こうしたカオス効果の下で市場価格の変動を予測することは、あたかも蝶の羽ばたきの観察から地球の裏側の竜巻を予想するように、きわめて困難なのです。

市場でカオスが発生するのは、投資家による非線形な相互作用の存在が一因であり、このことは、前項の人工市場による実験からも示唆されます。と同時に、カオス効果の存在が、確率過程に従う投資家行動を通じて、株価変動をフラクタルなものにしていく側面もあると推察されます。

(16) 映画『ジュラシック・パーク』では、数学者イアン・マルカムが「北京で蝶々が羽ばたけばニューヨークの天気が変わる」と言っています。二つの地名は、時として入れ替えて用いられますが、この比喩の原典は、気象学者のエドワード・ローレンツ(Lorenz, Edward Norton)が1972年に行った講演テーマに、「ブラジルで一匹の蝶が羽ばたくとテキサスで大竜巻が起こるか?」という副題が付されていたことによるとされます。落語の『風が吹けば桶屋が儲かる(原典は江戸時代の浮世草子)』と酷似した表現ですが、「風が吹けば……」が屁理屈ではあっても論理の連鎖であるのに対し、「蝶の羽ばたき」は偶発性を伴う点で異なります。

◆投資理論の相互関係

行動ファイナンスやエコノフィジックスは、経済学などの社会科学とは異なる領域から、既存の投資理論に関していろいろな問題を提起してきました。そしてそれらの知見は、必ずしも既存の理論体系を全否定するものではなく、サイモンによる「限定合理性」の考え方が説明可能な範囲を示唆するなど、むしろ実務利用上の指針や注意点を明らかにしたことが評価されます。ここでは主に、行動ファイナンスとエコノフィジックスとの関連性について、いくつかの視点から考えてみましょう。

エコノフィジックスでは、「臨界ゆらぎ」が株価変動を説明する上で説得的な概念であることを示しました。また、ゆらぎを増幅させ、カオス的あるいはカタストロフィーのような現象を招く因子が、投資家間の相互作用に負うところが大きいことも示唆されました。そして、株式市場にゆらぎを増幅させるケースとは、たとえば株価下落によって市場を不安心理が支配し、売り急ぎが発生することで、さらに株価下落が増幅されるメカニズムが働くような場面です。ここには、プロスペクト理論に代表される行動ファイナンスの考え方を反映させる余地があると思われます。

一方、相転移における「臨界」は、厳密には2種類の組織構造の中間点を意味し、一種の平衡を保つスタティックな状況を指しますが、今日ではダイナミックな変化が繰り返される状況まで広く包摂されています。これについてグラッドウェル(17)は、人口市場の考え方を基に「ティッピング・ポイント(Tipping Point：先端点)」という概念を提示しています。これは、物理学上の相転移現象を幅広く社会科学分野にまで拡張したもので、たとえば相互作用のメカニズムに関して、社会における感染性がほんの些細なきっかけで広く波及していくことを明らかにしています。そして、感染力が及ぶプロセスは、人間が構築している個々のネットワークに依存するのです。

これは、株価形成上の相互作用問題に当てはめることが可能であり、個別銘柄や株式市場全体の株価変動にティッピング・ポイントという変化点を想定することができます。ただ、そこには磁石が磁力を失う摂氏770℃のような、定常的なポイントは明示されません。この点は、ティッピング・ポイントに影響を与えるネットワークの存在に目を向けると、社会生活の多様性、すなわち家族や友人や同僚などで構成される集団の存在を考慮することで補える面があるように思えます。個人の行動目的や動機は、自身の利益最大化だけでなく、自分が所属する集団の利害を斟酌《しんしゃく》するという制約を受けるからです。そこには、社会的な横の関係と縦の関係とが絡み合い複雑化している面はありますが、投資家層全体としての心理的な要素に集約することはできそうです。つまり、ここでも行動ファイナンスが協働する余地があるのです。

なお、これまでご紹介した投資理論の多くは、将来予想の困難さを主張していますが、それがまったく不可能であることを証明しているわけではありません。予想の困難さや限界を認識した上で緻密なシナリオを構築し、そこで描かれた将来像におカネを投じるのは、まったく無駄で無意味な行為ではないということを強調しておきたいと思います。

(17) Gladwell, Malcolm [2000] *The Tipping Point: How Little Things Can Make a Big Difference*, Little Brown and Company（邦訳：高橋啓／訳［２０００］『ティッピング・ポイント』飛鳥新社）

8 アノマリーズ

◆アノマリーの意味

現代投資理論は、株式投資に伴うリスクとリターンの関係を明らかにし、両者の間にはトレードオフ関係が成立していることを示しました。そこには、一定水準以上の市場効率性の存在が含意されています。しかし、現実の株式市場には、こうした理論的枠組みでは説明の難しい諸現象が残存しているのも事実です。

現代投資理論では説明できない市場の変則性を「アノマリー：market anomalies」と呼びます。そして、アノマリーの存在は、パラダイムとしての効率的市場仮説（ＥＭＨ）を否定します。アノマリーは経験の蓄積により定式化されることが多く、初期の段階では規則性が認識されにくい面もあります。また、理論的に説明できない現象が多いため、いかがわしい印象を持たれがちです。

けれども、市場でアノマリーが認められることは、既存理論の特定化が誤りであったことの証拠なのかもしれません。したがって、アノマリーの研究から導出される理論やモデル体系をさらに精緻に

分析すれば、既存理論に欠落している要素が見出され、新たな理論の構築につながる可能性がありま
す。さらに、アノマリーには投資家心理の影響により顕在化する現象も少なくないと思われます。で
すから、先に見た行動ファイナンスなどには、既存の投資理論とアノマリーとを結びつけ、弁証法的
な止揚を果たして、より高次の理論体系が構築されることへの期待が持たれるのです。

◆株価の季節性

戦後、東証再開以来2015（平成27）年12月までの799カ月について、日経平均株価（月中平均）を用いて月別の騰落状況を見てみましょう［図表18］。

毎月、株価が上下どちらかに変動する確率は50％とも考えられますが、持続的に経済成長している国の株式市場では、その成長率などに応じてより高い上昇確率が認められるはずです。そこで、日本の歴史的な上昇確率（対前月比）を計算すると57・3％となります。これを月別に見ると、この平均上昇確率を上回っているのは、1、2、4、5、12月でした。このうち1、2月の上昇確率は各々74・2％、69・7％と、かなり突出して高い値となっています。以前から指摘される「年末から年始にかけての株高」が、統計上も確認されたことになります。

一方、同じ799カ月について、月次株価騰落率平均を計算すると0・71％でした。月別に見ると、この通期平均を上回っているのは1、2、4、5、12月と、上昇確率で見たのと同じ結果が得ら

図表18　株価のカレンダー効果（日経平均月中平均：1949〜2015年）

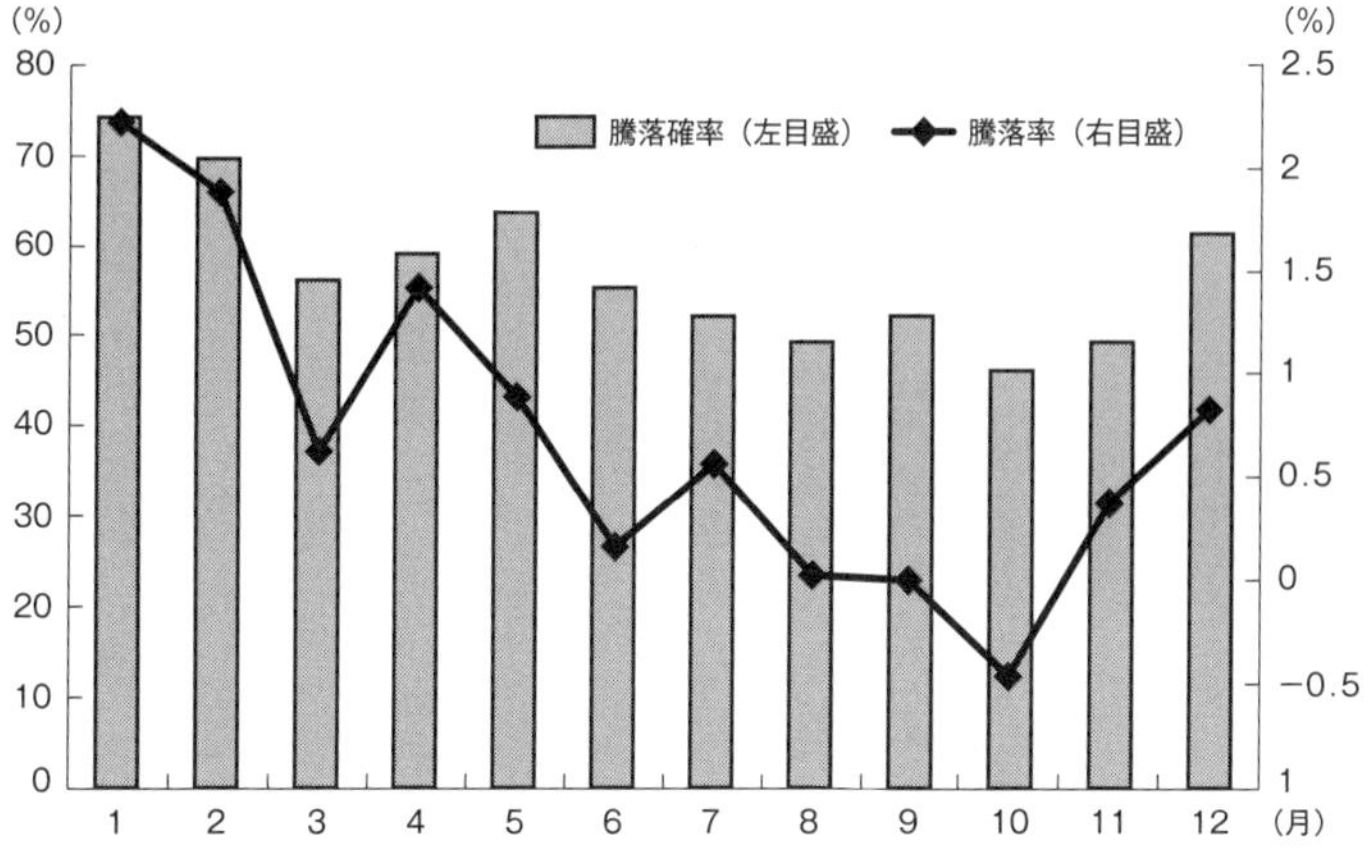

（出所）日本経済新聞社、東京証券取引所・発表統計を基に高橋作成

れました。これは、上昇確率が高い月はマイナス月が少ない分だけ平均上昇率も高くなるので、当然の結果と言えるでしょう。そして、上昇確率の高い１、２月の平均上昇率は、やはり各々２・２％、１・９％と際立って高く、通期の株価上昇率の平均値を引き上げているのは１、２月と言っても過言ではありません。

以上から、１、２月は株高となる確率が高く、相応に高い株価上昇率が期待できることになります。これは「１月効果：January effect」と呼ばれ、世界各国で確認されています。

この季節性を、統計的に加工することで、もう少し細かく眺めてみましょう。まず、月別の株価変動リスクを月次株価騰落率の標準偏差で見ると、低い方からは２月（３・68％）、６月（３・91％）、７月（４・06％）、高い方からは３月

（5・47％）、8月（5・43％）、10月（5・40％）、1月（5・36％）の順になります。これらから、リスク水準では2月が最も低いことになります。一方、1月は株価上昇率が高い半面、リスクも高いことを意味します。

そこで、次に「シャープの測度（株価騰落率÷標準偏差）」で、リスク単位当たりのリターンを見ましょう。これによると、ベスト3は、2月（0・511）、1月（0・413）、4月（0・284）となり、1、2月の投資効率性の高さが際立っています。一方、ワースト3は、10月（▲0・084）、9月（0・001）、8月（0・005）でした。

これらを総合的に評価すると2月の季節的な優位性が高く、3月の低パフォーマンスと併せて「節分天井、彼岸底」という俗説もある程度根拠のあることがわかります。一方、10月の上昇確率は46・3％と50％を下回っており（8月と11月の上昇確率も49・3％と5割以下です）、平均騰落率も10月は▲0・45％と唯一のマイナス月であることから、秋口に仕込んで春先に向けて売却するというのが、株価の季節性だけを拠り所に投資を行う場合の合理的な戦略となります（もちろん、これで確実に儲けられるほど世の中は甘くありませんから、あくまでも参考程度に留めておいてくださいね）。

「1月効果」が生じる背景は、決算期を控えた投資家心理や税金（確定申告に向けた対応）などの影響が指摘されています。ただ、多くの市場参加者が認識しているにも関わらず、実現確率74％という1月効果や「節分天井、彼岸底」のような経験則が維持されているのは、まさに代表的なアノマリーと言えるでしょう。その半面、１月の上昇確率は１９８９（平成元）年までの40年間は92・５％だったものが、１９９０年以降２０１５年までの26年間では53・８％と大幅な低下傾向にあります。１月が特別な月でなくなる日が訪れつつあるのかもしれません。

◆アノマリーの重要性

内外の株式市場では、さまざまなアノマリーの存在が報告されています。たとえば、「曜日効果」、「小型株効果」、「低位株効果」、「低ＰＥＲ効果」などは、よく知られたアノマリーです。ここでは、それらの議論にまでは踏み込みませんが、これらのほかにも人々が気付いていない株式市場の変則性は、まだまだ埋もれていると想像されます。

情報化社会の進展などにより、日本の株式市場の効率性が向上する方向にあることは間違いないと思います。けれども、完全な市場効率性が概念上の世界に留まるなら、市場の変則性も残存することでしょう。そして、アノマリーの発見は、二つの点で重要です。まず、他人に先駆けて有効なアノマリーを発見すれば、その利用により高い確度で儲けることが可能です（そうしたアノマリーを発見された方は、こっそりと私にだけご教示ください）。次に、多くのアノマリーが発見され、その内容が詳細に分析されれば、既述のように従来の投資理論を超えた新しい理論的枠組みの構築に結びつくことが期待されます。そして、そうした一連の作業が間断なく行われれば、結果として市場で効率性が高まり、合理的な株価形成が促進され、延《ひ》いては資本市場の着実な発展がもたらされると考えられるのです。

9 相場格言に学ぶ

これまでおカネにまつわるさまざまなことを考えてきましたが、ここで先人の知恵とも言える「相場格言」をいくつかご紹介して締めくくりとしましょう（原則として本文の中で触れた格言は除外します）。これらの格言には、まったく正反対の内容のものも少なくありませんから、すべてを鵜呑みにすることは好ましくありません。ただ、投資意思決定に際して自分の判断を再検討する上で、反対の格言を思い返すことは有用なプロセスだと思われます。

◆切り替えを早く

誰しも株を買うときは、ひと儲けしてやろうと思っているはずです。それが、意に反して値下がりした場合（そうした状態の株を〝引かれ玉《ぎょく》〟と言います）、値上がりするまでじっと我慢して持ち続ける（塩漬け）のも一つの対応ですが、相場格言では早めの整理（損切り）を勧めています。「引かれ玉は投げよ」とか「見切り千両」が代表的です。「損切りはすばやく」と言われるように、損失が拡大する前に早く売却し、次に備える方が建設的というわけです。そして、どのような場合でも「迷いが出たら売れ」と言われます。所有している株を売れば現金が手元に入りますから、それを元手に次の展開に備えるという意味で右の格言と共通します。同様に「利喰い千人力」は、儲かっているなら、まずは売却して利益を確定させることが、次の局面に向けた力になると示唆します。

一方、投資に充てるおカネは、万一なくなっても自分の人生に致命的なダメージを与えない範囲に留めるべきです。「いのち金には手をつけるな」というわけです。

◆楽観と悲観

オスカー・ワイルド（Wilde, Oscar：1854-1900）は「楽観主義者はドーナツを見、悲観主義者はドーナツの穴を見る」と言っています。人の楽観と悲観を示す似たようなエピソードとして、半分の量のウイスキー・ボトルを見て「まだ半分ある」と思うか、「もう半分しかない」と思うかという話があります。これは、その時のフトコロ具合にもよるでしょうが、楽観と悲観に関する人間心理を的確に言い表していると思います。

一方、相場格言には、「まだはもうなり、もうはまだなり」があります。上昇（下降）相場にあって、上がり（下がり）続ける株価に「まだ上がる（下がる）」と思っていると、そこはもう相場の天井（底）であったとか、「もう天井（底）だろう」と判断して売る（買う）と、そこからまだ大きく上昇（下落）してしまうことがありがちなのです。人間の欲が判断を狂わせる面があるのでしょう。

同じような言葉はウォールストリートにもあります。「株は高い時には最上に見え、安い時には最低に見える」(1)というものです。

（1） Stock look best at the top of a bull market; and worst at the bottom of a bear market. ここでも「牛さん」と「熊さん」が登場していますね。

◆バラを切るごとく売るべし

これは綺麗な言葉ですね。バラの花は、満開になってから切ったのでは、家で飾ったり、誰かにプレゼントしても、愛《め》でる時間は長くありません。ですから、もったいないと思っても、八分咲き程度で切るのが好ましいようです。株式投資も同様で、相場のピークではなく八合目あたりで売ることを奨めているのです。

同じような格言に「アタマとシッポはくれてやれ」があります。魚を食べる際に、美味しい身の部分だけを賞味し、アタマとシッポは猫にでもくれてやれ、ということです（最近の猫はあまり喜ばないかもしれませんが……）。株式投資では、最安値（シッポ）で購入し、最高値（アタマ）で売却できれば、最大の利益を得られます。でも、実際にはピンポイントの最安値や最高値を見極めて売買することは至難です。ですから大勢を見て、大まかな安値圏で仕込み高値圏で売却できれば良しとすべきである、という主張です。同義の格言には「売り買いは腹八分」、「天井を売らず、底買わず」、「利喰い八分」などがあります。

一方、「売りは早かれ、買いは遅かれ」という格言があります。株価のグラフを眺めると、その姿は富士山のような形状に見えることが多々あります（フラクタルが認められます）。つまり、安値から上昇に転じる裾野部分は緩やかで、高値が近くなると急峻な勾配になるのです。このことは、買いはそれほど焦る必要はないけれども、売る時は迅速な行動が大切であることを意味します。同じ趣旨の格言に「仕掛けは処女のごとく、手仕舞い（売却）は脱兎のごとし」があります。

◆押し目待ちと戻り待ち

「押し目待ちに押し目なし」は「戻り待ちに戻りなし」と一対になった格言です。〝押し目〟とは、上昇相場の時に、一時的に迎える下落場面を言います。上昇相場に乗り遅れて、押し目を待って買おうとしても、なかなか思い通りに株価が下がってくれないことを言います。同じように、高値で売り損なって、株価が少し戻ったら売ろうとしても、思惑通りには上がってくれないことが「戻り待ちに戻りなし」です。

押し目や戻りを待って、結局、買い時や売り時を逃してしまうのはよくあることです。ウォールストリートの格言で「相場に過去はない」(2)というのがあります。これは日本の諺「死児の齢《よわい》は数えるな」と同義です。〝あの時買っていれば〟とか〝あの時売っていれば〟と、過去を悔やんでいても投資成果は上がりません。投資に限らず、失敗した際に反省することは、その体験を次に活かすためにも重要ですが、後悔は将来に何ももたらしません。ですから、後悔しないように心掛け、前向きの姿勢で臨むことが大切なのです。

（2） The stock market has no past.

◆山高ければ谷深し

株価上昇が急ピッチに高値を記した後は、その反動で下げも大きくなることを意味します。上昇した株価が下げに見舞われ、結局は相場の出発点に戻ること（〝いってこい〟と言います）はよく見られる現象です。逆に、何かの事情から安値圏で推移していた株が、下落の原因が改善されるなどして元の高値水準に戻るケースもあります。これらの動きは「株価はもとの古巣に帰る」とか「相場の里帰り」と呼ばれます。

相場が変動するきっかけには、さまざまな材料があります。それらの材料は、ともすると専門知識がなければ収集し分析することが難しいと思われがちですが、決してそんなことはありません。日常生活の中で、気に入った製品を製造・販売している会社に注目するのも一つの方法です。格言にも「遠くのものは避けよ」と言い、自分の生活からかけ離れた、よくわからない株に手を出すことを戒めています。それと「虫の好かぬ株は買うな」とも言われ、何かハダが合わないような株に投資することも失敗しやすいのだそうです。

株式投資にはギャンブル的な側面があることも事実です（短期投資の場合など）。麻雀でもパチンコでもそうですが、ギャンブルの場合は運に依存するケースが大きいものです。そうした視点からの格言に「つかぬときはやめよ」があります。ついているときは利益が得られますから、心に余裕が出て、次の投資にも落ち着いて臨むことができます。反対に、ついていない時は心に焦りが出て、つまらぬ失敗を重ねることにもなります。そんな時はしばらく相場から離れ、冷却期間を設けるべきなのでしょう。後でも触れますが「休むも相場のうち」なのです。でも、自分がついていない時でも儲けている人（当たり屋）はいるものです。そんな人が周りにいれば、その人の真似をすること（「提灯を付ける」とも言います）で利益を狙う道もあります。これは「当たり屋につけ」と言われます。反対に、損ばかりしている人（曲がり屋）がいれば、その人と反対の行動をすることも手です。これは「曲がり屋に向かえ」と言われます。

◆タイミングが大切

「株を買うより時を買え」という言葉があります。株（銘柄）がどれほど優良であっても、高値で買っては儲かりません。買うタイミングが重要だ、ということです。似たようなアメリカの格言に「大事なのは値段ではなくて時である」(3)があります。これは、注目していた株がすでに値上がりしているような場合でも、長期的に有望と判断するなら、現在の株価水準にばかりこだわらないで買いを入れるのも一つの戦略、と解釈することもできます。その際、一度に投資予定金額のすべてを投じるのではなく複数回に分けて買う（売る）ことの効率性を示す格言に「二度に買うべし、二度に売るべし」があります。予定金額の半分だけ投資して様子を見て、もし値下がりすれば難平《なんぴん》買い（全体としての買入れ単価を下げる方法）を入れ、値上がりするようであれば買い乗せするという戦略です。一種の時間分散を考えた手法と言えましょう。

タイミングについては、「人が売るとき買い、人が買うとき売れ」(4)というアメリカの格言があります。日本では「人の行く裏に道あり花の山」という優雅な句で表されます。誰でも、桜の季節、花見に行って、混雑の中で〝花を見に行ったのか人を見に行ったのか〟という体験をしたことがあるのではないでしょうか？　でも、ふと雑踏を離れ裏道に入ると、静かに花を愛でるチャンスに恵まれることもあります。逆張りの有効性を説いた言葉ですね。

多くの人が買いに走っている時は、取引される株式の量（売買高もしくは出来高と言います）も増加します。逆に投資家から見向きもされないような株の出来高は少なくなります。そうした、取引が少なく放置されているような株は、それ以上は下がらない可能性が高いので売ってはいけない、という格言が「閑散に売りなし」です。この格言は、株式市場全体を評価する際にもよく用いられます。一方、アメリカでは、すぐ前で見た表現と似た格言に「噂《うわさ》で買い、ニュースで売れ」(5)があります。株価に影響を与えるような材料がまだ噂の段階であれば、注目している人は少ないので、安値で買うことができます。それがニュースとして報道され多くの人が知るようになると、買う妙味が薄れることを意味します（第３学期のＥＭＨで見た市場効率性のレベルに依存しますね）。これは次項で見る「早耳の早耳だおれ」などと逆の発想と捉えることができます。

なお、買いのタイミングについては、「天災は買い向かえ」とか「麦藁帽は冬買え」という格言があります。大地震などの天災で経済がダメージを受け株価が暴落しても、それは一過性で、復興需要などが高まれば次第に相場も復元していくというケースが歴史的にも多く認められます。また、季節外れで（時流から逸《そ》れて）安値に放置されているような株は、長期的な視点からは買い場になることがあるという経験則からの言葉です。

（3）　It is not the price you pay for a stock, but the time you buy it that counts.
（4）　Buy when others sell; Sell when others buy.
（5）　Buy on the Rumor; Sell on the News.

◆休むも相場

株式投資をしている人は、売り買いをしないと落ち着かない気持ちになりがちです。そうした心理を抑える手立ては、第3学期「機械的な投資手法」で一部紹介しましたが、相場の先行き不透明感が強い時には、何もしないことも一つの選択です。同じような格言は数多く、「疑わしい時は何もするな」とか「売るべし、買うべし、休むべし」などがあります。アメリカにも「必ずしも常に市場にいる必要はない」(6)という言葉があり、過剰な売買を戒めています。

日常的に市場の動きを見ていると、目先の株価変動に惑わされたり、あまり重要でない情報に振り回されたりしがちです。「早耳の早耳だおれ」という格言もあります。株式投資には、現在を起点とした将来との価格差で利益（キャピタル・ゲイン）を得るという側面がありますが、将来のことは誰にもわかりません。そこで、先のことを知ろうとするあまり、正確でない情報の海に溺れてしまうことが少なくないのです（第3学期の「ヒューリスティクスとは?」での議論を思い出してください）。情報源が事情通（筋）であっても、「筋の耳うちは信用するな」と言われ、鵜呑みにすることは危険です。また、アメリカには「タマゴは産まれてから買え」(7)という言葉もあります。新しい技術やそれを応用した製品（タマゴ）は株価上昇を促すことも多いのですが、それが産まれる前から買いに走るのは、やはりリスクが大きいということです。

これらの格言は、投資に際して、慌てず、落ち着いて臨むことの大切さを諭しています。長期投資の有効性についてはすでに述べましたが、「目先観で相場を張るな」ということなのだと思います。「相場は明日もある」のですから……。

（6） There is no need to be always in the market.

（7） Do not buy an egg untill it is laid.

おわりに——卒業式式辞

いよいよ卒業式です。長い間、お疲れ様でした。

「おカネの学校」には、定期試験も卒業試験もありませんでした。それは、この学校の設立趣旨が〝上から目線〟で教育するのではなく、〝ともに学ぶ〟という姿勢の中で、一緒に各々のテーマを考えたいというものであったからです。ただ、こうした活字媒体では相互的な交流（一緒に〜）は不可能です。そのため、いろいろな場面で皆さんに問いかけるような文章を挿《い》れました。そこで一瞬でも立ち止まって考えていただけたとしたら、〝ともに学ぶ〟という意図が部分的ではあれ叶えられたものと思います。

ところで、唐突ですが『日本書紀』神代巻は、各段が〝主文（本文）〟と〝一書《いっしょ》（〝あるふみ〟とも。主文に対する補足・異伝）〟とで構成されており、一書には主文と矛盾する内容の記載も多々あるため、通して読むと混乱させられる場面が少なくありません。『日本書紀』を引き合いに出すのもどうかとは思いますが、この学校での学習の進め方も〝一書〟に相当するような記述が随所に顔を出しました。つまり、経済学などの学問体系を網羅的に扱うことはせず、個々のトピックスをつなげる構成になっています。そのため、段階的に体系的な知識を得ようとした履修者にはストレスがあったかもしれません。

また、私自身が浅学菲才なため、この学校で述べた内容には、誤謬も少なくないのではと危惧します。これらの不備については識者のご叱正を仰ぎたいところです。

一方、たとえば実際に株式投資を始める場合、証券会社に口座を開設しなければなりませんが、この学校ではその性質上、それらの具体的な手続き方法などにはまったく触れていません。この面に関心ある方への補足教材としては、日本証券業協会が無料で配布している『サクサクわかる！　資産運用と証券投資スタートブック（2016年8月発行）』という小冊子がお薦めです。一部で本書と重なる内容の説明もありますが、併せてお読みになれば、各々のテーマについて、より理解が深まることでしょう。

さて、「おカネの学校」の卒業式にあたり、餞《はなむけ》の言葉を述べたいと思います。おカネに関して、安定的に収入があるのは心強いことです。ある程度の資産があっても、毎月預金通帳の残高が減っていくのは、精神的にあまり楽しいものではないと思います（「カネ持ちほどケチ」と言われるのは、こうした心理が強く作用しているのかもしれませんね）。でも、今日では折角良い会社に就職したと思っても、会社が経営破たんしたり、リストラの対象になったりするリスクが付きまといます。そうした社会で生き延びるには、金融リテラシーだけでなく（むしろそれ以上に）自分に付加価値を付けることが大切と思われます。

そのためには、仕事を含めてどんな分野でもよいですから、〝これだけは一番（誰にも負けない）〟という立場を、特に若い方々には目指していただきたいのです（こんなことを言うと、どこかの恐いオバサンから「二番じゃダメなんですか？」と詰問されそうですが……）。そのルートは多様にあると思います。富士登山が人気ですが、富士山に登るにも御殿場口や吉田口など、いくつかのルートがあります。

ただし、自らに付加価値を付けるための登山は、山そのものを自身で築かなければなりません。そして、どうせ築くのなら高い山を目指すべきです。ある程度高い山の頂に立てば、周りの眺望が開けるからです。テレビのトーク番組などで、有識者と呼ばれる人たちが専門外の分野についても発言する姿を目にします。ただ、彼らの多くはすでに専門分野で頂きを究めた人（たぶん？）ですから、その高みから眺めれば専門以外の分野にも視界が開け、ある程度は傾聴に値する意見を述べることができるのだと思います。

そして、子供の頃に砂場でお山を作った時のように、高い山を作るためには裾野を広くすることが求められます。狭い土台の上には低い山しか作れません。ですから、さまざまな分野に好奇心を持って臨み、自分の裾野を広げることが大事なのです。初等教育の場で多くの科目を学び、大学で教養科目が課せられるのは、裾野作りという面で意味があるのです（本書で雑学的な内容や脚注が多いのも、そうした考えに基づきます）。広くしっかりした土台があれば、自然と山は高くなります。

高い山の頂を究めれば、リストラの対象になりにくいでしょうし、会社が倒産しても再就職しやすいことでしょう。そして、独立して起業するような道筋も開ける可能性が高まります。

その意味では、私のささやかな経験から言うと、給料をもらいながら勉強できる（仕事を通じて、裾野を広げつつ山に登れる）という点で、サラリーマンは一つの有力な選択肢です。もちろん、昔のように「休まず、遅れず、働かず」では、裾野を広げるどころか直ちにリストラされるでしょうが……。

「おカネの学校」で学ばれた皆さんが、この分野の裾野の一部でも広げ、少しでも高みに進めたとしたら、とても嬉しく思います。今後は、さらに裾野を広げながら、高い山の頂を目指してください。ご健闘をお祈りしています。

最後になりましたが、順不同で来賓をご紹介し、この場を借りてお礼申し上げたいと思います。まず、出会いから長年にわたり親しくお導きいただき、たくさんの楽しい思い出で私の人生を彩ってくだった佐藤昇さん（株式会社日興リサーチセンター元主席研究員）には、心からの謝意を捧げます。そして3人の畏友、巾村和敏さん（株式会社アイ・エヌ情報センター元社長）、馬渕治好さん（ブーケ・ド・フルーレット代表）、漆畑春彦さん（平成国際大学教授）からは、この学校の設立過程（原稿執筆段階等）で貴重なご意見をいただくなど、いろいろとお力添えを賜りました。また、一般社団法人金融財政事情研究会の堀内駿さんは、「おカネの学校」の設立（出版）に際し、献身的にご尽力くださいました。謹んでお礼申し上げる次第です。

2017年春隣

髙橋　元

図書館（参考文献）

ガイダンス

（1）難易度を★で示しました（★…やさしい、★★…普通、★★★…難しい）

・私なりの主観的評価です。ちなみに「普通」は大学での平均的な教科書レベルを想定しています。

・星の数が少なくても内容的にはかなり高度な文献が含まれています。

（2）気の向いた文献に一行コメントを付けました。

・コメントの有無は文献の優劣や推薦度の強弱を示すものではありません（あくまでも私の気まぐれ）。

浅田　實［1989］『東インド会社』講談社（★）

網野善彦［2005］『日本の歴史をよみなおす（全）』筑摩書房（★）

◉歴史好きの人にはお馴染みの網野史観を楽しく学べます。

粟田房穂、高成田亨［1987］『ディズニーランドの経済学』朝日新聞社（★）

今村仁司［1994］『貨幣とは何だろうか』筑摩書房（★）

岩井克人［1992］『ヴェニスの商人の資本論』筑摩書房（★）

◉さまざまな挿話により経済学の基本知識や考え方が身につく本です。

岩井克人［1998］『貨幣論』筑摩書房（★★）

岩村　充［2010］『貨幣進化論』新潮社（★）

内山　節［1997］『貨幣の思想史』新潮社（★）

岡崎哲二［1999］『江戸の市場経済』講談社（★）
◉13人の経済学者や思想家による〝貨幣論〟を効率的に学習できます。
柿沼陽平［2015］『中国古代の貨幣』吉川弘文館（★）
◉「株仲間」が江戸時代の市場経済を支えた実態が詳しく論じられています。
川北義則［2013］『みっともないお金の使い方』PHP研究所（★）
岸野正剛［2007］『なぜ人は宝くじを買うのだろう』化学同人（★）
◉宝くじだけでなく〝神の存在〟に至るまで多様な分野について楽しみながら「確率」を学べます。
車戸　實／編［1997］『企業形態論（改定4版）』八千代出版（★★）
小林和子［1995］『株式会社の世紀――証券市場の120年』日本経済評論社（★★）
◉〝証券史〟の泰斗による労作で、本書の執筆でも折に触れて参照しました。
佐藤　優［2015］『お金に強くなる生き方』青春出版社（★）
島　実蔵［1994］『大阪堂島米会所物語』時事通信社（★）
◉江戸時代の米相場を巡る幕府と市場との葛藤がよくわかります。
城下賢吾［2002］『市場のアノマリーと行動ファイナンス』千倉書房（★★）
髙橋　元［1994］『証券市場と投資の理論』同文舘（★★）
高安秀樹［2004］『経済物理学の発見』光文社（★★）
◉日本におけるこの分野の先駆者の著作。この学校での授業を契機に興味を持たれた人向け。
津村英文［1981］『配当――その光と影』税務経理協会（★★）
俊野雅司［2004］『証券市場と行動ファイナンス』東洋経済新報社（★★）
◉行動ファイナンスの体系が要領よくまとめられていて、初学者にも読みやすい本です。
内藤　忍［2011］『高校生にもわかる「お金」の話』筑摩書房（★）

中野京子［２００１］『紙幣は語る』洋泉社（★）
◉紙幣に肖像画として描かれた女性の人生や功績を紹介しています。
中谷内一也［２００６］『リスクのモノサシ』日本放送出版協会（★）
◉日常生活を営む上で多様なリスクと向き合うための指針を与えてくれます。
林望・岡本和久［２０１３］『金遣いの王道』日本経済新聞社（★）
◉対談形式で、おカネに関するさまざまな話題を扱い、品格やモラルの重要性を主張しています。
福澤諭吉［１８６６］『西洋事情』（［２００２］『福澤諭吉著作集第1巻』慶應義塾大学出版会、所収）（★★★）
福光寛、髙橋元／編［２００４］『ベーシック証券市場論』同文舘（★★）
本田健［２００３］『ユダヤ人大富豪の教え』大和書房（★）
本田健［２０１０］『お金の話をやさしく伝える本』ＰＨＰ研究所（★）
◉読み進むうちにおカネ儲けのための心構えや基本姿勢について学べます。
馬渕治好［２０１５］『ゼロからわかる時事問題とマーケットの深い関係』金融財政事情研究会（★）
◉カレントな話題をウィットに富んだ文章で読みながら経済知識を身に付けられます。
マルク・ブロック／森本芳樹・訳［１９８２］『西欧中世の自然経済と貨幣経済』創文社（★★）
三上隆三［１９９６］『江戸の貨幣物語』東洋経済新報社（★）
◉江戸時代の〝三貨制度〟を該博な知識で読み解いています。
三上隆三［１９９８］『貨幣の誕生』朝日新聞社（★）
水野和夫［２０１４］『資本主義の終焉と歴史の危機』集英社（★）
◉新しい成長フロンティアに制約が生じている現状を鋭く分析しています。
宮本弘之［２０１０］『お金持ちのお金はなぜなくならないの？』メディアファクトリー（★）
◉多くの事例紹介を通しておカネの本質やおカネ持ちの存在意義などを考察しています。

諸井勝之助［1979］『経営財務講義』東京大学出版会（★★★）
◉MPTなどの学徒の多くが目を通すバイブル的な書物です。
山田勝芳［2000］『貨幣の中国古代史』朝日新聞社（★）
山室恭子［2013］『江戸の小判ゲーム』講談社（★）
◉ゲーム理論の視点から江戸時代の経済史を再構築しています。

Aglietta, Michel et Orléan, André [1998] *La Monnaie Souveraine*, Odile Jacob（邦訳：坂口明義／監訳［2012］『貨幣主権論』藤原書店）（★★★）
◉「生の債務」という仮説を基盤に、社会における貨幣の意義を論じています。
Biggs, Barton [2008] *Wealth, War and Wisdom*, Wiley & Sons, Inc.（邦訳：望月衛［2010］『富・戦争・叡智』日本経済新聞出版社）（★★）
◉実務家（ストラテジスト）としての経験に基づき、市場の重要性（先見力）を歴史的に考察。
Dash, Mike [1999] *TULIPOMANIA*（邦訳：明石三世「2000」『チューリップ・バブル』文芸春秋）（★）
Galbraith, John Kenneth [1990] *A Short History of Financial Euphoria*, Whittle Direct Books（邦訳：鈴木哲太郎／訳［1991］『バブルの物語』ダイヤモンド社）（★）
◉コンパクトな本ですが、バブルについて詳しく述べられており、面白く読み進められます。
Hicks, John Richard [1967] *Critical Essays in Monetary Theory*, Clarendon Press（邦訳：江沢太一、鬼木甫／訳［1972］『貨幣理論』東洋経済新報社）（★★★）
Hilferding, Rudolf [2000] *Das Finanzkapital*, Verlag Wirtschaft und Finanzen, Düsseldorf（1910 in Wien erschienenen Erstausgabe）、（邦訳：岡崎次郎／訳［1955］『金融資本論』岩波書店）（★★★）
Kendall, Leon T. and Michael J. Fishman [2002] *A Primer on Securitization*, The MIT Press（★★）

◉証券化に関する基礎知識を学ぶのに役立ちます。

Keynes, J. M. [1930] *A Treatise on Money*, Vol.2, Macmillan Press（邦訳：小泉　明、長澤惟恭／訳［１９７９］『貨幣論Ⅱ』東洋経済新報社）（★★★）

Keynes, J. M. [1936] *The General Theory of Employment, Interest and Money*, Macmillan Press（邦訳：塩野谷祐一［１９８３］『雇用・利子および貨幣の一般理論』東洋経済新報社）（★★★）

Mantegna, Rosario N. and H. Eugene Stanley [2000] *An Introduction to Econophysics: Correlations and Complexity in Finance*, Cambridge University Press（邦訳：中島眞澄／訳［２０００］『経済物理学入門――ファイナンスにおける相関と複雑性』エコノミスト社）（★★）

Markowitz, Harry M. [1952] "Portfolio Selection," *Journal of Finance*, Vol.7, No.1, March, pp.77-91（邦訳：北海道拓殖銀行調査部／訳［１９６８］「ポートフォリオ・セレクション」、『銀行のオペレーションズ・リサーチ』日本評論社）（★★★）

◉ＭＰＴの創始者による論文で、読みごたえがあります。

Marx, Karl [1867] *Das Kapital*,（邦訳：大内兵衛、細川嘉六／監訳［１９６８］『資本論』大月書店《Engels, Friedrich [1890] の校閲編纂第４版による》）（★★★）

Mazur, Joseph [2010] *What's Luck Got to Do with It?*, Prinston University Press（邦訳：水谷　淳／訳［２０１１］『ギャンブラーの数学』日本評論社）（★）

◉ギャンブルに関する数学的な分析を通じて〝運〟について洞察しています。

Poundstone, William [2005] *Fortune's Formula*, Hill and Wang（邦訳：松浦俊輔／訳［２００６］『天才数学者はこう賭ける』青土社）（★）

◉応用数理をベースに「ケリー基準」という資金投入手法を提示しています。

Roll, Richard, and Stephan Ross [1984] "The Arbitrage Pricing Approach to Strategic Portfolio Planning,"

Financial Analysts Journal, May-June, pp.14-26（★★★）
◉ＭＰＴを発展的にモデル化し、実践的な視点を提供した論文です。

Rosenberg, Barr, and James Guy [1976] "Prediction of Beta from Investment Fundamentals," *Financial Analysts Journal*, May-June and July-August（★★★）
◉後のＢＡＲＲＡモデルにつながるβの概念が論じられています。

Rosenthal, Jeffrey S. [2005] *Struck by Lightning*, Joseph Henry Press（邦訳：中村義作／監修、柴田裕之／訳［２００７］『運は数学にまかせなさい』早川書房）（★）

Sharpe, William F. [1973] "The Capital Asset Pricing Model: A Multi-Beta Interpretation," *Research Paper* No.183, Graduate School of Business, Stanford University, September（★★★）
◉論文名のイニシャルＣＡＰＭ（キャップエム）で知られるＭＰＴの一つの到達点。

Shefrin, Hersh [2002] *Beyond Greed and Fear*, Oxford University Press,（邦訳：鈴木一功／訳［２００５］『行動ファイナンスと投資の心理学』東洋経済新報社）（★★）

Sinclair, David [2003] *The Land That Never Was*, Headline Publishing Group（邦訳：金原瑞人、石田文子／訳［２０１０］『幻の国を売った詐欺師』清流出版）（★）
◉19世紀前半に起きた、中南米の架空の「ポヤイス国」を巡る詐欺事件を克明に描いています。

Smith, Adam [1776] *An Inquiry into the Nature and Causes of the Wealth of Nations*,（邦訳：竹内謙二／訳［１９６９］『国富論』東京大学出版会《キャナン版（１９２０年再販・原作第5版）に依拠》）（★★★）

Sornette, Didier[2003] *Why Stock Markets Crash: Critical Events in Complex Financial Systems*, Princeton University Press（邦訳：森谷博之／監訳［２００４］『入門・経済物理学――暴落はなぜ起こるのか？』ＰＨＰ研究所）（★★）

Stanley, H. Eugene [1971] *Introduction to Phase Transitions and Critical Phenomena*, Oxford University Press

（邦訳：松野孝一郎／訳［１９７４］『相転移と臨界現象』東京図書）（★★）

Stiglitz, Joseph. E. [2010] *FREEFALL*, W.W. Norton & Company, Inc.（邦訳：楡井浩一、峯村利哉／訳［２０１０］『フリーフォール』徳間書店）（★★）

◉リーマン・ショックを踏まえ、グローバル資本主義が内包する問題点と解決策を提示しています。

Taleb, Nassim Nicholas [2004] *Fooled by Randomness*, Random House,（邦訳：望月　衛［２００８］『まぐれ』ダイヤモンド社）（★）

◉大学教授でヘッジファンド運用も手がける著者が、投資における「運（偶然性）」の役割に言及。

Trump, Donald J. and Kiyosaki, Robert T. [2006] *Why We Want You To Be Rich*, Rich Press（邦訳：白根美保子、井上純子［２００８］『あなたに金持ちになってほしい』筑摩書房）（★）

◉Kiyosakiの〝動〟とTrumpの〝静〟が対照的。大統領の過激さからは意外な読後感を味わえます。

【著者略歴】

髙橋　元（たかはし・はじめ）
東京都出身。博士（経営学）。
株式会社日興リサーチセンター主任研究員などを経て、
1994年　長崎大学経済学部教授。
1998年　作新学院大学経営学部・大学院経営学研究科教授
（2015年から名誉教授、現在に至る）。
2006年　プルーデント・ジャパン株式会社取締役（現在に至る）。
2010年　経済金融社会教育研究所［RIEEFS］代表（現在に至る）。
この間、早稲田（大学院）、埼玉、専修、東洋、獨協、武蔵、明治各大学の非常勤講師、放送大学客員教授、一般社団法人 生活文化総合研究所理事、株式会社 時事通信社投信研究会顧問などを務める。
1991年に、論文「低位株効果の分析と評価」で証券アナリストジャーナル賞受賞。

【著書】『証券界』教育社、『証券市場と投資の理論』同文舘出版、『投資信託のしくみがわかる本』WAVE出版、『よくわかる証券業界』日本実業出版社、『図解「株式会社」のしくみがわかる本』三笠書房、『これからの失敗しない株の買い方売り方』中経出版、など。

おカネとどう向き合うか
――金融リテラシーを身に付ける「おカネの学校」

2017年3月13日　第1刷発行
2021年4月20日　第2刷発行

著　者　髙橋　元
発行者　加藤一浩
印刷所　三松堂株式会社

〒160-8520　東京都新宿区南元町19
発　行　所　一般社団法人 金融財政事情研究会
編　集　部　TEL 03(3355)2251　FAX 03(3357)7416
販　　　売　株式会社きんざい
販売受付　TEL 03(3358)2891　FAX 03(3358)0037
URL http://www.kinzai.jp/

ISBN978-4-322-13052-2